快手生意增长指南

方法与案例

快手研究院——著

人民邮电出版社

北京

图书在版编目（CIP）数据

快手生意增长指南 ：方法与案例 / 快手研究院著
. -- 北京 ：人民邮电出版社，2022.4
ISBN 978-7-115-58940-8

Ⅰ．①快… Ⅱ．①快… Ⅲ．①网络营销－指南 Ⅳ．①F713.365.2-62

中国版本图书馆CIP数据核字(2022)第046909号

◆ 著　　快手研究院
责任编辑　俞　彬
责任印制　陈　犇

◆ 人民邮电出版社出版发行　北京市丰台区成寿寺路 11 号
邮编　100164　电子邮件　315@ptpress.com.cn
网址　https://www.ptpress.com.cn
北京联兴盛业印刷股份有限公司印刷

◆ 开本：720×960　1/16
印张：27.25　　2022 年 4 月第 1 版
字数：380 千字　　2022 年 4 月北京第 1 次印刷

定价：69.00 元

读者服务热线：(010)81055410　印装质量热线：(010)81055316
反盗版热线：(010)81055315
广告经营许可证：京东市监广登字 20170147 号

让企业经营走向确定性增长

前 言

要把生意做大做好，直播渠道已经越来越不可忽略。据有关机构预测，2023年，直播电商的市场规模有望增长到5万亿元。不过，直播是相对较新的事物。在具体工作中，大家还是会遇到不少问题，试举两例。

（1）我做直播好几年了，也算做得不错，不过现在遇到发展瓶颈，有什么好的办法或者案例可以借鉴？

（2）我是一位企业家，有自己的品牌，没做过直播，不过我开始意识到直播是个机会，但是我该如何进场，有没有一套比较可靠的打法，有没有现成的好的案例可以学习？

目前，市面上教做直播的书已经很多，不过质量良莠不齐。我们出版的这本书有以下几个特点。

一是高质量和权威性。本书是快手官方推出的教程，我们花了9个月的时间编写，所有内容都是原创。本书比较系统地总结了做直播生意的一些方法，并配以最新的平台政策解读和鲜活的优秀案例。

二是实用性。在本书写作过程中，我们始终坚持实用的原则，注重实操。全书涉及100多个调研访谈、50多个案例，都是来自一线的经验总结。

三是不断迭代。直播在不断发展，未来我们这本书还会出新版本，将市场上出现的最新打法、优秀经验第一时间更新到书里。

希望本书能成为大家做生意路上的必备工具书，成为大家随叫随到的好参谋。祝大家生意越做越好。

快手研究院

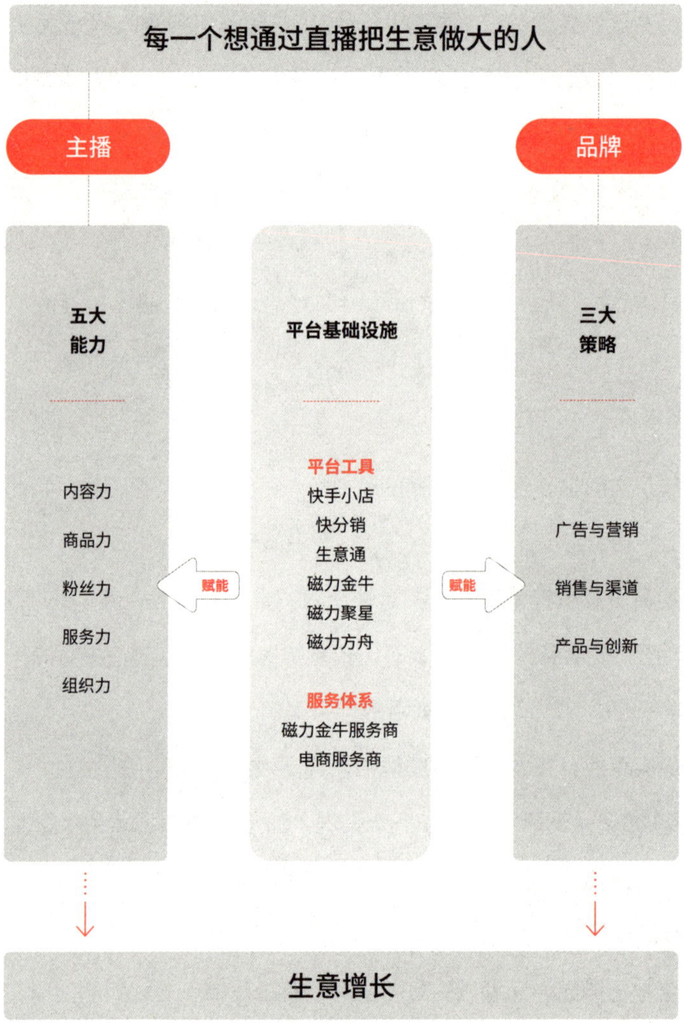
每一个想通过直播把生意做大的人
主播
品牌
五大
能力
内容力
商品力
粉丝力
服务力
组织力
平台基础设施
平台工具
快手小店
快分销
生意通
磁力金牛
磁力聚星
磁力方舟
服务体系
磁力金牛服务商
电商服务商
赋能
赋能
三大
策略
广告与营销
销售与渠道
产品与创新
生意增长

目录

02 第二部分 品牌如何做好直播

03 第三部分 平台基础设施

直播生意的新机会

直播生意的 **市场有多大**

要点

- 直播电商市场规模2021年突破2万亿元，2023年有望达到5万亿元。
- 直播电商用户规模2021年已经超过3.8亿，超过1/3的网民为直播电商用户。
- 2022年我国移动广告市场规模预计突破万亿元，短视频广告份额在2021年占移动广告的近1/4。

本节作者为快手研究院研究员陈凯君。

一、短视频和直播的用户规模有多大

1. 每100名网民中有超过87人是短视频用户

据CNNIC（中国互联网络信息中心）数据，2018年6月至2021年6月，我国短视频用户规模持续增长，从5.9亿提升至8.8亿；而短视频用户占网民整体的比率，也从74.1%提升至近87.7%，即每100名网民中有超过87人是短视频用户。

2. 短视频人均日使用时长94.8分钟

据极光大数据报告，2021年9月，全国平均每个网民单日观看短视频的时长达到94.8分钟，较2020年9月增加17.2分钟，同比增量是移动互联网产品中最高的（见图0-1）。

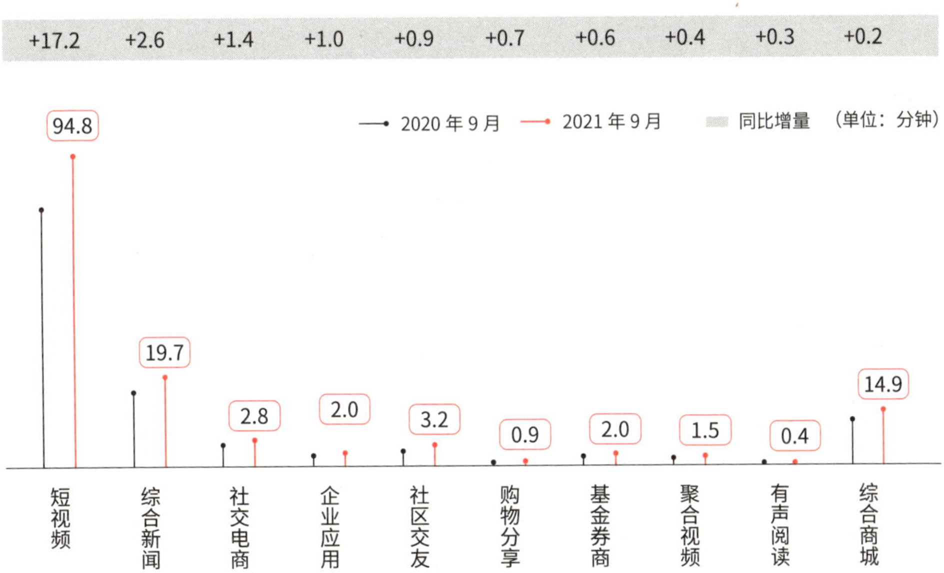

图0-1 网民人均日使用时长同比增长TOP10移动互联网产品

来源：极光大数据报告

2019年至2021年，在众多移动互联网产品中，短视频的用户使用时长占比继续提升，2020年第二季度超过即时通信类App，成为使用时长占比最高的移动互联网产品，远超即时通信、在线视频、手机游戏等传统强类。2021年第三季度，短视频用户使用时长占比提升至31.6%，即全国网民使用手机时，近1/3的时间都在看短视频。

3. 快手App平均DAU破3亿，用户日均使用时长超过108分钟

2021年前三季度，快手App平均DAU（日活跃用户数量）突破3亿，而平均MAU（月活跃用户数量）突破5亿（见图0-2）。平台用户的日均使用时长，也从2017年的52.7分钟翻倍至108.8分钟。而平台直播的平均日活跃用户渗透率由2021年第一季度的66%，逐步提升至2021年第三季度的78%，即有2/3的快手短视频用户也在快手上看直播。

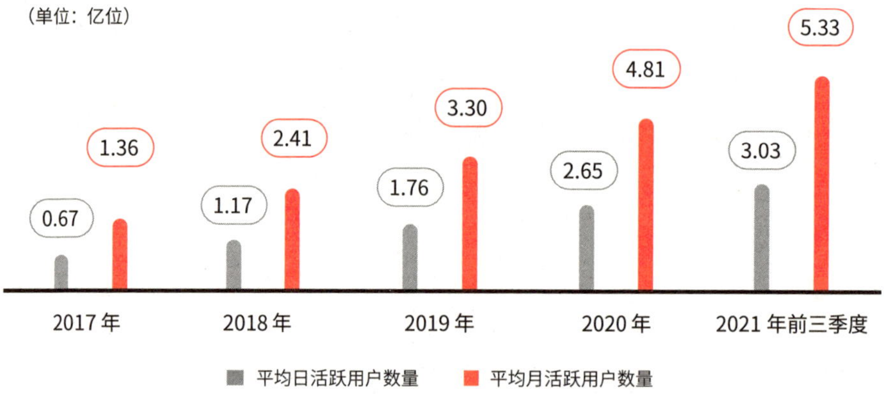

图 0-2　2017 年至 2021 年前三季度快手平均日活跃用户数量与平均月活跃用户数量

来源：快手招股书及财报

二、直播电商的市场有多大

1．直播电商市场规模2023年有望达到5万亿元

据36氪研究院报告，2016年至2019年，直播电商年均市场规模增速均保持在200%以上。2021年，据艾瑞咨询报告，直播电商市场规模于2020年突破1万亿元，2021年预计突破2万亿元，预计未来3年年均复合增速为58.3%，2023年直播电商市场规模将接近5万亿元，有望比2021年翻番。

直播电商在社会消费品和网络购物市场也实现了较快的渗透，2020年直播电商在社会消费品零售总额的渗透率为3.2%，在网络购物零售市场的渗透率为10.6%，预计2023年后者可达24.3%，即近1/4的网络购物会以直播电商的形式实现。

2．直播电商用户规模超过3.8亿，超过1/3的网民为直播电商用户

据中国互联网络信息中心数据，截至2021年6月，我国网络直播用户规模达 6.38亿，同比增长7539万，占网民整体的63.1%。其中，直播电商用户规模为3.84亿，同比增长7524万，占网民整体的38.0%。经过近几年的高速发展，如今电商直播已经成为网络直播中用户规模最大、占网民整体比例最高的类别（注：其他类别为游戏直播、体育直播、真人秀直播、演唱会直播）。

数据显示，截至2020年12月，在电商直播中购买过商品的用户占整体直播电商用户的66.2%，即近2/3的用户曾在观看直播后做出购买行为。

3．直播电商渗透率未来有翻倍增长的空间

据平安证券报告，截至2021年6月，直播电商用户占直播、电商和短视频用户的比例分别为60%、47%、43%（直播电商用户与三者的规模对比见图0-3）。若未来直播电商用户能够接近短视频和电商用户的规模，预计将有翻倍增长的空间。

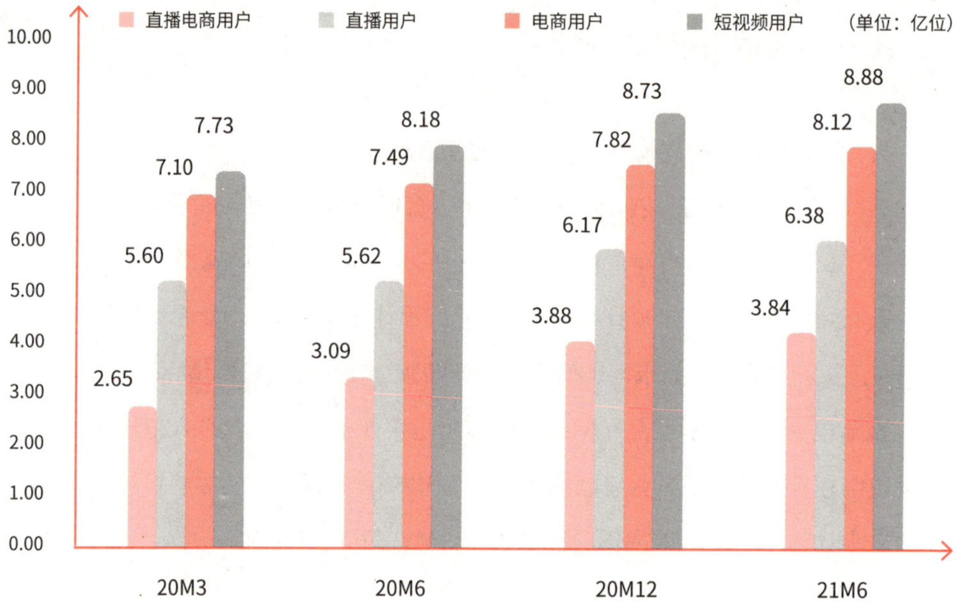

图 0-3 直播电商用户与直播、电商、短视频用户的规模对比

（注：横坐标中的“20M3”表示 2020 年 3 月，“20M6”表示 2020 年 6 月，其他类推）

来源：平安证券报告

4. 快手电商2021年前三季度GMV为4397亿元，重复购买率达70%以上

快手电商于2018年8月起步。2019年，快手电商GMV（商品交易总额）达596亿元，而2020年则进一步攀升至近3812亿元；截至2021年第三季度，快手GMV已达4397亿元（见图0-4）。快手的私域特色和信任经济带来很高的重复购买率（简称复购率），2021年9月，快手电商复购率提升至70%以上。

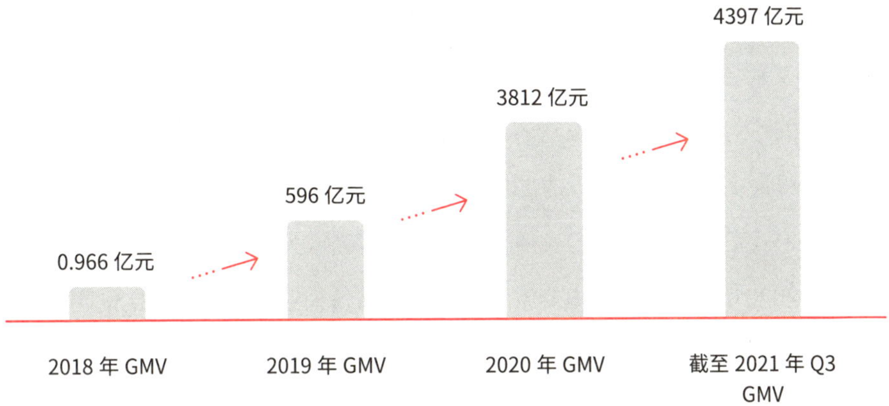

图0-4　2018年至2021年第三季度快手电商GMV（注:“Q3”表示第三季度）
来源：快手财报

三、短视频和直播广告市场有多大

1. 2022年移动广告市场规模预计突破万亿元

2021年，据艾瑞咨询报告：2020年我国移动广告的市场规模达到6725亿元，2021年市场规模预计为8348亿元，2022年预计将突破万亿元。

2. 短视频广告份额占移动广告的近1/4

2021年，据艾瑞咨询报告：2016年至2020年，电商广告和短视频广告在移动端的占比持续增大，而传统移动互联网产品，如搜索引擎、应用商店等的广告占比则持续减小；短视频广告更是在2019年以14.8%的市场份额超过搜索引擎广告，成为移动广告市场的第二大媒体类型；短视频广告的市场份额在2021年有望达到23.6%，即近1/4的移动广告会在短视频平台呈现。未来几年，短视频广告还将持续发力，继续扩大市场份额。

3. 超过五成受访广告主增加了短视频平台投放预算

据艾瑞咨询报告，广告主对不同网络媒体和平台的投放预算也体现了广告营销的趋势。2021年，艾瑞咨询进行的一项调研显示：短视频平台在最近一年获得最多青睐，超过五成的广告主增加了相应的广告投放预算。而在网络营销形式上，内容营销、直播营销和社群营销成为众多广告主选择的前三策略。2020年以来，开展电商营销业务和直播营销业务的广告主比例明显增加。2021年7月，艾瑞咨询对广告主进行的一项调研显示：超过76%的广告主“已经通过电商渠道开展营销业务”，而超过83%的广告主“已经通过直播渠道开展营销业务”。

4. 快手2021年前三季度线上营销服务收入295亿元（见图0-5）

2021年第三季度，快手线上营销服务收入增长势头强劲，达到109亿元，同比增长76.6%，这主要是由于流量的增长以及广告主数量的增加，而这些又得益于广告精准度以及广告主的用户体验的提升。

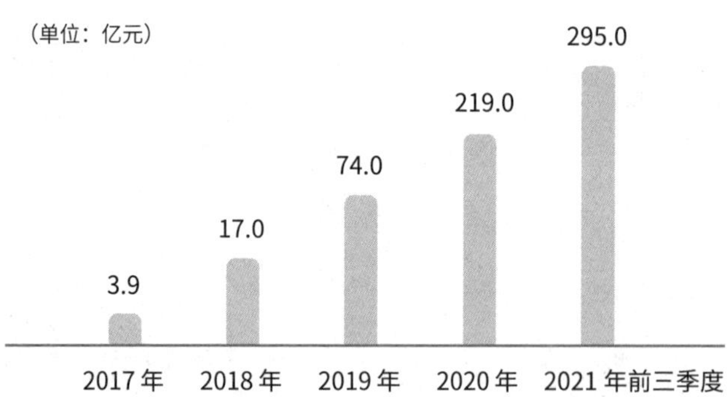

图0-5 2017年至2021年快手线上营销服务收入

来源：快手招股书及财报

附：参考资料

- 中国互联网络信息中心：第48次《中国互联网络发展状况统计报告》
- 极光大数据：《2021年Q3移动互联网行业数据研究报告》
- 极光大数据：《2020年Q3移动互联网行业数据研究报告》
- 艾瑞咨询：《2021年中国直播电商行业报告》
- 平安证券：《直播电商系列报告（一）：高速增长的发现式电商，从电商新兵到行业C位》
- 艾瑞咨询：《2021年中国网络广告年度洞察报告——产业篇》
- QuestMobile：《2021互联网广告市场半年大报告》
- 36氪研究院：《2020年中国直播电商行业研究报告》
- 快手招股书及财报

直播生意的
16 个优秀案例

2021年，大量商家在快手平台上的直播生意获得了大幅增长。快手研究院从主播实践、广告营销和机构实践3个维度，一共挑选了16个优秀案例，每一个都很有特色，值得大家借鉴。

一、主播实践优秀案例（6个）

李海珍 快速成长的私域人气之王

李海珍是护肤品品牌朵拉朵尚的创始人，快速成长的私域人气之王。她从2020年4月开始在快手做直播，到2021年底已经拥有超过2300万粉丝。粉丝数量和GMV增速都非常快。她从自己身上提取的3个人设标签——企业创始人、3个孩子的宝妈、亲和力强的知心大姐，牢牢吸引了粉丝。充满温情的互动和真切的关怀，独特的粉丝维护方法，让她与快手“老铁”[1]之间有着超强的黏性。直播间连麦进行用户调研，为快手专门开发产品，李海珍采用的很多创新直播方法引来同行学习、效仿。现在，品牌创始人在快手每天开播，正在成为一种新模式。

MiMi 坚持深耕女装垂类，探索多主播轮播模式

MiMi是广州的一名女装主播。在很多头部主播向全品类发展时，她一直坚持深耕女装垂类，以上新快、定位准、性价比高等特色，实现了较高的粉丝黏性和复购率，成为快手女装TOP主播[2]。只要没有特殊情况，MiMi坚持每天开播，而且每天保证一定时长。直播间以MiMi为主，并尝试多主播轮播，这对解决第一代主播的可持续发展问题有借鉴意义，这种模式也引起了一些同行的关注。

徐小米 自创品牌升级迭代，组织能力再上层楼

徐小米与其他从夫妻档起家的主播不一样，一开始她就是以企业的模式在经营。徐小米所在的稻田科技2021年在团队建设、组织管理、企业文化等方面

【1】“老铁”来源于方言中的“铁哥们”，是对“哥们”的别称。

【2】“TOP 主播”指头部主播。

做了很多探索，甚至专门从上海请专业团队来梳理组织架构，极大地提高了组织力。在主播自创品牌方面，稻田科技也走在靠前的位置。在大部分主播的自建品牌还处于商标阶段时，稻田科技的江南印象等品牌，经过多次升级迭代，已经尝试脱离主播独立发展。

江苏小苹果 直播教农民种出好苹果、卖出好价钱

江苏丰县陈厚武的快手号叫“江苏小苹果”，他在快手上讲解苹果树的种植技术，全国数以万计的果农采用他的种植方法实现了增产增收，而且种植的苹果不易氧化，卖得出价钱，很多人的收入比以前增加了3倍。与其他教种苹果的农业主播不同，有本科学历的陈厚武是典型的农业技术管理人员。与农药化肥企业的指导老师也不同，陈厚武自己就是果农，他坚持亲自下地种树。中国至少有300万种苹果的果农，在数字时代，最偏远地区的果农也可以方便地得到技术指导。

瑞芬老师 填补了大规模教成人识字的空白

瑞芬老师从2021年3月15日开始在快手做教识字的账号，现在有35万粉丝，其中绝大多数是农村妇女，年龄集中在35岁至65岁，主要分布在甘肃、宁夏、新疆等地。她们因为小时候家庭条件不好，或者父母重男轻女，没能上学。国家有义务教育政策，现在贫困地区的小朋友都有学上，但义务教育还做不到教成年人识字。全国目前有3700多万文盲，瑞芬老师的价值在于，她填补了大规模教成人识字的空白。很多粉丝说，他们也有亲戚是大学毕业，但教得都没有瑞芬那么仔细、那么有耐心，让他们都能听懂。

峰哥 让10万家长学会跟孩子沟通

“峰哥说教育”最大的价值不是教给孩子多少知识，而是改变了10万家长

的认知，让他们学会了如何与孩子沟通。一位母亲说，峰哥让她认识到，知识分为两种，一种是学校老师教的知识，另一种是峰哥教的知识：峰哥会告诉孩子为什么要学习，告诉家长如何保护好孩子的学习积极性，而后者更重要。全国有5亿个家庭，但普及家庭教育知识的老师和机构十分匮乏，而且价格昂贵。峰哥在直播间讲课，连麦为家长解决问题，让数百万粉丝和10多万付费用户学到实用的家庭教育知识，而且学习门槛大大降低。

二、广告营销优秀案例（5个）

小鹏汽车 把新车发布会搬上快手

2021年9月15日，小鹏P5新款汽车上市当天，在快手推出大型直播活动。3小时的直播，有1400万观看量和1000万互动量，整体实现超过4亿的曝光。

直播还引入VR360全景影像技术，直播达人试驾P5真实体验，打造行业直播新玩法。

2021年，小鹏汽车全面拥抱快手，通过参与IP事件、品牌自播、达人合作等方式，完成在快手的私域资产沉淀和线索增量积累。

安踏 借助奥运契机实现品效增长

2021年4月，安踏儿童在快手开启自播，两个月内实现单月涨粉20万、月GMV突破400万元。2021年7月底，东京奥运会召开之际，安踏体育入驻快手，开启自播之路，首月GMV近400万元，9月GMV突破1000万元。

东京奥运会期间，安踏借助快手热点进行花式植入，总曝光量超2亿。安踏是通过大型体育赛事在快手实现巨量曝光的典型代表。

花西子 全链路布局快手的国货品牌

花西子在快手的成长可以分为3个阶段。第一阶段主要是做广告，提升品牌在快手的知名度和美誉度。第二阶段花西子找了非常多的达人帮品牌“种草”[1]。第三阶段开始做品牌自播。从广告营销到达人“种草”，再到品牌自播，花西子是全链路布局快手的典型代表。

韩熙贞 创始人自播凸显品牌决心

韩熙贞是品牌创始人亲自做直播的典型代表。2021年初，品牌方决定将直播重心放在快手上，创始人王妮自己上场，坚持日均直播两场。不到一年时间，韩熙贞品牌旗舰店取得了粉丝破千万、自播单日GMV突破1000万元的成绩。韩熙贞还借助“超级品牌日”等营销活动，配合精准的商业化投放策略，实现GMV和ROI（投资回报率）的稳步增长。韩熙贞自播的成功，吸引了更多美妆品牌进入快手，带动了行业直播生态的良性发展。

海尔 传统企业拥抱直播新形态，打造第二增长曲线

海尔积极拥抱快手，探索电商新模式。海尔一方面探索把百家经销商引入快手，形成矩阵；另一方面尝试和快手合作，开发线上订单流转系统，以官方旗舰店作为统一入口，再将订单分配给经销商。在2021年快手的“116品质购物节”活动中，海尔名列大家电自播榜第一位。

三、机构实践优秀案例（5个）

米读 把网络小说拍成短剧的探路者

网络小说影视化是一门很大的生意，但在过去，从网文写作到影视作品上线，

【1】“种草”为网络流行语，指推荐事物给其他人，使其他人对其感兴趣或喜欢。

往往要花3～5年时间，而且制作费用通常在千万级。2020年开始在快手做短剧的免费网络小说平台米读，让这门生意变得简单。米读制作一部短剧的时间为4～6周，成本数十万元，而且深受用户欢迎，并打造出了一系列爆款短剧。目前，米读旗下8个快手账号累计的粉丝数超过2000万，制作了短剧40余部，累计播放量超40亿次，其中《秦爷的小哑巴》的播放量达到3.4亿次。

易心优选 探索规模化培养操盘手

2021年9月，快手大力推行操盘手模式，由第三方专家帮助主播突破成长瓶颈。操盘手的背景五花八门，有一些是行业涌现出来的高手，有一些是头部主播孵化的团队。临沂服务商易心优选证明了操盘手是可规模化复制的。易心优选孵化了多个操盘手团队，内部经验共享，直播流程标准化。它从临沂起家，向石家庄、沈阳等其他城市扩张，帮助上百位主播实现了专业化转型。

广州天迹 业绩突出、能力全面的磁力金牛服务商

广州天迹在2021年度业绩突出，磁力金牛消耗突破13亿元。除了专业化投流业务之外，广州天迹还提供了其他多种业务，包括直播基地，签约孵化主播，提供全品类供应链。它还有较强的操盘能力，帮助20多位腰部主播GMV增长20%～30%。它也是品牌服务商，负责妙飞品牌在快手的店播，日均GMV稳定在10万～20万元。

上海国象 为品牌服务的操盘手

2021年4月，在快手电商发展品牌的早期阶段，上海国象就开始为品牌服务，打造出成功的案例。2021年5月31日，上海国象服务海澜之家的品牌自播活动，单日GMV突破100万元。短短半年时间，上海国象服务了10多个国内知名品牌，包括海澜之家、真维斯、百丽、韩都衣舍、全棉时代、骆驼、罗莱等，其中有几个品牌在快手是从零起步。

2021年12月30日，上海国象创始人彭琛豪在海口举办的“快手高级操盘手认证大赛”中获得第一名。

俏范儿 首批招商团长，2021年累计GMV 10亿元

快手招商团长是快分销平台上连接达人与商品的服务商。2020年末，俏范儿成为首批入驻快手的招商团长，与快分销一同成长，探索出来的一些打法沉淀为其他团长参考的标准。俏范儿在深耕食品类的同时向多品类扩展，2021年实现分销订单数2500多万单，累计GMV突破10亿元，累计成交SKU[1] 1.2万，月均GMV稳定在1亿元左右。

【1】“SKU”一般指最小存货单位。SKU 全称为 Stock Keeping Unit（库存量单位），即库存进出计量的基本单元，可以是以件、盒、托盘等为单位。

快手业务负责人说

电商2022年重点抓好4项工作

笑古 快手科技高级副总裁、电商负责人

快手电商始于2018年，到2021年底已经做了3年多，有了一定的基础，增长还是比较快的：2018年的GMV不到1亿元，2019年596亿元，2020年3812亿元，2021年前三季度超4397亿元。用户规模和用户年均消费额也在持续增加。

展望2022年，快手电商的工作重点是"4个大搞"。2021年7月，我们提出"3个大搞"——大搞信任电商，大搞品牌和大搞服务商。2022年，要继续把这"3个大搞"做深做透。在此基础上，我增加了一个"大搞产业带"，把原产地和集散地的高性价比产品找出来，提供给消费者。

一、大搞信任电商

快手电商的本质是什么？是信任，信任是我们的基石，千万不要骗老铁。

主播与粉丝就像身边的朋友，生活在同一个数字社区。主播与粉丝的每一次交易，都是一次创造信任的机会。主播得到的信任越多，转化率就会越高，复购率也会越大。如果粉丝收到货时发现货不对版、夸大宣传，那么每一次售卖都是在消耗主播的信任，当粉丝对一个主播的信任归零的时候，主播就再也卖不出东西了。

快手在“大搞信任电商”方面，在2021年做了几件事，在2022年要继续深入。

其中很重要的一件事，是我们搭建了快手电商的信任生态体系，其一共分为3个层级。

最底层是平台基础信任，我们希望通过社区的力量和平台治理，围绕交易打造基础信任。比如，我们搭建了一套用户体验指标体系，从用户视角把直播购物分为“逛、买、收、用、服”5个环节， 在每个环节都提升了很多用户体验指标。又比如，2021年6月我们出了一个叫“小店信任卡”的产品，包括退款不退货、退货补运费、假一赔九等极致信任权益。到2021年底，97%的商家领取了小店信任卡，开通这些信任权益的新商家店铺复购率提升了12%。

再往上一层是行业解决方案，我们针对不同行业，比如生鲜类目提供过敏险，对于珠宝提供国家质监信用仓，定向解决行业痛点。

最顶层是私域信任，要解决的问题就是在新市井里如何让商家和买家成为真正的熟人、好朋友。

直播电商和传统电商都说信任，但做法其实很不一样。传统电商详情页基本上是静态的，平台审核完就行了，商家是不会改的，所以，传统电商在信任方面主要抓住售后就好了，售前环节是弱的。

但对于直播电商来说，售前更重要，主播“说”的这个环节更重要，带来的挑战也是最大的。可能我们的商家卖的东西没有任何问题，售后也做得非常好，但前面主播言过其实，这就会造成消费者的不满意。

而且，正在直播的时候，平台如何知道主播在说什么，如何去做实时审核呢？这是直播电商面临的新挑战，传统电商碰不到这种情况。

2021年底，快手电商复购率已经提升至70%以上，这是一个很不错的成绩。2022年，我们会继续努力。

二、大搞品牌

快手每天有3亿多活跃用户，他们对品牌货有海量的需求。用户有需求，为什么不去满足他们呢？这是我们大搞品牌的初衷。

从2021年1月到11月，快手新入驻的品牌量增长了186%，品牌自播月GMV增长了841%。截至2021年11月，有33个品牌的GMV超过1亿元，有60个品牌的GMV超过了5000万元。

为了服务品牌，快手电商在2021年成立了专业的品牌服务团队。2022年，大搞品牌依然是我们的重头戏，这个专业团队的服务范围也会进一步扩大。

大搞品牌有两条线。一条是传统的知名品牌，例如OPPO、小米、苹果、安踏、海尔等，在快手上升非常快。快手提供了一个新的渠道机会，让品牌能接触到更多的用户，知名度进一步提升，也能获得更高的交易额。

我举个例子，雅鹿2021年7月3日开始0粉开播，到7月22日自播差不多卖了2000万元。这是非常惊人的数字。我当时很好奇，雅鹿怎么能做得这么好？后来发现，第一，确实是用户有这方面的需求；第二，雅鹿在直播技巧、货盘准备上采用了业界很标准的打法，大概5个SKU就占了60%的销量。采用标准的爆品打法，又有快手独特的私域加持，雅鹿一下子就爆发了。

另一条线是新兴品牌，包括PMPM、芈蕊、冰泉、江南印象等，这些可能更多的是产业带品牌的升级。我们以芈姐为例，她一开始是从产业带出发，也没有什么品牌，但从2021年她卖的所有东西，包括服饰、化妆品、饰品，都开始用她自己的品牌——芈蕊，2021年7月还成立了芈蕊品牌中心，去推动这个事情的发展。

三、大搞产业带

中国是制造能力超强的国家，有非常好的商家和工厂，生产了非常好的东西，但这些商家和工厂的源头好物并没有很好地输送到终端消费者手上。

我们提出大搞产业带，就是希望找到产业带的源头好物，而找源头好物是为了提高性价比：一方面是真正的有品质、差异化的好东西，另一方面还要有性价比，就是在同样“性能”的情况下，“价比”要好的东西。

快手其实一直比较重视产业带，早期我们的很多主播，如芈姐、徐小米、MiMi、蕊姐，就是从产业带成长起来的，但我现在提出的大搞产业带和以前自发成长的产业带有所不同。我们不仅是搞白牌[1]，也希望把长尾的品牌找出来，往上推，做有性价比的产业带品牌。

比如徐小米早期依托于临沂的批发市场，是一个服装垂类的主播。她的公司以前有一个江南印象的化妆品商标，经过几次升级迭代，品质不断提升，年销量已经不亚于某些品牌，而且逐渐出圈。其实像朵拉朵尚、韩熙贞也都是在快手上真正火起来的。

这些从下到上的品牌是很重要的，所以我认为，大搞产业带和大搞品牌

【1】“白牌”指源头厂家和产业带的优质商品。

是相关的，因为很多新兴品牌就在产业带，大搞产业带背后也是大搞品牌。

我们希望通过原产业带和集散地的产业带，比如义乌和临沂这些地方，再加上服务商助力，帮助我们把好的产品找出来提供给消费者，同时帮助商家往上升级，让他们做出中国真正的新兴品牌。

四、大搞服务商

为什么大搞服务商？因为我们大搞信任电商、大搞品牌、大搞产业带，都不是单靠个体就能马上推起来的。只有拥有长久经营的意愿以及超强运营能力的人才，才能帮商家和主播成长起来。谁有这样的意愿和能力？服务商，因为他们是专业的。

快手电商的生态里面有各种角色，有主播（商家），有机构（服务商、MCN[1]），有供应商（厂家、供应链、货主），有粉丝（消费者），有平台，服务商也是重要的参与者。

2021年下半年，我们搭建了一个服务商生态体系，从优质服务商到核心服务商，到战略服务商，有3个层次。我们希望通过服务商帮助我们的传统品牌和新兴品牌突破增长瓶颈，帮助主播实现跨周期的成长。

从2021年7月到12月，5个月左右的时间，入驻快手的服务商超过500家，他们服务了全站18%的商家。在这段时间里，服务商覆盖的商家GMV同比增长195%，首次月GMV破50万元的商家数同比增长了12.8倍，服务商贡献的品牌自播GMV同比增长近10倍，这些都是服务商努力的成果。

快手服务商生态体系和操盘手模式2021年跑完了从0到10，从0到1是最小的MVP（Minimum Viable Product，最简化可实行产品），到10的话意思就是有确定性的成果，2022年要往100的方向推，全面实现服务商的能

【1】“MCN”指签约主播的机构。

力提升。

2022年，我们将实施一系列服务商政策和红利计划，希望更多的服务商参与到快手的生态建设中来，一方面服务商助力中小商家跃升，另一方面我们也会持续提升服务商盈利能力，让整个快手电商的生态良性循环。

新市井商业是什么

马宏彬 快手科技高级副总裁、商业化负责人

本文据 2021 年 10 月 28 日马宏彬在快手磁力大会上的演讲修订

长久以来，我对快手有理解，也有不理解的地方。有人曾这样描述：“快手是田野中的一头大象，也是混沌状态下的盲人摸象。”这句话非常形象地说出了快手的状态：第一，它的体量非常巨大；第二，很多人不一定看得懂它。在负责商业化业务差不多两年的时间中，我自己也时时有这样的一些困惑，直到遇见“市井”这个词，才有了一种豁然开朗的感觉。

现在，快手正式推出“新市井商业”。对我们来说，“新市井”是一个特别精确、非常自洽、能指导内外部交流和工作的关键词。

它并非我们创造的一个新词，我们也还是当年的我们。我们只是找到了更好的词，把过往的种种想得明白、想不明白的地方都概括起来，能准确描述自己的样子。

一、5亿多人的数字市井家园

快手新市井商业的背后是5亿多人的数字市井家园。5亿是快手的月活跃用户数，我们的日活跃用户数也在3亿量级，用户每日平均使用时长接近两小时。

这个5亿多人的数字市井家园长什么样？

第一，很多生产者生于此，长于此。

我是 2016 年下半年的时候，才第一次发布快手的作品。我关注的很多创作者，比我加入快手的时间都要早。直到今天，他们还在快手上非常积极地发布作品。

我有时候跟我们的创始人聊，发现最能支撑他们往前走的力量就是亲眼看到这么多用户，在这个平台上发生一点一滴的改变。

过去，一些人认为快手是一个纯粹利用算法的公司，没有运营。快手真的是没有运营的公司吗？

其实快手一直是整个业界运营做得最好的公司之一。因为我们有千千万万个网红[1]、千千万万个用户在帮我们做运营，在用心经营他们的粉丝、他们的人设、他们的连接，用心建立起粉丝对他们的信任。这是一种基于人、基于信任的运营。

这是一种怎样的力量？我们能看到，快手目前有260多亿条累计内容，每月有1000万个新增内容创作者。

第二，创作者与平台共建共创。

快手的月活跃用户里25%都是创作者，每天有3000万个作品在我们的平台上发布。而且，快手和其他平台很不一样的是，人们来这里不只是消

【1】“网红”全称“网络红人”，指在网络上走红的人。

费，还把它当作数字市井家园，他们与平台有非常紧密的共建和共创关系。

第三，相互温暖、彼此成就。

什么叫相互温暖？我们可以通过一个指标来看，就是社交关系。在快手平台上，有140亿对的社交关系（截至2021年9月）。这个数据非常的惊人，这还只是双向关注的关系，快手上的单向关注的关系更是海量。

什么叫彼此成就？我们只需看一个数据，有 664 万贫困地区的用户在快手获得收入，如果将群体范围扩大，在快手获得收入的人有两三千万。

我关注了很多网红，发现他们一开始只是尝试性地、懵懵懂懂地发表作品，慢慢才发现这背后真的是数字市井的商业生态，可以把自己的事业完整地从线下转移到线上，牧民达西和江苏小苹果就是典型的例子。

我在过去7年中，有6年的十一长假去了内蒙古。虽然去了内蒙古很多次，但我仍然觉得自己对那里了解得不够。我用了一年多的时间，通过牧民达西等内蒙古当地特别有影响力的KOL（关键意见领袖），对当地的生态、当地的生活，对他们的工作方式，对原汁原味的市井生活，有了深刻的了解。

江苏小苹果在快手上讲解苹果树的种植技术，教会了全国数以万计的果农，很多人使用他的种植方法实现了增产增收，而且种植的苹果不易氧化，卖得出价格， 收入比以前增加了3倍。

我发现，牧民达西、江苏小苹果这些人有点像吴声老师所说的，一个人改变一座城。他们帮助别人获得了收入，自己的收入也从一个月几千元钱，变成了10万元、20万元。我每天看到他们，都能受到非常强烈的心灵滋养。这样的例子在快手上有很多。

我稍微概括一下，快手这5亿多人的数字市井家园是一个怎样的生态和结构。

第一，年轻人在快手。年轻人是市井家园非常重要的组成部分。在快手上，“90 后”人群的占比相当高，二次元日活跃用户的数量有1亿多。

第二，“3600 行”在快手。老话说，“360行，行行出状元”。我们有一个统计，中国有 2670 个职业工种， 其中的 90% 都能在快手上找到非常活跃的存在，汽修师、律师、老师、理财规划师、健身教练、主持人、心理咨询师……

用 360 行已经没法准确概括今天快手这种数字烟火的市井生态，所以我们说“‘3600 行’在快手”。

第三，生活在快手。快手累计有 7000 多万人发布跟家人相关的视频。

第四，社交在快手。平台的赞评比是衡量整个社区活跃度非常关键的指标。现在我们的平均赞评比为14∶1，这也是非常不错的数据。

第五，信任在快手。从种种调研结果来看，84%的用户会接受达人推荐的商品，所以，笑古老师说，快手电商是信任电商，要大搞信任电商。

二、不可忽视的商业场、生意场

通过对快手用户和生态结构的理解，我们确实能看到，架在这样繁荣的市井生态基础上的，是一个繁荣的商业生态。

第一，快手已经成为一个不可忽视的商业场。

以前，大家谈起快手广告、磁力引擎的时候，可能都不知道快手商业大概处在一个什么样的状态。

在2020年的时候，大家开始慢慢地有点感觉。2021年，我相信大家对快手商业业态的感觉跟过往不同。

在中国所有的广告平台中，快手的排名从原来不知道在哪里，逐渐攀升到第20名、第15名。现在由公开的市场信息可知，我们在中国互联网广告行业已经排在了第7名的位置。我们先进入前10名，在这个基础上再寻求一个更大的突破。

品牌广告是我们一个重要的增长点。2021年，除了品牌广告收入取得了远超整体增速的增长，品牌广告商的数量相比去年同期也增长了4倍之多。大家越来越认识到快手这个平台的重要性，认识到快手是“田野中的一头大象”。虽然可能还是在“混沌状态下的盲人摸象”，但大家已经比以前看得清楚一点了。我们希望通过与用户的不断切磋、交流，最终变成非常清晰的田野中的大象。

第二，快手也是一个不可忽视的生意场。

我们看到，快手2021年的消费总金额增长了172.1%，消费人数增长了156.2%，月人均订单金额增长56.8%。截至2021年第三季度，快手电商GMV已达4397.4亿元……

我觉得，在快手平台强劲的消费、繁荣的交易背后，一定有一些不同于其他平台的力量，可以在这里将交易的双方导向成交，可以把信任转化成实实在在的、一种商业上的或者生意上的结果。

我们谈论市井，并不是要推翻过往的理念，而更多的是长期探索后的爆发，是厚积薄发，也是对过往的继承和融合。

到2021年时，快手成立已经10年了，这么多年有变的，也有不变的。

我们这么多年来一直谈普惠，谈公平普惠的流量分发机制，变了吗？没有变。

我们单双列的纵横布局，独特的产品基因，这么多年来变了吗？有变的，也有没变的。即使我们意识到，在机器学习的基础上，上下滑这样的产品，选择时效率很高，也并不妨碍我们保持双列点选的格局。

我们不变的是公平普惠的初心，变的是与时俱进的产品形态。

有变，也有不变，让快手的业态看起来很复杂，这种复杂可以有两种完全不同的解读方式：一种解读是乱，因为既有这样的，又有那样的；但也有另外一种解读，在新市井的生态下，我们觉得这意味着包容，意味着厚度和广度同时存在。

三、公域、私域和新市井商业之间的关系

在快手里有公域，也有私域，之前我们也谈了很多次。现在我尝试着用落地的场景化方式，谈谈公域、私域和市井之间究竟是什么关系。

公域有两种形态：一种是上下滑的精选页，另一种是双列点选的发现页。

2021年我回了一趟东北老家，还蛮有意思的。走到一条小街上，我看见一个早市，熙熙攘攘，再拐到另一条主路上，则看见大牌云集。那一刻，我内心的感觉就是，“市井”这个词太精辟了。

在我们家那条小街上看到的就是市集，对应我们的发现页和双列点选，我们把选择的权利给了大家，你挑你想挑的，你付出了成本，买了之后觉得不错下次还来买。我们的发现页就是这样一种市集，可以精挑细选，每个人的关注各有价值。

拐过市集之后，你会发现自己进入了商街，商街对应着我们的开屏，我们的精选页，我们的上下滑。它以一种非常美好的形态呈现在大家眼前。在商街这个地方，我们能做到的是提效，让触达本身也更加高效。

这是公域的两种形态。我们以前可能会觉得：它们是不是矛盾的？今天我们觉得它们是包容而统一的两种形态，因为不同的人确实有不同的诉求。

在私域里，快手同样呈现出两种不同的形态：一种是关注页；另一种是主页，包括我们的直播间。

如果发现页是市集，精选页是商街，那么快手的关注页就是我们家门口

的街坊店，有一种社区感。但数字烟火让这些街坊店跟以往有了完全不同的状态，可以让你把在商街、市集上租到的好的（店），在线上组成家门口的、属于自己的、独特的街坊店。

在线下做不成这样的事情。我家楼下就只有 711 便利店，只能买北京小吃，但在快手这个平台，大家可以千人千面，按照自己的喜好，从商街挑也行，从市集挑也行，组成一个属于自己的社区。

一个主页就是一个店铺，商家把主页气氛搞好，页面装修好，就会给人店铺的感觉。

下面我再对应地做一些简单的解读。

第一个是市集（发现页）。双列最大的好处就是，大家可以突破自己原有的兴趣，因为选择权在大家。大家可以选择与自己内心深处产生特殊连接的场景，也许是童年，也许是家人，等等。很多双列呈现的场景在单列是出不来的。

我过去几年关注了1800个人，关注的人太多了，所以尝试着取关了600个左右。很神奇的是，我取关的人大多是单列关注的人，而不是双列关注的人。所以，这是快手不变的点。双列的格局是我们特别引以为傲，也是特别有特色的点。

第二个是商街（精选页）。这个大家可能理解得比较充分，日常我们谈起美好，谈起精致，都是商街这样一个状态。

第三个是社区（关注页）。数字社区跟原有的线下社区不一样的是，你可以按你的意愿、兴趣，从精选页或者发现页选择你要关注的账号，组合成一个适合你的页面状态。

我在快手小店上下了蛮多订单，也曾经给大家举过我妈妈的例子，她在快手上买了只鹅，这件事情让我深刻意识到，这个平台有着非常独特的生命力。

第四个是店铺（主页）。截至2021年9月，我们的电商复购率超过了70%，用户可以把自己的店铺打造成一个可长效经营、持续复购的经营阵地。

至于用户视角下的新市井体验，我举几个例子来说明。

剪羊毛的视频，我想很多人在 YouTube 上见到过。但是这一场景真出现在我们身边的时候，每个人的感觉是不一样的，有的人感觉解压，有的人觉得背后有商机。

按照刚才的理论，“小平剪羊毛”这个用户大概率不会出现在单列的商街上，但我们在双列的市集上见到这一场景就不会觉得违和。在市集上，你看到有个小伙子在剪羊毛，羊好乖，你以前从来没看到过，太解压了！然后你点关注，视频被送到你数字世界里的家门口，你想看剪羊毛的时候就看，给推这么一铲。

这个小平早年可能只是剪羊毛，慢慢你会发现，在他背后逐渐串联起了非常复杂的产业链：牧民、粉丝、专业的剪羊毛手、学徒，还有一些纺织厂、羊肉企业……在数字世界里，早年一个剪羊毛的小店，逐渐延伸成一条非常复杂的生态产业链。大家知道被小平带火的是什么吗？羊毛剪。大家过去可能都没有想到，受剪羊毛这个事情的影响，羊毛剪行业一年的销售增量都超千万元。一个人改变一个产业、一个行业，乃至一座城，大体上就是这个状态。

我们也能看到快品牌在快手的崛起之路，这里我举韩熙贞的例子。

在公域里，你可以在商街上看到韩熙贞找到不错的代言人，推出了高大上的广告。回到市集里，你又发现一些邻家小妹这样与你日常关系很好的人，基于自己的经验告诉你，韩熙贞是10年国货品牌，有品牌积累。在商街上（精选页）你觉得这个产品的广告很不错，在市集（发现页）里，这个产品又呈现出它的内容特点，你觉得后者可能更有说服力，然后你把这个产品收到你的社区（关注页）里，每天早上看一看。

韩熙贞的创始人妮姐每天6点起来直播，有的粉丝就每天6点起来看，买不买不重要，一定会天天看。妮姐在主页里日日开播，这是一种日常经营。所以品牌将公域和私域结合，既在商街，又在市集做推广和营销，这样变成我们的街坊店之后，你就会感觉它更亲切，会每天到其店铺里看一看、逛一逛，这种市井感我觉得还是挺明显的。

下面我以花西子为例，再讲一下高品质国货品牌在新市井的旅程。

在公域，花西子既买了我们的开屏广告，也赞助了我们的一些特别大的活动，可以说是不断在快手平台里进行一些大的曝光。而在市集里，我发现花西子也找了一些人，帮助自己讲讲品牌的故事，讲讲产品的特点，讲讲花西子这个东方美妆品牌的背后意味着什么。

我们知道，买的过程并不只是买产品本身，也是在买品牌的故事，在买心灵的滋养。然后，用户把花西子挪到自己的关注页，每天有很多粉丝进来看，或者需要的时候来一下。店铺的主页是慢慢形成的一个长效经营的阵地。所以，花西子就像韩熙贞专卖店的妮姐一样，涨了很多的粉丝，有很高的GMV，ROI也在不断提升。

今天我们会认为，“市井”让上述鲜活的例子在整体上变得自洽了。你在公域的做法是有意义的， 在私域的做法也是有意义的（见图0-6）。不是说在快手一定只能做私域，也不是说在快手就只能做广告。每个商家在快手平台上都有一个相对独特的经营思路。

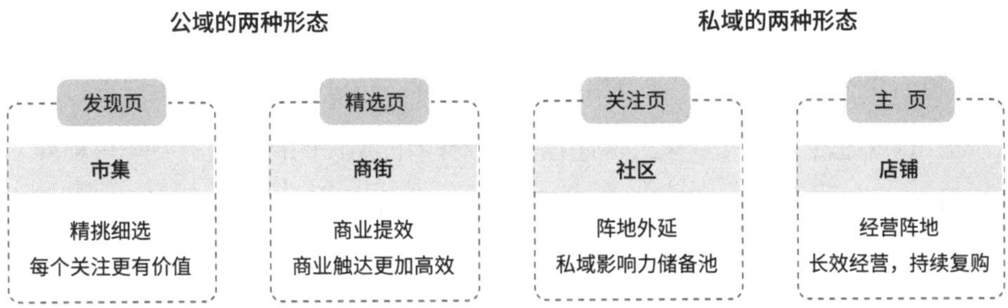

图 0-6 独一无二的新市井商业生态

四、新市井商业的6个特点

新市井商业有哪些特点呢?

第一，包容。

我们不仅有高大上的商圈，也有家门口的市集，用户可以在两者之间进行比较自如的切换。快手对大小商业新物种和传统行业兼具包容性，谁都可以在这个平台上玩一下。我自豪一点讲，包容性是快手新市井商业最具特色的地方。

第二，近。

在信息化高速公路上，很多人逐渐迷失，而我们在寻找的点是“消失的附近”。快手的数字烟火能给大家一种近的感觉，它不是遥远的，不是高大上的。你能看到它的曝光，也能看到跟你一样的人在如何使用它、评价它、感受它。

第三，活力。

快手很有活力，因为它的互动性很强，快手的用户反馈非常及时，甚至有些品牌负责人跟我说，他们可以依靠快手平台提供的信息对产品做测试。过往产品的反馈模式是，这个产品我认真做了整整一年，结果是一锤子买卖，成了就成了，不成就拉倒，明年再来一次。但现在通过快手平台，我可以一年推出5个牌子，看看用户反馈怎么样，再进行调整，和用户进行互动，这就是活力。快手有25%的用户是创作者，用户的评论、点赞……种种指标表现了用户的喜爱和不喜爱。过往我们做的是基于小范围的调研，今天可以基于特别大的数据进行洞察，一个前提是， 在市井的业态下，人们是有活力的。

第四，信任。

快手有天然的信用体系，我已经讲了很多次了。

第五，供给充足。

我们强大的内容生产力和库存深度，为商业的运作提供了充足的供给。这是在快手平台上能看到的明显不一样的特点，别人有的我们都有，我们有的别人不一定有。

最后，交易高频。繁荣的交易场更重要的是能看到交易高频，我们每次谈起快手的复购，都能感受到，这是和其他平台完全不一样的新的商业业态。

以上是快手新市井商业的6个特点：包容、近、活力、信任、供给充足和交易高频。当然，在这背后，依托的是短视频和直播这样的数字化基建。

现在概括一下，我们的新市井商业是什么样的——公域有广度，私域有黏性，更重要的是，商域有闭环。

第一，公域有广度。庞大的用户数量决定了公域的广度。

第二，私域有黏性。平均赞评比14∶1，DAU/MAU（日活跃用户数量与月活跃用户数量的比值）是57.9%，这是表达社区黏性的非常重要的指标。

第三，商域有闭环。今天在快手平台上面，90% 的交易是通过快手小店完成的。

五、新市井商业对商家的4个价值

那么，对于我们的商家和广告主来说，新市井商业具有哪些价值呢？

第一，扩圈价值。因为我们公域有广度，所以可以实现扩圈价值，英文叫massive reach（大规模触达）。

我们负责销售的同事曾经做了一段rap（说唱）视频，有一句话我印象很深刻："少了我们，市场就少了一半。"对，所以快手是广而告之不可缺少的新阵地。谁家不办点事情呢？我们也要办事情，也要广而告之，快手当时赞助春晚的时候，也把中国的开屏买得差不多了。现在LV大秀也来到了快手，小鹏汽车的发布会也来到了快手。

第二，连接价值。除了破圈价值代表的公域有广度之外，私域有黏性其实是说我们可以实现非常多的连接。除了给客户提供扩圈价值之外，我们更重要的是提供连接价值，用户可以更多地卷入，更多地互动。蚂蚁集团在我们平台参与奥运季的营销活动，组织了很多用户参与度非常高的挑战赛事。所以说在曝光价值之外，快手能帮你做什么？我们能帮你做story telling（讲故事），能帮你做consumer engagement（消费者参与），把连接价值这个事情做好。

第三，经营价值。你可以在快手平台上一站式地把有关经营的事情搞定。朵拉朵尚2020年4月入驻快手，一年涨粉2000多万，月均GMV达到1.2亿元。雪中飞在快手也是从零起步，开播一个星期日均销售超过10万元，开播一个月，店铺直播GMV超过500万元，全店ROI超过15。

以往很多做品牌的人比较烦恼的事情是，怎么向老板证明这个事情带来的增量和价值。今天在快手这样一个平台里，你会发现有经营闭环的存在。过往只能通过用户调研，看到品牌的美誉度、知名度变了多少，今天我们通过一些经营指标的变化，确确实实能看到更多品效结合的力量。

第四，洞察价值。所谓洞察，指可以帮助我们更好地洞察用户，甚至是对产品进行重新设计。我们推出快手磁力方舟，帮助商家、广告主在平台做资产沉淀，做营销决策，做长效经营。

适配快手新市井商业生态，我们用6个词来还原用户人群在快手平台认知、感受和行为的全链路旅程，刚好这6个词的英文都是R开头，所以叫“6R人群”：R1是触达（Reach），R2是记住（Remembering），R3是兴趣（Relevancy），R4是询问（Resonance），R5是购买（Reaction），R6是复购（Repurchasing），其中触达和记住是认知产生阶段，兴趣和询问是兴趣激发阶段，购买和复购是行为转化阶段（见图0-7）。

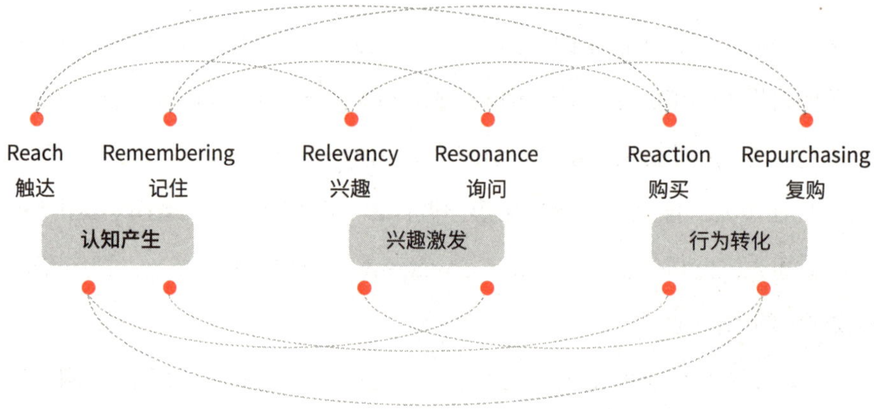

图 0-7　快手“6R 人群”模型精准定义用户价值

在每个阶段都有一些更加数据化的呈现， 因为我们最不缺的就是数据，这是我们一定要去挖掘的金矿。

实话实说，新市井商业对我们长久以来的思考、内心的冲突甚至疑问，做了一个自洽的回答。这个回答可以很好地向市场发声，更重要的是可以将我们的团队凝聚在一起。因为我们对自己的认知更准确了。

我相信，在服务大家的时候，我们也会有更为准确有力的动作出来，所以2022年快手平台的广告应该还会有更大的拓展，更大的发力。

快手生态的第三次升级

王剑伟 快手科技高级副总裁、主站产品运营线负责人

本文摘自王剑伟在 2021 年 12 月 27 日快手生态开放大会上的演讲

回想2021这一年，大家都非常不容易，尤其是互联网行业。同时我们看到，这一年也充满了变革，整个行业从极致地追求效率开始走向兼顾公平和普惠，企业也开始从头部垄断走向去中心化与融合。

我们都在思考，公平、普惠、去中心化，这些恰恰是快手过去10年来一直坚持的社区文化。

回顾快手过去的10年，我们2011年在北京的一个出租屋起步，提供给创作者的是制作短视频和GIF动图的工具。到2014年，我们发现越来越多的人不仅希望制作有意思的视频，而且希望把它分享给身边的人，希望大家一起互动，于是我们从工具转向了社区。2018年，我们看到很多用户在评论区下问怎么买东西，于是我们开始尝试电商直播。

今天，快手已经成为国内排名前五的电商平台。根据2021年前三季度的财报，快手的电商GMV已经突破了4000亿元，快手已经从一个纯粹的视频内容社区，成长为更加完善和丰富的商业生态。

一、支持快手快速发展的动力是什么

我一直在想，是什么支持着快手走到了今天？

一方面，从快速增长的数据可以看到，是用户的需求给了我们走到今天的机会。短视频和直播可能是移动互联网时代最大的赛道。2021年1月，短视频赛道的单月使用时长已经达到了400亿小时，第一次超过了即时通信产品，成为移动互联网产品中使用时长占比最大的一个品类。而且，这个时长优势还在不断扩大。

另一方面，快手也离不开丰富多样的创作者的支持。我们有成龙大哥，他在3天内涨粉超过了4000万。我们有卖房子的王贝乐，有直播打游戏的辣辣，还有拍短剧的御儿。在每一个垂类，都有大量创作者跟我们一起去繁荣整个内容生态，思考如何让用户更喜欢他们的内容。正是这万万千千的创作者和广大的用户需求，成就了快手过去10年的快速增长。

我们也会思考，经过了10年的高速发展，快手的未来应该在哪里？

正如我们的董事长宿华先生说过的，希望很多年以后，快手能够是一幅现代的、数字化的《清明上河图》，未来的人们能够通过翻阅在快手上的短视频和直播记录，了解过去的岁月，了解过去的中国。

所以我们一直认为，这是我们的使命，更是我们的愿景。我们要不断帮助创作者去记录，帮助我们的创业者、用户去分享快乐、忧伤、知识、热点，甚至把芸芸众生的吃喝玩乐、衣食住行等生活百态都搬到线上世界，让大家能够共同在快手构建一幅属于自己的现代化的《清明上河图》。

二、快手生态的3次升级

基于这样的愿景，我们需要做些什么？

在很早之前，快手还是一个非常简单的生态，我们只需要思考怎样让创作者做出比较好的短视频，以及把这个短视频和跟喜欢它的用户匹配起来。我们经常开玩笑说，这是一个二元一次方程，因为只有两个关键变量。

2018年以后，我们引入了商家，给整个生态带来了非常大的变化。首先，商家可以自己创作内容；其次，商家可以把自己的商品拿给别的创作者，让他们帮忙销售。在这个过程中，我们一方面看到像良品铺子这样优秀的品牌，在快手找到了自己的经营阵地；另一方面我们也发现，越来越多的商家把商品提供给了像芈姐这样的优秀主播，从而构建了一个更加繁茂的商业生态。我们开玩笑说，这叫三元二次方程，我们有了3个变量。

而这一次，我们的生态中增加了一种新的变量，它叫平台。

我们一直有个疑问：快手自己也是一个平台，为什么要引入第三方平台？原因是，随着用户越来越多，用户在短视频上花的时间越来越长，无论快手还是快手上的创作者，可能都没有办法特别纵深、完整、全面地满足每一个用户的需求。比如，用户想要订一家餐馆，想买一张机票，想要洗一辆车，或者想做一次汽车保养。这些需求后面有很长的商业链路，并不是一个简单的主播或卖家就能够服务好的。

所以我们希望在经营者之上，开放引入更多的机构、服务商和平台，这些兄弟姐妹们能够帮助我们提供更加完整的后链路服务，让我们的用户放心地买、放心地用，同时也能够让我们的创作者在生态中看到更大的商业机会。

三、为什么平台要选择快手

我们很荣幸地邀请到了美团的兄弟们，来参加今天的战略合作。我们希望未来会引入越来越多这样优秀的平台，为我们的用户和创作者提供更独特的体验。

我们也在想，大家都是平台，为什么这些平台要选择快手？我们的特色是什么？

我坐飞机来到海口，发现航空公司的slogan（标语）叫“不期而遇、相伴相惜”。这8个字让我特别感动，因为快手在我内心就是这个样子的。

我们每天有超过600亿次曝光，有超过120分钟的人均使用时长。在这个过程中，用户全身心地盯着手机进行沉浸式消费，平台通过算法能够更加了解用户要什么并进行推送，用户看到什么就可以点击查看甚至购买，这一切不就是对“不期而遇”最好的解读吗？

“相伴相惜”则代表了快手平台上的信任。在小商品时代，我们可能信任的是小卖部的阿姨，是商品的logo（标志）。在商超（即商场和超市）时代，我们开始相信沃尔玛，相信淘宝这样的大平台，相信它们卖的东西是好的。在短视频和直播的时代，用户应该相信什么？答案呼之欲出。短视频的用户相信的是他们喜欢的主播，以及他们使用的这个平台。

快手一方面拥有海量的不期而遇的流量可能性，另一方面拥有大量与用户相伴相惜、值得信任的主播，这样才能构建一个有存量、有增量、有效率的商业平台。这是我们相信许多平台会选择和快手合作的理由。

四、数字市井开放共生的力量

经过半年多的孕育和小范围的尝试，我们已经看到了开放共生的力量。比如，快手引入了途虎养车这样的第三方服务商，提供各种与养车相关的知识和服务，同时与快手汽车垂类创作者的视频内容和服务进行连接。现在，途虎养车在快手上每个月的订单量接近1万单。

再比如，我们把《迷你世界》里的游戏礼包、游戏攻略、游戏下载等所有链路打通，同时让游戏领域的创作者去试玩《迷你世界》里的游戏，把游戏的优点、缺点、怎么过核心关卡和上面的社交玩法，都沉淀到了快手。我们每天可以为《迷你世界》这样的游戏拉新[1]超过10万。

同时，快手上还有非常多的吃喝探店、周边旅游的内容。当地导游能够通过快手短视频，向所有用户介绍自己美丽的家乡景点，介绍他们去过的有意思的店。这些活动的背后，是我们引入了联联周边游这样的服务商，帮我们覆盖了超过200个城市、1万个线下商家，让用户在看到好的旅游信息和店铺信息时，能够更便捷地了解更多情况和下单。

这些只是我们看到的，还有大量需求是我们没有看到的。比如，每天有1.4亿用户访问商家页面，虽然很多商家页面的服务能力并没有建设得很完整。过去半年，快手商家服务号配置的用户数增长了130%，说明越来越多的商家、机构、服务商相信和认同快手商业的力量与价值。其中，本地生活服务的商家环比增长了超过50%。

当然，我们也要骄傲地宣布，快手小程序的MAU也突破了1亿。用户在里面可以看到芒果TV正版的影视作品，可以使用美团的服务，也可以打开一个很轻松的小游戏，进行娱乐。

五、如何建设快手开放共生的生态

为了做好整个数字市井的开放共生，我们不仅打出了一些标杆案例，还做了一些其他工作。比如：在工具和能力方面，我们提供了短视频、直播的小程序的挂载能力；在商业化方面，我们打通了支付能力、广告能力和交易结算能力。

创作者撮合系统是最重要的一个核心关键因素。因为有了创作者撮合，我们就可以让能做内容的人，通过做内容得到后链路商业服务的分成，让专业提供商业服务的平台、机构、服务商可以更轻松地获得优质的流量。

【1】“拉新”指吸引新用户。

同时，我们还构建了一站式的数据能力，包括服务号和小程序的自定义开发能力。我们希望这些工具和能力，能让那些真正为平台和用户提供核心价值，提供完整闭环、可信赖服务的品牌、机构，更容易地加入快手，和快手的流量、主播建立更高效的连接。

我们也会拿出实实在在的开放政策和流量、现金等激励措施，让愿意加入快手，愿意尝试在快手掘金的创业者，能够更容易、更轻松地在快手上获得流量，把自己的商业模式跑通。

第一部分
主播要具备的五大能力

01

第一章 内容力

本章知识点

1. 人设打造四步法。
2. 探讨品牌怎么立人设。
3. 了解做好短视频内容的重要性。
4. 做好一场直播的基本思路和进阶玩法。

本章出现的案例

1. 朵拉朵尚的李海珍怎么打造人设？（049 页）
2. 石家庄蕊姐的短视频制作心得。（064 页）
3. OPPO 做短视频的心得。（066 页）

用户在网上的购买行为，有 4 个时间点至关重要：一是购买前，此刻用户会看到与产品有关的内容；二是下单时，此刻用户会选择购买谁；三是购买后收到包裹时，即打开包装的瞬间；四是使用后，这时要看用户的体验。

比起传统的图文电商平台，快手上的用户主要是在刷短视频、看直播的过程中下单的，内容因而更是连接用户与产品的桥梁。不管是短视频、直播，还是营销活动，都是承载内容的形式或媒介。因此，内容力是主播不可或缺的能力之一。

在“内容力”这一章中，我们希望主播能关注 3 个板块——人设、短视频与直播。

有了人设之后，短视频与直播的内容就可以围绕人设来策划。有些主播不重视短视频，不重视直播前的内容策划，这些都是认知上的盲区。短视频和直播的内容各有特点。

第一节 人设：人设即定位

人设是内容力很重要的一点，有了人设就有了定位，短视频、直播内容也因此有了可以固定位置的锚。

一、人设：用几个标签迅速占领用户心智

我们先来看看“人设”这个词的发展过程。它最初指的是人物形象的设定，电影、电视剧，或是动漫、游戏，都需要事先设定人物形象，包括人物的外表、造型、性格特点等。

2016年前后，“人设”一词开始频繁出现在大众视野中，但常与负面娱乐新闻相关，“标题党”[1]往往会以“人设崩塌”“人设翻车”等词汇博人眼球。因此，现在人们提到人设，总是会认为它是一个略带贬义的词语，它通常指经纪人给艺人设定的公众形象。一旦艺人的现实行为违背这种公众形象，不符合大众的期待，便会出现“人设崩塌”。

快手负责行业运营的人员在与主播交流时，常会给他们建议——要有一个清晰的人设。但外界会有这样的疑问：人们提到人设时往往会觉得那是虚假的、捏造的，快手却多次强调人设的重要性，这是为什么？

实际上，快手的人设更多指的是“定位”，是用简单的几个标签使主播迅速占领用户的心智，从而形成记忆点，拉近主播与用户的距离。人设是几个标签的组合，标签的数量不宜过多，否则难以聚焦；也不宜过少，否则用

【1】“标题党”是网络用语，指互联网上利用各种颇具创意的标题吸引网友眼球，以达到各种目的的一小部分网络管理者和网民的总称。

本节作者为快手研究院研究员杨睿、研究助理皮雨辰。

户对主播的记忆会过于单薄。在分析了快手TOP级别的主播之后，我们认为3～4个人设标签比较合适。

那么，主播怎么选定自己的人设呢？

二、打造人设的4个步骤

我们可以先来看朵拉朵尚李海珍的例子。2021年关注快手电商的人，对“朵拉朵尚”这个名字一定不会感到陌生。这一年，这个护肤品品牌成为在快手上飞速成长的“黑马”。不仅创始人李海珍亲自下场做直播，一年365天几乎不断播，她的妹妹李海燕、表弟沐沐和参爷也都在这一年多的时间里成长为拥有几百万甚至1000多万粉丝的快手主播。

李海珍入局快手比较晚，2020年4月中旬才开始在快手上直播带货。但到2021年10月，她的粉丝数量已经超过2000万。

李海珍介绍了她自己建立人设的全过程。

李海珍怎么打造自己的人设

李海珍：在决定自己做主播后，我做的第一件事就是分析同行，做差异化人设。当时我分析了快手上的好几位主播——倚后、77英姐、猫七七、贺冬冬。我当时拿了一块黑板，一一给她们打标签。

倚后的年纪要比我大一些，她的粉丝和我家的粉丝重叠度很高，但她的客单价要低一些，我跟她在客单价的环节错开了。另外，她的粉丝所在地区偏东北，而我的粉丝偏河北、山东、河南一带。77英姐说话轻声细语的，让人不知不觉就听进去了。猫七七很年轻，她和她妈妈两个人给人一种上海小名媛的感觉。贺冬冬曾做过社交电商，还参加过很多档节目，虽然她也是创始人，但有点时尚教母的感觉。

打完标签之后，我做减法，通过比较得出自己的标签——我是谁。往高了说，我是朵拉朵尚这个10年品牌的创始人；接地气地说，我是3个孩子的宝妈。这是她们几位主播都没有打的标签。在直播间的状态呢？我的亲和力足够强，这也是根据我真实的性格来定的，不是有意为之。这样，3个标签就出来了。

我们的短视频团队也会围绕我身上的这几个标签去规划内容。比如，老板创业侧的点（对应品牌创始人），家庭生活、亲情、感恩的点（对应3个孩子的宝妈），都会通过短视频体现出来。

我们从这个案例中可以总结出人设打造的四步法。

第一步，分析你的同行，抽象出他们的人设标签。可以进行头脑风暴，在黑板上把这些标签都列出来。

第二步，挖掘自己身上的标签，比如性格、职业、外貌、特长、个人经历、社会身份。

第三步，做减法。选择别人没有但自己身上颇为闪光的标签，或是别人有，但自己更强的标签，做到差异化。

第四步，紧密围绕人设标签，向外界不断传递信息。

其实，这和美国营销专家杰克·特劳特（Jack Trout）在《定位：有史以来对美国营销影响最大的观念》中所总结的定位方法是一样的。

他在书中提到：定位从产品开始，可以是一件商品、一项服务、一家公司、一个机构，甚至是一个人，也许就是你自己。任何人，都能运用定位在人生游戏中领先一步。如果你不懂、不会使用这一原则，无疑会把机会让给你的竞争者。

定位方法实施的4个步骤如下。

第一步，分析整个外部环境，确定“我们的竞争对手是谁，竞争对手的价值是什么”。

第二步，避开竞争对手在顾客心智中的强势，或是利用其强势中蕴含的弱点，确立品牌的优势位置——定位。

第三步，为这一定位寻求一个可靠的证明——信任状。

第四步，将这一定位整合进企业内部运营的方方面面，特别是传播上要有足够多的资源，以将这一定位植入顾客的心智。

如图1-1所示，我们可以这样来规划自己的人设。

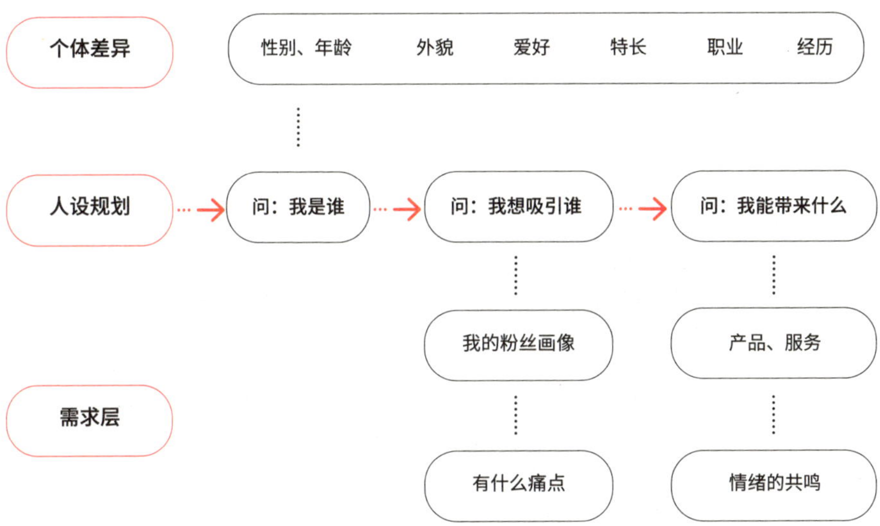

图 1-1　人设规划

三、建立人设的信任状

所谓人设的信任状，其实就是一张清单。如果你觉得自己的人设不清晰，现在就跟着我们一起来逐条修改（见表1-1）。

表 1-1 人设信任状

人设必备	小建议	是否符合人设
快手昵称	“哥”“姐”能够拉近距离，例如蕊姐、芈姐	▢
头像	清晰的个人照片，尽量展示面部	▢
简介	让人能够快速记住你的几段文字：如果是固定时间直播，可以写上直播时间，让粉丝记得，例如，“每晚 7 点开播，记得关注”	▢
头图	简单理解，这就是微信朋友圈的“封面”：主播可以通过头图提醒粉丝关注自己，也可以根据直播活动随时更换头图	▢
短视频封面	在传统电商平台开店，经常要请人来做店铺装修。在短视频、直播平台上，多个短视频封面陈列在一起，其实也是一种店铺装修。用户点进主播的个人详情页面，就能看到这个主播平时会发些什么样的内容	▢
外在形象	妆容、服装、造型要与自己的人设相匹配：例如李海珍，说话轻声细语，语速较慢，常穿马卡龙色的西服套装或连衣裙，凸显温柔大方的女企业家形象	▢
话术	用标志性的话语，让粉丝一下子就能想起你	▢
短视频内容	围绕人设进行内容制作，重视短视频拍摄、脚本设计	▢
直播	可以在直播前策划脚本	▢

四、拆解快手头部主播的人设

我们拆解了快手TOP级别主播的人设（见表1-2），总结了一些立人设的技巧，帮助大家拓展思路。

表 1-2　TOP 级别主播的人设

账号	瑜大公子	朵拉朵尚创始人 李海珍	徐杉 Sherry	77英姐 广州护肤工厂
粉丝量	2715.4 万	2073.6万	463.9 万	3606.3万
头像				
ID	yw110016	dl309950205	Sherry191919	lyxxy8888
简介	全平台同名 ·直播不开美颜 ·17岁开始护肤，13年美妆护肤经验。 欢迎来我直播间学各种美妆护肤技巧 ·立志将咱的美妆国货发扬光大。 感恩瑜家人们一路走来的陪伴　一路风景，瑜你随行。 查单号/快递：首页左上角—更多—小店订单	我是朵拉朵尚创始人，也是3个孩子的宝妈，朵家军公益行&珍爱中国行发起人，快手年度优秀主播，大家都叫我珍姐。我有18年护肤经验，700名员工，2个战略联合研发实验室和工厂，6000平方米办公室和3万平方米仓储。朵拉朵尚是11年国货护肤品牌，荣获“2020中国美妆年度护肤品牌”“快手最佳合作品牌”。我想让我们的品牌被更多人知道并发自内心分享，我会坚守品质，给爱美的你带去一份爱的礼物！每天早晚7点开播，给我一份信任，还你一份惊喜	快手奢饰品女王 轻奢一姐 时尚合伙人 奢饰品探秘者 掏空你钱包的女魔头 精致生活 缺衣不可 杉姐只要你美 每周不定时开播	我来自山东农村，是春之唤品牌创始人。离乡创业18年，广州有两家自主护肤品工厂都被录入广东省优质企业名录。春之唤定位美容院高奢定制品牌，荣获中国美妆高端国货品质金奖。化妆品高质量发展大会上荣获金质奖，拿下坚守品质的至高荣誉。 2021年英姐作为诚信企业家受邀参加广东电视台的诚信企业《信用访谈》采访。快手官方授予美妆十大影响力主播！ 3·8女神节巅峰宠粉王 成绩代表过去，品质铸就未来！ 感恩每一位家人的关注、支持和一路陪伴
标签	“无美颜”； “美妆护肤”； “美妆国货”	“朵拉朵尚创始人”； “国货品牌”； “护肤”	“奢饰品”； “时尚穿搭”	“品牌创始人”； “高端国货”； “诚信优质”
头图	本人正面头像	品牌相关人员合影，文字“11年国货，护肤品牌”等	本人半身照	本人半身照，文字“春之唤”等

由于很多主播通常都是想通过电商变现，我们可以把商品从生产到流通的链条分为上下游的几个环节，例如商品研发、生产、销售、消费。大家可以评估一下自己处于这个链条的哪一个环节上，以此来确认自己的人设（见图1-2）。

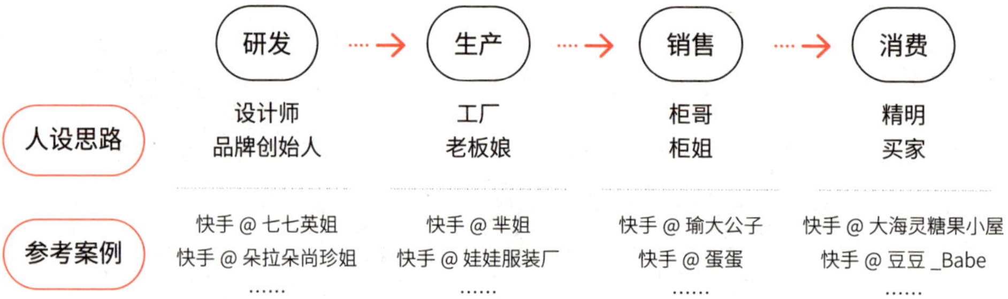

图 1-2　根据你所处的位置打造人设

石家庄蕊姐在访谈中提到，她自己经营服装20多年，也有线下的裤子批发档口。所以，她的人设标签里就有一条——裤子大王，还有个标签是精致女人。

人设不是一成不变的，要符合主播阶段性发展的需要。比如，快手主播瑜大公子的人设最初是一个男闺蜜，为粉丝提供性价比高的商品，他的粉丝画像是25～50岁的女性群体。由于瑜大后续要向高客单方向提升，于是他开始跟一些艺人明星联合互动，以达到“破圈”[1]目的。瑜大工作室曾考虑是否要打造老板人设，但尝试后发现不是很搭，最后还是觉得合伙人的人设比较合适。

人设清晰、有差异化，能够让主播更有辨识度，在一众竞争对手中脱颖而出。例如，在广州这个服装之都，有非常多实力强劲的服装垂类主播，如

【1】“破圈”为网络流行语，指某个人或他的作品突破某一个小的圈子，被更多的人接纳并认可。

何在激烈的竞争局势中站稳脚跟？服装垂类主播MiMi（快手账号“MiMi在广州开服装厂”）结合自身特点，找到了合适的人设定位，主打不玩套路、接地气讲品的风格。

“我的粉丝之所以喜欢我，可能是觉得我接地气，而且觉得我的身材跟她们一样”，谈到自己为什么会吸引1000万的粉丝，MiMi有些害羞。用她的话说，自己虽然在镜头里看着脸小小的、瘦瘦的，但其实“虎背熊腰的，背可厚了。身材像个苹果，肚子大大的”。

由于对自己的身材不太满意，MiMi对衣服很挑剔，而且擅长利用衣服的板型来掩盖她不满意的地方，也因此吸引了一批同样对自己身材不甚满意、有“藏肉”需求的粉丝。在直播间里，MiMi不介意给粉丝展示自己的苹果型身材和肚子上的赘肉，粉丝看到衣服穿在她身上的效果，就有了“MiMi穿着好看，我们穿着也能好看”的信任感。

MiMi的人设其实就是微胖女孩穿搭顾问和时尚买手，而且是真性情。清晰的人设，每天能保持上新的频率，再加上信任感，让MiMi家老粉的复购率特别高，能达到90%。

我们还分析了快手上一些主播的人设标签（见表1-3），供读者参考。需要再次强调的是，人设并非“虚假”“刻意”。相反，它应该是自然的延伸，源自真实的你，是一种自我与公众全新的关系。

表1-3　一些主播的人设标签

序号	主播	人设标签
1	参爷	快手滋补一哥 品牌创始人
2	徐杉	快手轻奢一姐 时尚穿搭 粉丝团
3	醉鹅娘小酒馆	分享红酒专业知识 优雅女性
4	陶子家	励志创业女性 高性价比 实体服装批发店
5	瑜大公子	美妆护肤达人 推广国货 男闺蜜
6	芈姐	源头好货 工厂老板娘
7	MiMi 童装源头工厂	带品牌货 宝妈 高学历：研究生
8	李宣卓（酒仙）	酒仙（懂酒爱酒） 与品牌酒水合作（保真，出厂价）

五、品牌需要立人设吗

品牌到快手做直播，是否也需要有人设？这个问题曾多次被讨论，至今没有定论。

目前我们看到，在快手上，品牌立人设成功率比较高的是创始人人设，例如朵拉朵尚李海珍、半亩花田西梅、韩熙贞妮姐。如果更宽泛地定义，格力董明珠、小米雷军其实都算是老板人设。创始人的形象出现在直播间里，更能够加深用户的信任。

累、没时间，可能是挡在品牌创始人面前最大的障碍。他们很难像职业主播那样全情投入。还有些老板有别的担心——例如：自己没有镜头感、没有表现欲；平时自己是IT男，不擅长跟人交流。

但如果说创始人有意愿、有时间，当然可以由创始人自己来做主播。这是品牌与粉丝迅速建立信任感的高效方法。我们发现，这通常适用于新锐品牌起势，或是传统品牌想要破圈的情况。

我们在调研时还发现，一些品牌创始人有这样的困惑——1000个消费者心中有1000个优衣库的形象，他们进入优衣库的门店或是网上商城，所选的衣服也是不一样的。因此，很难用一个人去“演绎”出优衣库的形象。

也有一些品牌方尝试将主播打造成符合自己品牌调性的人设。但面临的最大风险就是，员工一旦流失，会对品牌好不容易积累的人气形成致命打击。

这里举一个失败的例子。

品牌立人设的风险——主播流失

曾经有一个定位年轻女装的服饰品牌，品牌方内部就到底要在快手树立怎样的人设进行了多次讨论。他们最终结合品牌基因，决定打造设计师的形象。

在与品牌方交流后，我们发现，他们真的认真讨论过是否要做创始人人设，或是老板娘人设。但最终觉得不应把它具象化在一张关系网上，比如小舅子、老板娘这种社会关系网。“因为要夯实这样的人设会非常累。怎么去讲这个故事？怎么把这个故事跟产品结合在一起？怎样让主播养成这种认知？甚至还要天天把老板放到直播间里，这不太现实，因为我们没有这个基因。”品牌方说。

于是，他们选择了服装产业链条上一个代表着审美、创意的角色——设计师。这样的人设确立之后，他们进行了测试，看能否与粉丝产生共鸣。粉丝进入直播间后，会问“主播在哪里”“什么时候上新，主播你该上新了”。当时品牌方比较有信心，认为这算夯实人设的第一步了。

但这种做法存在风险。没过几个月，这个好不容易在直播间里形成一定粉丝基础的主播，却因为个人原因离开了这家公司，直播间的人气也受到十分严重的影响。

品牌与主播之间要形成强绑定关系，这涉及员工激励、风险管理等多方面。建议品牌方向MCN机构学习如何降低主播的流动性，向艺人经纪公司学习如何管理好主播。

六、品牌方要破除人们对人设的误区

品牌创始人往往一听“人设”就后退三步，说品牌不敢搞人设。一提到人设，大家最先想到的就是网红，这是一个误区。

首先，人设不等于网红。我们今天讲品牌的人设，是说品牌要有个性，需要用年轻人喜欢的方式，放低身段跟年轻人沟通。

比如和路雪，它在快手的一个账号叫作“和路雪雪糕公寓”。因为它发现快手的老铁喜欢看剧，喜欢谈论剧情，所以它用雪糕公寓这一场景去吸引他们。我们发现，类似和路雪这样的国际品牌也在放低姿态，用内容化的方式与消费者沟通。

此外，直播间里的主播要拿出自己的魅力和特点来。业内公认的是，快手电商的粉丝价值很高，转化率很高。大家享受着快手上的社交关系带来的好处，也要尊重平台里社交关系的规律——主播要在直播间里和粉丝交朋友。

快手上有很多优秀的主播，例如韩熙贞品牌的老板娘妮姐，她在讲解产品的时候，粉丝隔着桌子都能感受到她对产品的热爱。好的主播要热爱自己的产品，他 / 她不应该是打卡上班的打工人角色，而应该是深深热爱产品、非常专业、愿意跟粉丝做朋友的人。

如果品牌不愿意有人设，也可以去做店播——主播轮班倒做直播，充当售货员的角色。但不要忘了和粉丝做朋友。另外，自播账号的短视频内容和直播内容方面仍然要强调品牌形象。

关于品牌如何做自播，参见本书的“品牌自播方法论：如何在快手月入千万”等案例。

第二节 短视频：好内容就是竞争力

在快手平台，对于想长期经营的商家而言，内容生产能力是至关重要的。最早，商家会卖货就能赢；后来，商家要学会买付费流量才行；长期而言，商家需要会生产内容才有足够的竞争力。

在线下做生意，内容生产能力其实也是极重要的，比如，一个店铺的招牌，店铺里的陈设，一件商品的外包装，这些都是触达用户时的互动界面。还有的商家会去做广告、发软文、开新闻发布会。以上种种，都是广义的内容生产能力的体现。

传统电商的商家，上述种种都有涉及，还有商品的详情页，是特别重要的内容。后来，微博上出现了很多像张大奕这样的网红，其实做的就是内容电商。

在快手平台上，商家的内容生产能力增加了一种新形式：做好短视频和直播的能力。本书侧重讲做短视频。

一、好内容可触达精准潜在用户，达到扩圈效果

快手平台的底层是推荐机制。视频上传后，系统会根据其内容打上相应的标签，如家居、美食、萌宠等；同时，用户看视频过程中的行为特征等也会形成标签，如男性、爱看体育、爱看美食等。推荐算法会将两者匹配起来。

比如，上传一个“餐桌上有饭菜”的短视频，平台会先抓取内容，打上标签，接着把该作品小范围地推送给带有同样兴趣标签的人群包。当这群用户的打开率、点赞数、评论数等达到一定阈值，系统会把作品推送给更大的

本节作者为快手研究院负责人何华峰，快手研究院研究员陈凯君、研究助理贾蕊。

流量池。越优质的视频，越有机会曝光在更多用户面前，触达更多的精准潜在用户。

在用户的精准度方面，这里举一个极端的案例。唢呐是一种很小众的乐器，中国有14亿人口，我们假定每1000个人里面有1个人喜欢唢呐，那么中国喜欢唢呐的人大约有140万人。这些人分布在中国的天南海北、角角落落，是很难找到的。

中央民族乐团的唢呐演奏家陈力宝2017年在快手开号，上传唢呐作品。陈力宝是唢呐演奏方面的顶尖高手，其演奏的内容都是高质量的。到2021年11月，他已有81.9万粉丝，全部都是唢呐爱好者。这意味着，他在短短的几年之内，占据了唢呐爱好者市场60%的份额。

与此相关的一个常见误区是，有些商家会追随热点，拍一些点击率比较高的搞笑视频，但与自身店铺和商品的关联度不高。回到推荐逻辑，这类视频会被打上“搞笑”“段子”等标签，推荐给平时爱看段子的用户，而不是商家期待触达的精准群体。

可以用一个案例来说明这个误区。曾经有一位卖女装的主播在采访中说道，她发布了展示女装款式的短视频，却意外吸引来了很多男粉。虽然自己的视频热度上去了，但对店铺销售量并没有帮助，反而影响了转化率的提升。

二、好内容带来购买和复购

通俗地说，快手平台是“种草”和购买一体化的，通过短视频和直播间“种草”，再到购买，整个链路不用跳出平台，是闭环的。

这里有两种情况。

第一种，商家的一条短视频，可以清楚地将产品的特点、卖点及使用场景表达出来，非常有代入感。用户若有兴趣，可以通过快手的小黄车完成购买。这里的用户购买，一种是冲动型购买，另一种是老粉丝看到一条新产品的视频被唤起购买的欲望。

如果“种草”和购买不构成闭环，效率就会低许多。就像传统的电视广告，用户在电视里看到广告，购买却在另一个地方，这样用户就会流失很多，而且无法统计。

第二种，用户看了短视频，有了兴趣，但不一定会马上购买，他会关注你，去看你过去发的短视频，去看你做的直播，然后试探性购买。这是由浅入深、不断积累信任的过程。如果商家不断生产好的内容（包括短视频和直播间的内容），用户就能不断积累兴趣和信任，就会成为商家的忠实粉丝，不断带来复购。

2021年第三季度的快手财报显示，快手电商在该季的复购率达到了70%，这是一个挺厉害的数字。

小结一下，快手平台的特点是，有公域，也有私域，还有商域，形成了闭环。好的内容不但可以带来单次的购买，还可以累积信任，带来重复的购买。

三、内容好，可以降低广告成本

重视内容，内容做得好，可以降低商家的广告成本。

对于每一个商家在快手的广告账户，快手平台都会进行内容优劣的评分，根据质量共分为1～5分5个分档，分数越高说明素材越受定向用户喜欢。

质量分的高低，主要与播放率、互动率、反馈率等相关。在用户操作行为中，点赞、评论、关注等正向行为越多，质量分值就越高；用户的负向操作越多，比如减少此类作品、举报、拉黑等，质量分值就越低。

商家在广告投放中，如果出价和定向相同，质量分越高，曝光的概率就越大；曝光概率大意味着覆盖人群更多，可以获得更多流量，广告效果相对而言也更好，而且单价还相应被拉低了。

要提高广告短视频的质量分，有一些具体的做法，这里简单提几条。比如，要增加封面的吸引力和相关度，增加广告前5秒内容的有趣度，将视频配上字幕，等等。

前面讲的道理，其实并不复杂。就是在传统的电视广告中，也有类似情况。花同样的成本，拍出来的广告质量好，受众就记得牢，商家的钱就花得值；广告质量差，受众容易忽略，商家的钱就浪费了。

不过，与电视广告相比，短视频广告也有两个新特点。

第一，电视广告主要凭用户印象，短视频广告有数据反馈，方便迭代优化。

第二，用户对短视频广告更有包容度。电视广告容易惹人讨厌，而短视频广告与短视频内容时长一致，内容形态也类似，并且不爱看可以随时划走，用户更容易接受。

四、好内容带来精准的搜索流量

在快手平台上，用户的主动搜索也是重要的流量来源。截至2021年8月，快手搜索的日均搜索次数超过3亿，其中，电商相关搜索量环比增长31%。

对比推荐，搜索是用户的主动行为，这部分用户本来就带着了解某一主题或产品的目的，因而是更精准、更优质的流量，转化率比被动刷视频来的流量要高。

要利用好搜索流量，一是需要多发内容优质的短视频，二是每一条短视频都要带上自身的行业、品类甚至品牌关键词，并用加标签（#）、文案等方式提升关键词命中率。

石家庄蕊姐的短视频制作心得

商家在短视频中可以发什么内容？石家庄蕊姐的案例可以提供一个思路。在2021年快手“116品质购物节”期间，她的单场销售额突破1.2亿元，在快手女装行业排名第一。

从不重视短视频到逐渐摸索出自己的节奏，蕊姐的案例印证了，短视频不仅可以帮助维护人设，还有助于讲品、测品，做好直播预热。

〇以下为蕊姐的讲述。

我们之前不太重视短视频，也就是我自己穿着衣服走两圈，随便拍一拍。内容是真的很差，播放量、点赞量都不是很多。大概是在2020年7月17日做活动时，快手官方的运营人员给我们提了一些指导性意见，告诉我们要生产优质内容，我们才慢慢重视起来，开始有了自己的视频节奏。

短视频革新其实是一个漫长的过程，不是一蹴而就的。我们的内容团队也就六七个人，得慢慢来。我们会根据粉丝的反馈不断地调整和改进，这也就是我们通常说的“粉丝试水”。因为咱们快手的粉丝和其他平台是不一样的，不能一概而论。

在快手平台上，我的账号经常会更新一些创新内容，或者自己做的小板块，看看粉丝和后台数据的反馈。粉丝反馈好，后台给视频标“优”，团队就有信心继续将这类内容做下去。比如，我们短视频团队的负责人比较喜欢电影，做了一些致敬经典电影的短视频系列，反馈很不错。这个事儿就像做饭似的，咸点儿、甜点儿还是要慢慢调。

其实我们短视频最大的一个转变就是开始进行有层次的输出。团队将短视频内容分成三大类。第一类是围绕“精致女人”和“裤子大王”的人设展开的，拍摄一些形象类的视频。比如，之前拍摄的“雨天蕊姐的故事”，讲述的是我在雨天穿着一件美美的大衣邂逅美好的故事。这个视频推出来之后，很多粉丝在我的评论区评论，说“你家的摄影师和后期真心不错”“这摄影技术真好”“妥妥的女神范”。

其实这类视频的重点就是镜头的美感，通过特写镜头展现出我的优雅大方，从而巩固我的人设。当然，偶尔我们也会夹带“私货”，会穿上自己家主推的大衣，在短视频中添加相关话题（#），这样也能起到推荐爆品的作用。

当然，我们也有专门推荐商品的视频，这是第二大类。基本上都是我把样衣穿上身，然后对着镜头讲述服装的特点，偶尔也会有场外演员配合我应和几声，重点是把商品的特点介绍给大家，同时呈现衣服的合身、好看，从而起到推销的作用。

第三类，就是消息通知视频。比如，有重大活动时我们会发一些活动预告。2021年11月7日做活动时，我们把一些重要的品拿出来拍了短视频。这些短视频也能起到测款的作用，即通过粉丝的反馈来看看这个品到底好不好卖。

当然，这些视频我们不会很早发布，一般提前三四天发，相当于通知大家过两天有这场大活动。视频不能提前太久发，否则大家会等得特别累。

我们再来看OPPO的案例。2020年1月6日，OPPO在快手的官方账号发布了第一个作品，截至2021年11月，其已累计发布596个作品，积累了144万粉丝。

OPPO数字营销运营总监张泽宇认为，短视频内容的运营不但提升了品牌形象，而且拉动了品牌自播的复购。“我们要持续运营优质内容，在快手用户中塑造OPPO值得信赖的心智。此外，内容运营带来的这些粉丝提高了OPPO品牌自播的复购率，是做好品牌直播的一个很重要的抓手。”张泽宇说。

OPPO做短视频的心得

OPPO数字营销负责人张泽宇：在内容运营层面，首先要明确目的。在快手平台，OPPO拥有全平台1/4的本品牌老用户，因此如何满足这部分用户“解锁更多手机功能和玩法”的需求，就成为内容创作的第一个落点。此外在视频风格上，我们关注到，快手平台用户对于短剧、剧情类的内容有较高的关注度和需求。

基于用户的两种内容需求，我们充分利用线下门店资源，制作了大量还原用户购物场景的短剧，将产品介绍与顾客互动场景融入内容中，拉近品牌与用户之间的距离。与其他多数品牌官方制作内容会在所有社交媒体上统一分发不同，OPPO在快手上做内容都是基于快手用户定制的。我们认为，快手的用户有自己的特点，想要真正做好这个平台，品牌自播和短视频内容要去深入洞察快手上用户的需求，做到定制化与差异化。

以下是我们制作的两个系列短视频内容。

第一个系列是“柜台日记”。我们有大量的线下门店，那里每天都有很多故事产生。我们把线下门店的真实故事制作成快手用户喜爱的短剧，以此拉近和用户之间的距离，与用户建立面对面交流的亲密感和信任感。

第二个系列是“使用技巧”。很多用户不知道OPPO手机有什么功能，或者有一些功能，可能看了介绍，但不会实际操作。我们认为这是用户的一个痛点。

“使用技巧”系列视频的制作思路是“抛出问题+结合使用场景讲解”。

在视频开头，我们会抛出一个问题，比如：“如何将手机屏幕投在大屏设备上？”紧接着我们用OPPO手机演示投屏的使用方法，并且配合示意图帮助用户理解一些偏抽象的词语，例如“熄屏”等。这样既满足了用户探索

OPPO手机功能的需求，同时也在短视频下方形成了OPPO功能讨论社区，感兴趣的用户会在下方进行交流，如果提出疑问，官方也可以及时做出解答。

这两个系列的内容让我们在快手上的官方账号短时间实现200万的粉丝增长，而且品牌自播的复购率也得到了显著提升。持续运营优质内容，成为OPPO在快手平台取得突破的“流量密码”。

第三节　直播：基本思路和进阶玩法

一、基础三要素：画面、声音和道具

直播内容主要由画面、声音和道具3个部分组成，以下分别讲述。

先说画面。粉丝来到直播间后，第一印象来自主播，第二印象则是主播身后的背景。布置直播间时，要讲究明亮整洁，背景元素统一；还可以通过直播界面的道具挂件，突出货品特点和主播人设。如果背景过于烦琐，容易影响画面的清晰度，会让直播效果大打折扣。

直播间的布景不是一成不变的，可以不断升级，让粉丝有耳目一新的感觉。举个例子，石家庄蕊姐在与家乡当地政府合作的一场直播中，觉得当地电视台的布景特别好，就按照电视台的风格打造了自己的直播间，包括直播间的顶灯都要求有电视台的感觉，让直播间看上去“高大上”。

此外，好的音质、融洽热闹的氛围，是直播观感的重要组成部分。

再说道具。主播要根据自己所处行业的特点，选择合适的直播间道具。比如：对于化妆品行业来说，一些专利证书、样品、做现场实验的道具等就是重要的展示内容；对服装行业来说，服饰的搭配、模特把样衣穿在身上进行展示就是重要的直播间内容。

举个例子，朵拉朵尚是一个护肤品品牌。它的创始人李海珍在快手做直播，为每一款产品都准备了专利证书、企业荣誉、适合人群、竞品价格、如何被皮肤吸收等厚厚一沓资料卡。在直播时，助播可以配合主播的讲解，举起资料卡展示给粉丝。2021年11月，她从山东济南的公司总部到广州的工

本节作者为快手研究院研究员杨睿、研究助理杨佩洁。

厂做直播，甚至把一箱箱的资料卡空运到了广州。

二、内容策划：平播和大活动

主播在平播（日常直播）时卖自己的货，根据自己的经验和节奏完成上述规定动作就好。中腰部的主播，往往每个月会做1～2场大活动，对直播间的现场氛围、人员配备、货盘等就需要提前策划，类似准备一场大型综艺节目或晚会。

大活动需要策划好活动主题、做好预热短视频以及直播脚本。因此，一些直播团队里专门设置了内容策划、编导等岗位。

1. 定直播主题

挖掘主播的人生故事，是常用的定直播主题方法。例如，你什么时候过生日、结婚、开业，粉丝涨到100万，开店3周年，等等。这与营销玩法、投流策略等息息相关。

侯哥是快手上的一个家纺主播。有一次，他家仓库泡水的短视频意外火了，操盘手就帮侯哥做了一场直播策划，道出这段时间的艰难，一度困窘到要求助身边的朋友。没想到快手的老铁们知道情况后，给了他很多支持，帮助他把仓库里泡水的库存给清完了，让他的损失降到了最低限度。当时的直播活动非常成功。

2. 短视频预热

一些主播对短视频不够重视，但短视频预热是内容策划的重要部分。

2021年初，我们在与快手主播瑜大公子交流时，他的团队共有19个人，分为内容组和直播组。光他的内容组就有7个人，负责日常短视频的制作、分发、投放和外宣，包括2个策划、2个拍摄、2个后期剪辑、1个内容审核人员，而且这个团队还在不断壮大。

短视频预热的形式有多种。

第一种是场景化预热。比如，把货堆在一起，拍一个大场景，告诉粉丝我是有货的，这种视觉效果会很好；还可以借着新店开业，把商品放在货架上，做走播，也很有趣。

比如，瑜大公子2020年9月14日、19日的直播，主题是极速发货。如何体现极速发货？素材里肯定要有仓库等场景要素，包裹得提前打包好，主播要在直播间不断强调“我们这个拍下来就发货，拍下来就发货”。

第二种是人设型直播，挖掘主播的人设和人生故事，找生日、周年庆、节假日做营销节点，感恩回馈粉丝。要注意的是，有些主播会采用比较极端的方式，例如把家里矛盾的梗用起来，说自己婚姻破裂了，今天就要把老公的货全部卖掉。而这种不建议使用，因为容易被认为是炒作、虚假宣传。

第三种是单品“种草”，基本上会把爆品、利润品、引流品，还有奖品都放上去，这样既宣传了活动，还能通过短视频提前测品。

每条短视频的脚本都可以提前写好。主播可以照着脚本念，或是按照自己的语言习惯改成口语化的内容。

我们与朵拉朵尚的李海珍交流时，她强调：短视频策划人员要与直播运营人员、投放团队打配合；要了解不同产品的定位、推广计划，并合理分配短视频的推广预算。例如，核心产品不管卖得好不好，必须要拍短视频。此外，一定要拍成短视频的还有当天限量销售的产品，与人设相关的段子，以及开奖、送汽车、送福利的短视频。

直播预热期要短一些。预热期如果太长，粉丝有可能等不及或是忘记直播日期。强预热期一般3天，最长不超过5天。所谓强预热，是指要发视频做推广，反反复复强调两天以后有活动。

3. 货品是脚本的基础

确认完直播主题后，还要出一个直播脚本。

脚本是基于货品写出来的，要设置每一分钟都要做什么，并且写出来。由实战经验我们发现，开场和结束这两个时间点的脚本，还有爆品的脚本很重要。

三、高级玩法：大型直播活动

很多主播所理解的直播流程就是如何去卖货，但有话题度和内容性的大场活动往往不止卖货这一个环节。

从2021年开始，李海珍的每一次主题活动都会是她的一个爆发节点，数次创下破亿的纪录。朵拉朵尚在10月27日举办了一场工厂开业活动，主题定为“智能工厂开业盛典”。在此之前，李海珍已经举办过生日会等主打亲情、温情的大场活动。恰逢朵拉朵尚参股的芭薇创新中心&智慧工厂开业不久，因此，她选择了能够展现品牌实力的开业活动。

这次开业盛典的直播流程，除了卖货环节，还有参观工厂、开业致辞、剪彩等环节。例如，参观工厂的路线是否合理，走楼梯还是坐电梯？如果坐电梯没有信号该怎么办？参观工厂时谁来拿着手机直播？谁负责讲解各个车间？这些细枝末节都需要提前想好。

做活动并非演给粉丝看，要真的把它当成一场大型活动，像婚礼、开业剪彩一样，将方方面面准备到位。例如，在朵拉朵尚27日、28日两天的活动中，每个时间段所对应的环节、参与人员，是否需要文案支持，机位切换，剪彩需要准备的物料等都要在相关资料中标记清楚。

这样的活动，对直播团队的各种能力都提出了更高的要求。主播可以通过这样的活动，打磨团队的协调能力，沉淀出今后工作的标准化流程。

至于大场活动该如何做，本书第一部分的最后有一个系列专题供读者参考。

02

第二章 商品力

本章知识点

1. 主播的货从哪里来？
2. 如何做好品控，避免直播“翻车”？
3. 了解主播自有品牌的发展趋势。
4. 货品结构与排品顺序有什么讲究？

本章出现的案例

本章作者为快手研究院研究员杨睿。

商品力指的是主播精准把握粉丝需求，为其提供高性价比商品的能力。

商品力主要包括两方面：一方面是主播通过挑选货源、品质把控等环节，获取符合粉丝要求的商品；另一方面是主播通过定款、定价、定组合等策略，将商品成功销售出去，让粉丝买到好的商品，有好的购物体验。

因此，我们将“商品力”这一章拆分为两节，分别介绍选货和排品的方法。

在“选货”一节中我们能看到，快手平台上有丰富的货品供给，主播可选择的货源各具特色，主播们的货品基因、成长路径也有所区别。为了避免直播“翻车”，优秀主播都要对货品的品质进行把控。

我们在“选货”一节中也探讨了一个重要话题——主播自建品牌能成功吗？可以来看看快手主播徐小米和芈姐的最新探索。

在“排品”一节里，我们更关注主播在销售场景中如何通过货品结构、排品顺序、节奏设计等，吸引粉丝购买。这一节的内容更有实操性，都是主播和操盘手的成功经验。

第一节 选货：货源、品控与自有品牌

一、主播的货从哪里来（见图2-1）

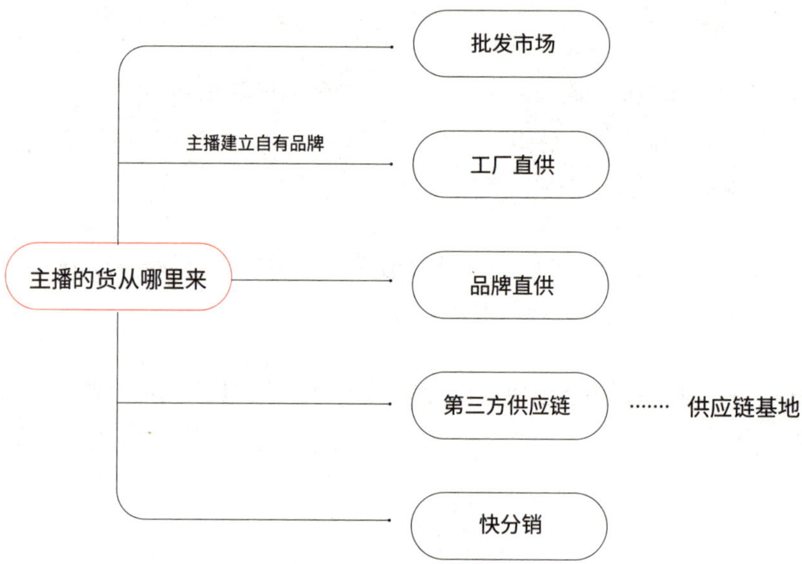

图 2-1 主播的货从哪里来

经过长期调研，我们将快手主播现阶段的货源分为以下几种。每一种货源都有自己的特点，主播要结合自己对货品的了解、对粉丝需求的判断，谨慎选择合适的货源。

1. 市场货

在直播电商发展初期，很多主播会从各级批发市场拿货。最典型的就是临沂“四朵金花”，她们自己就是二级批发商，因为新冠肺炎疫情，她们把线下档口的货拿到快手上去卖。全国各地分布着大大小小的批发市场，例如义乌小商品批发市场、广州的各个服装批发市场、南通家纺城等。

一级批发市场大多靠近货源地；二级批发市场大多靠近交通枢纽，能辐射周边地区。这样的市场拿货方便，选择多样，主播可以自己去逛市场，货比三家。

但从批发市场拿的货基本没什么知名度，以白牌居多；主播进货之后，也有一定的库存压力。因此，直播电商发展初期有不少人把尾货、库存拿到快手上卖，尾货价格低，对消费者来说有吸引力，很快就能售罄。

这也导致有些主播最开始尝到了清仓的甜头，就一直卖尾货，从来不做货品升级，逐渐就被粉丝淘汰了，可以说“成于尾货，败于尾货”。还有些主播，明明人气很高，却舍不得扔掉自己的线下实体批发生意，没有精力做直播，也舍不得花钱投流，前期积累的粉丝慢慢就不活跃了。

2. 源头工厂货

在整个商品流通环节，从批发市场拿货这种模式还是会有中间商的参与，主播只是将线下卖的货“搬”到了线上。随着直播电商的蓬勃发展，有很多主播选择打掉中间环节，直接与源头工厂对接。源头工厂货是快手上一种非常重要的货品供给渠道。

以服装行业为例，有些主播或选品人员看到自己喜欢的衣服板型，会让工厂准备好布料、配件，然后下单生产。主播将这种方式称为“订货”或“做货”。化妆品行业也是如此，OEM（代工生产）/ODM（贴牌生产）的生产模式非常普遍。在广州白云区，密集分布着化妆品厂家，它们往往生产灵活，且接受小订单，可以为一些不知名的品牌做代工。

主播与工厂合作，一种形式是备现货，主播预估单量，向工厂下生产订单。这种形式最大的风险是单量预估不准确：如果卖不动，会导致库存积压；如果爆单，工厂可能产能不足，发货不及时，导致口碑“翻车”。但备现货的好处是发货迅速，粉丝不至于因为等不及而退货。而且，像羽绒服、鞋子这样的品类，由于生产周期长、对辅料要求高，通常需要备现货。

另一种形式是预售，根据订单数量来决定产量。预售形式并非人人都能做，其与订单量大小、工厂的快速反应能力、服装本身的吸引力、主播的选品眼光等息息相关。

随着与工厂合作的日渐深入，彼此建立了信任与长期合作关系，一些主播开始向品牌化方向发展。比如，芈姐打造了自己的个人品牌芈蕊，徐小米创立了江南印象。她们的探索能否成功？我们将在后文着重探讨。

服饰主播MiMi的订货/打板/开预售模式

MiMi的真名叫张文咪，她的姐姐张文品负责选品。为了尽量避免“翻车”，文品很少从批发市场拿货。但她为了选款，几乎每天逛批发市场，往往要走上三四万步才能找到满意的板型，之后再与工厂合作。

文咪在挑选合作工厂时非常讲究专业度，她与几十家工厂建立了合作关系，每家工厂分别生产裤子、上衣、外套、毛衣等不同的品类。每一个产品，文咪打几遍样板才能上，有勾丝、线头等质量不好的地方，都会打回工厂重做，检测合格了才能发货。

MiMi家与工厂的合作采用预售模式，根据订单数量来决定产量。

3. 品牌货

另一种重要的货源是品牌货，主播可以与品牌方（包括品牌经销商、代理商）直接谈合作。例如瑜大公子，他在2019年9月刚做快手时卖的是“广州货”，也就是白牌商品。2019年国庆节后，他开始尝试卖品牌国货，对快手用户的理解也慢慢发生了改变。

瑜大公子曾告诉我们，当时他想尝试带品牌国货，于是开始跟珀莱雅、韩束、一叶子、欧诗漫等品牌合作。粉丝在线下逛商场、超市时会看到和购买这些品牌的产品，当发现专柜卖四五百元的东西在直播间只要一两百元，还送面膜、精华液时，他们当然愿意在直播间买。

现在，瑜大公子的一个重要标签就是带品牌货。随着粉丝体量越来越大，主播有了与品牌议价的能力，品牌甚至可以为主播生产专供款。

主播带品牌货，可以与品牌相互成就。品牌本身就代表一种信任关系，粉丝在其他渠道认识了这个品牌，然后看到自己关注的主播在播，购买意愿就会更强。品牌货在质量上有一定保障，让粉丝的购物体验更好。品牌有溢价，主播带品牌货，可以提升自己的客单价。

4. 第三方供应链

在快手上还有一个重要的供货方，就是第三方供应链。它们往往聚合了不同品牌、工厂、原产地的商品，可以供主播选择。除了种类丰富的商品池（也称货品池）之外，如果第三方供应链还配有直播间，便可称作供应链基地，主播拎包来播就行。

这种供应链基地多集中在货源充足，或是主播特别密集的地方，例如杭州九堡一带、山东临沂。

这里我们着重介绍供应链基地这种形式。供应链基地是指拥有自己的货盘（如衣服、鞋子等），有至少一两个直播间并配备直播运营人员的线下场所。主播可在这里选货，选完就直播。

供应链基地要为主播组货（见图2-2），这是一门大学问。主播一场直播带的货被称为一盘货，每场直播的货品分布有一定的规律。以服装为例：30%是走量款；20%是平销款；10%是调性款，即高客单价的款；20%是搭配款，比如内搭；热门款是指最可能爆单的款，占10%；此外，清仓款再占10%。

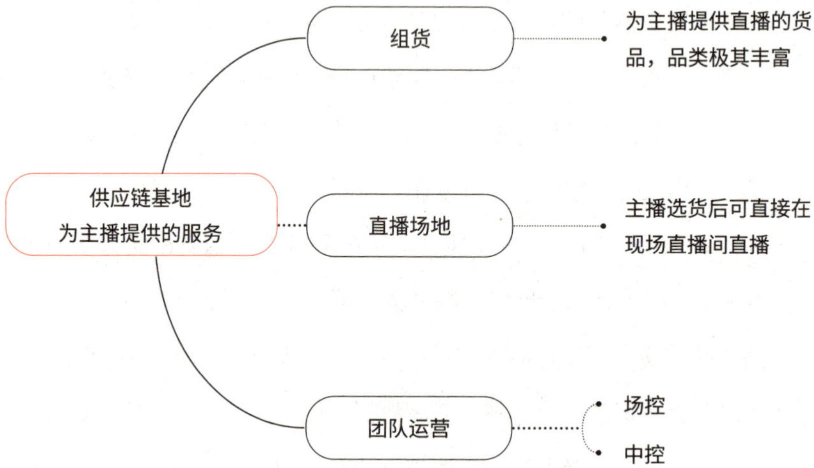

图 2-2　供应链基地为主播提供的服务

除了组货，供应链基地大多会强调自己的运营能力，尤其是场控和中控。如果把直播比作一档综艺节目，场控就相当于导演，要把控正常直播的节奏。他需要在现场“眼观六路，耳听八方”，把控过款节奏、秒杀货品节奏，与主播配合，解说货品功能等。有些供应链基地的老板会亲自担任场控，因为他们对货品最熟悉。中控则是直播后台的操作者，要及时上下架货品、修改库存。

主播一般认场控，因为他们每天接触太多货品，对货品本身可能没那么熟悉。如果场控与主播搭配得好，就能有高产出，主播也愿意一直来基地排期。如果一个基地没有好的场控，主播的GMV不高，就不愿意再来。

5. 快分销

当一个主播粉丝量非常少的时候，他自己的货都卖不完，根本不需要考虑帮别人做分销。但当他发展到一定阶段，比如成长到拥有50万粉丝后，就要考虑带更多的货。

这背后有两方面原因。一方面，粉丝有需求；另一方面，主播也想升级供应链，想卖品牌货，不能越卖越便宜。

快分销是快手官方推出的SaaS（Software-as-a-Service，软件即服务）工具，为主播、商家、招商团长提供了一个撮合平台。它的前身是好物联盟。使用快分销，可以让主播从招商、选品、发货、售后这些环节中解放出来，这样主播能更好地专注于怎么生产好的内容，怎么带货。

快分销的具体介绍及相关案例见第十二章。

二、做好品控，避免“翻车”

主播对货品供给的投入，不仅指寻找货源。事实上，对货品品质的把控，才是主播保持“长青”的秘诀。

头部主播，尤其是跨品类带货的主播，已经有了比较成熟的招商团队，并且会按照品类对团队进行职责划分。在每次大活动前，很多大主播会提前开招商会。例如，陶子家为年货节举办招商会，招商品类包括食品/生鲜、百货/电器、美妆/家纺等。

成熟的主播团队通常有层层筛选货品的机制，还有专门的质检团队把关。

我们可以根据货源的不同，来看几个典型案例。

首先来看带品牌货的瑜大公子。据遥望网络科技有限公司（简称遥望）总裁方剑介绍，遥望专门设置了一个品控中心，大约有8个人。他们有多年的工厂工作经验，对货品的要求非常严格。他们会介入选品的每一个环节，只要不符合品控要求，就可以把品打回去。

品控人员一般会根据活动做抽检，比如瑜大的专场活动有很多样品参与选品，选上后，品控人员会做样品的抽检，也会做大货的抽检，还会充当神秘买家，在销售前、中、后的整个流程中起到监督员的作用。

他们还会去验仓。比如，一些主播卖的羽绒服，说是填充的羽绒，其实只有袖子填充的是羽绒，背部是棉，如果品控人员去现场验过就不会出现这种情况。据方剑介绍，有一个品控人员是带着针线去验货的，一上来他就把衣服直接剪开，现场看，看完再原样缝回去。

品控人员不仅要验仓、看货品，还要负责考察商家能力。有些商家和遥望合作时间很久了，过去货品品质一直不错，双方也建立了信任关系。有些品牌是刚开始合作的，品牌方说有3万单，遥望会让品控人员去现场看，是不是有那么多货，是不是具备相应的发货能力。品控人员甚至会到品牌方的现场蹲两天，等货发完再回来。

我们再来看石家庄蕊姐的案例。除了自己的招商团队之外，蕊姐团队还会有七八个编外人员，是跟蕊姐合作很久的独家供应商。他们都是行业资深人士，有些人自己就是老板，做生意很多年了。蕊姐在公司给他们安排了选品的工作室，他们可以随时来。

蕊姐经营了20多年服装生意，有自己的线下实体店，她对货品细节非常重视。2021年的“616品质购物节”，她要卖一款秋裤，于是和团队一起试穿了四五条裤子，面料舒不舒服、掉不掉色、缩不缩水，这些细节都要挨个和商家核对，甚至还会拿热水烫一烫，看是否会变形。

在蕊姐看来，每个人的身材都不一样，她得找到一条让绝大多数人穿起来特别舒服的裤子。蕊姐家的裤子和上衣之所以卖得特别好，就是因为她每一件都亲自试，找到毛病就返厂去改。

三、主播自建品牌会是趋势吗

上文曾提到，主播采用OEM/ODM方式向工厂下订单。慢慢地，有些主播开始有品牌化的意识，想打造属于自己的品牌，比如芈姐的自有品牌芈蕊、徐小米的江南印象等。

我们先来看传统电商时期打造品牌的例子。这是韩都衣舍前营销中心负责人许志松讲述的案例。他在韩都衣舍工作了11年，完整地经历了公司从淘宝商城到天猫的转型之路。他认为，一个品牌能否存活，主要靠三大支柱——渠道力、商品力和品牌力。在不同发展周期，这三大支柱发挥的作用不太一样。

电商行业有种说法，叫“线上3年相当于线下10年”，韩都衣舍在线上经历的竞争，比线下更残酷、节奏更快，经历了好几个周期。

有的人会问，为什么一本讲直播电商的书要讲到一个“淘品牌”的发展。实际上，现在很多主播面临的局面和当年的韩都衣舍一样，只不过原来的店铺变成了现在的“人”——主播。由于用户很多，供小于求，主播上架什么样的商品都卖得动。

韩都衣舍最早在淘宝开店，2009年时选择转向淘宝商城，也就是天猫的前身。那时，天猫需要大批品牌入驻，但当时线下品牌对线上渠道还有诸多疑虑，淘宝就在淘宝集市上寻找卖家入驻商城，思路是让商家做品牌，把商品、客服、定价权掌握在自己手里。当时，有不少中小卖家被品牌化的思路打动，于是有了第一批互联网品牌，如韩都衣舍、七格格、裂帛、妖精的口袋等。

这与直播电商的发展十分类似，当传统品牌还在犹豫是否转型大力投入直播电商时，一些主播开始围绕用户需求，开发自己的商品，打造自己的品牌，在快手上有了一定的知名度。快手作为渠道，帮助主播们的品牌放大声量，让他们享受到了渠道红利。

但当渠道红利慢慢消失，流量没有过去那么好拿时，这些主播就要靠商品跟人竞争了。正如2014年到2018年，天猫经历了一个新的阶段——更多有实力的传统品牌进入这个渠道。想要活下来，就得靠商品力。

刚开始，有些线下品牌不会把最好的商品上架到天猫。但在2018年之后，没有品牌敢拿尾货去参加天猫的“双十一”了。它们甚至会互相比较，一定要把最好的商品给到天猫。给用户的价值，拼的就是商品。

2018年是一个分水岭，线下品牌大部分的货涌到线上。在供大于求的情况下，线上品牌的商品力受到无数品牌的挤压，品牌力在所有品牌里也已经不算头部了。

对于快手上的主播和快品牌来说，未来有可能面临三重挤压，即渠道红利受到挤压，商品力受到挤压，品牌力也受到挤压。因为线下品牌可能沉淀了几十年，又铺了大量线上门店，在这种竞争中能活下来的都是钢筋铁骨。所以，想要打造自有品牌的主播，要提前部署好商品和品牌在用户中的心智。

品牌力、渠道力、 商品力要同时发力，但品牌一定是最高维的。一个品牌能让用户一下就想到自己，需要很多沉淀，是一个长期的过程。

这背后其实是供需关系的变化。主播靠直播带货，当供小于求时，看准正在蓬勃发展的渠道，享受渠道红利，可以赢得毫不费力。但当渠道红利慢慢消退时，就要用商品力和品牌力同人竞争。按照这个逻辑，品牌化是主播未来的一个发展方向。

但主播建立自有品牌，是一条漫长的道路。我们可以看看徐小米的探索。

徐小米和快品牌江南印象

徐小米是快手头部主播，在快手上有1300多万粉丝。早在2020年11月，她的单场销售额就已破亿。2021年12月7日，徐小米首次做江南印象专场。

徐小米的合伙人宋健，在2020年时就想把公司从贸易公司转型为品牌公司。所谓贸易公司，指的是仅作为帮人卖货的渠道，没有沉淀自己的品牌。

现在，宋健创立的护肤品品牌江南印象，已经有了一定的知名度，有其他主播开始带货，还获得了投资人的关注。

没有渠道而单独做品牌的商家，前期需要在各种平台上投流、“种草”，投入很大，冷启动很难，也不敢多下生产订单，担心库存积压。相较之下，自有渠道的主播，做品牌的优势非常明显。

但从仅做渠道到自建品牌，需要认真设计发展路径。一些做到上市的护肤品、化妆品企业，一般也要用七八年时间来修炼内功。宋健从某知名护肤品公司挖来了一位管理人才，此人在美妆行业已有20年经验。宋健想通过他来打牢江南印象在美妆行业的基础。

传统电商、直播电商、社交电商、社区团购的相继涌现，给商家的渠道结构设计带来困难。有些人提出了全渠道，但宋健觉得全渠道是个伪命题，因为各个渠道的定位，以及服务的人群、市场是不一样的，一个商品怎么能服务全中国的人？在品牌这件事情上，宋健认为要先把一个渠道做透，星星点点的品牌推广没有用，有限的资金如果到处投放，钱很快就会花完，却哪边都没起浪花。如果跑到传统的货架电商平台，上面最不缺类似的商品，甚至能找出一万种来。

品牌推广必须要有沸点思维——水烧到50摄氏度没有用，必须烧开。

因此，宋健制定的策略是先打透快手市场，因为在快手还有机会，同样的品牌定位上还没有太多的竞争对手。而且，快手用户群大。宋健认为，一个品牌不需要有太多用户，100万用户足矣，还要看复购率等指标。现在已经有达人主动找江南印象合作带货了，当达人通过这个商品赚到钱，自然会带来更多达人寻求合作。

2022年，品牌规划是宋健的工作重心。宋健认为，不要抱着自己有渠道就能随随便便卖出去货的想法，因为这会导致工作滞后。他在给江南印象的商品从技术层面上找“根”，并从知名护肤品公司挖来了管理人才，规划如何在这一年时间里将品牌的商品、营销推广做到位。

第二节　排品：重视货品结构与排品顺序

一、货品结构

我们在调研时发现，不同主播和商家，对于什么是福利品、爆品、利润品等，有不同的理解和定义。

引流品是为直播间吸引流量的货品，一般在开场/热场/冷场时上架。这类货品基本属于低客单价产品，常以成本价甚至低于成本价销售。通常来说，引流品的库存比较浅，主要是为直播间迅速积攒人气，营造售卖氛围。

利润品是直播间盈利的关键，需要主播增加讲解频次，让用户充分了解，提升转化率。利润品主要在直播间氛围好、互动多时上架。

福利品基本会破价[1]售卖，可以搭配拼团、秒杀等玩法，提高直播间人气，带动卖货氛围。

爆品有的可以提前在货盘中准备好，有的是在直播过程中测出来的人气款。在直播时，主播要留意安排爆品的返场。可能成为爆品的，例如高口碑应季款、网红款、新品、畅销基础款，在直播间人气高时上架，能帮助主播快速出单，拉高销售额。

对于大主播来说，大场活动一般会准备200多个品，日常的直播活动也至少会准备30个品。货盘足够大，爆款才会多。一场直播下来，爆款与非爆款的比例大致遵循“二八定律”。也就是说，如果准备了30个品，其中可能有6个品会爆；如果只准备了10个品，可能只能爆2个。

在准备货盘表的时候，不仅品类和库存很重要，货品的名称、单价、落

【1】“破价”指打破一般常价。

地页（也称引导页、着陆页）图片，以及直播时的排列顺序也很重要。有些主播求快，货品名字是随便取的，图片也不清晰，虽然点击率很高，但支付率下降了，这就是因为商品详情页没有进行完善。

二、排品顺序

组品讲究数量，排品讲究节奏。一场直播，短则3小时，长则一整天，如果把这个过程类比为长跑，要把时间切分为小节，让主播张弛有度地跑完全场。

可以30～40分钟为一轮，将整场直播切分为一个个模块，每个模块讲解产品的时间具体到分钟。这样一来，就可以搭配流量投放，比如，计划每40分钟进一波新人，这样不仅实现了流量高效转化，还能同时测品。对于主播来说，这样做直播就有了节奏，而不是漫无目的地往前冲。

朵拉朵尚李海珍某场直播的排品顺序

在这场直播中，李海珍会上29款化妆品、20款周边产品+福利款。除了产品名称、产品条码、直播价之外，还有预估单量，算起来正好是预计GMV的数值。预计护肤产品占总GMV的90%，周边产品占总GMV的10%。

除了福利品，此次售卖的产品基本是包含化妆水、乳液等多款护肤品在内的套盒，俗称“大礼包”，包括新人大礼包、盲拍大礼包、开业大礼包等，还有4款新品，是朵拉朵尚之前没有在直播间上过的产品。

售卖的前3小时是黄金销售期，基本会完成预期GMV目标的70%～80%。下午场替播做直播时，由于流量没那么好，销售额有限。因此，大场活动在一开场进行简单的互动和介绍之后，就要利用福利品、营销工具，把直播间在线人数拉高。

从排品顺序来看，这次大场活动将直播售卖拆分为每30～40分钟一轮，大概7轮过完所有的品。每轮排品的顺序，都是先上3～4款福利品将人气拉高，再上3款大礼包或新品。中间还会利用幸运星等营销工具，提醒用户过20分钟会开奖，抽小汽车，以增加用户次均停留时长。

每款福利品的讲解时间不超过3分钟。福利品基本是客单价为个位数的周边产品，例如洗衣液、湿纸巾、1元唇膏等。套盒的讲解有两种策略：一是强调件数多，二是强调破价。对新品的讲解则要更加充分，通常会强调功效和性价比。

第三节　案例：瑜大公子的选品四道关

要点

- 在遥望，从招商到商品上播需要经历4轮筛选。
- 专门设立一个品控部门，可以介入销售链条的任一环节。
- 遥望的招商部门要在外收集“枪支弹药”，给位于“前线”的主播工作室“打仗”用。

直播电商行业的人、货、场格局中，核心是供应链，而选品又是供应链的核心，遥望的核心竞争力之一，也恰在于此。不少已经成长到头部的主播想自己孵化主播，迫切想了解遥望如何为主播选品。遥望的品控部门、选品流程也被资本市场所关注，几份关于星期六及遥望的券商研报都提及了这一点。

据遥望总裁方剑介绍，截至2022年1月，遥望有150多人的招商团队，他们每天跟品牌方沟通，一件货品可能需要经历短则一个月、长则半年的考察谈判周期。选品完成后货品进入排播中心，经过全网价格比对后，货品进入主播工作室，主播和他的货品运营团队再分别选品（见图2-3）。货品从选品到上播需要经历多个环节，最后通过品牌方的仓库或者遥望自己的仓库发货。遥望的品控部门可以介入销售链条的任何一个环节。

本节作者为快手研究院研究员杨睿，采访于 2021 年 1 月，后有更新。

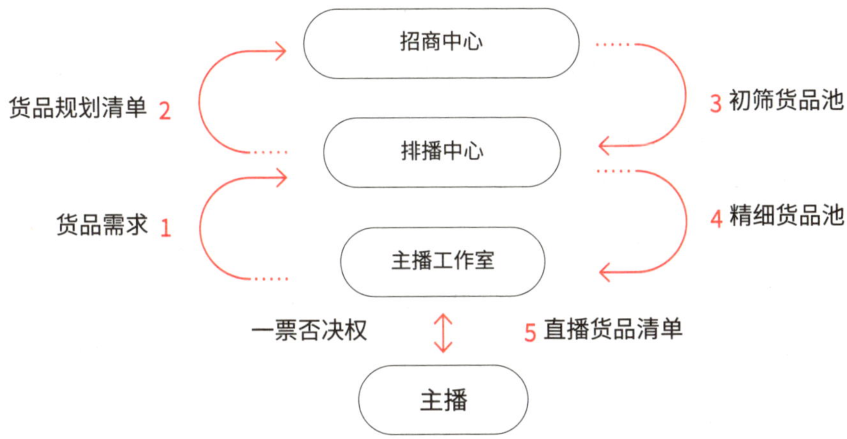

图 2-3　货品从选品到上播经历的环节

一、选品第一关：招商

〇以下为遥望招商一线工作人员婉清的讲述。

1. 全网比对

招商是选品要经过的第一个环节，目前采取的是商家线上提报，招商团队进行初筛选品的做法。

瑜大公子真正开始做直播卖货是在 2019 年 9 月。我们很早就开始卖品牌货，比如珀莱雅、欧诗漫、奥洛菲等品牌，都是我们自己挑选、反复推敲，觉得经得起市场检验的产品。

2020 年上半年之前，我们主动去找品牌的情况比较多。那个时候遥望的主播还不算特别成熟，大部分是我们去外面寻求合作。像一些海外大牌、国内一线品牌，都要上门去沟通。

到2020年下半年，情况就转变了很多，部分海外、国内品牌已经跟遥望有了一定的深度合作，对我们比较了解、信任了。通过电话沟通，他们上门，或我们去拜访的情况都有。

在招商这个环节，我们会将产品大范围地在各个渠道进行全网比对，比如跟传统电商平台比，跟其他头部主播的直播间比，跟直播行业的其他主播比。我们重点关注这些消费者能看得见的渠道，排除一些不适合的品。

比如，自然堂的一款套盒，我们经过第一轮比较，发现它在其他平台上有优惠券，这对直播来说是不太适合的。我们就会跟品牌方沟通，通常有几种处理方式，第一种是调整为同价，第二种是加赠品，第三种是把其他平台上的优惠券隐藏或去掉。

第一轮的比对后，主要是跟品牌方沟通，具体包括为什么产品不太适合，可以怎么调整。

如果我们特别希望这个品牌参与进来，可以不断地调整品、调整策略。比如，某个品给其他平台的机制，要比给我们的机制好，一直谈不下来，那我们就换一种方式，例如换产品组合，以不同的形态展现，直播的灵活性还是蛮大的。

品牌方也可以通过我们的反馈去调整。比如，有些品牌我们合作了一年，到第二年、第三年可能有更好的品牌也参与进来了。这个时候我们会告诉早先合作的品牌如何调整，它跟我们想合作的品牌区别在哪里。

2．选品池

我们选的品，被排播中心打回来的情况也很多。排播中心会纵向去比。比如，我今天提报了一个自然堂的199元的套盒，韩束跟它一模一样的套盒只卖179元，那排播中心肯定会选韩束，把我提报的打回来。

我们的招商团队不会纵向去对比其他品牌。因为韩束不是我们的客户，我们不了解它。这个工作只有排播中心会去做。他们收到各个品牌的产品，汇聚成一个大的选品池，然后纵向比较自然堂、韩束、珀莱雅、欧诗漫等各个品牌。

招商是定向制的，某个人或某个团队跟进某几个品牌客户。比如，我跟自然堂，我很了解这家公司的企业文化、老板、产品甚至规章制度，所以我能更深入地跟品牌方谈合作。

直播行业还是要深耕，要非常了解公司的情况，包括生产、研发、老板的性格、品牌方诉求、次年的KPI（关键绩效指标）、明星代言人、预算，等等。有些品牌方的主要诉求是品宣，有些品牌方的主要诉求是卖货，要很深入地跟品牌方沟通，了解它们。

如果用一句话来定位遥望的招商，就是我们在外面收集“枪支弹药”，送给在“前线”的工作室去“打仗”。

二、选品第二关：排播

〇以下为遥望前商品运营总监一笑的讲述。

1. 商品运营：分发匹配

简单来说，商品运营部门是招商部门和主播工作室之间的桥梁，也是分发、匹配商品的中台部门。遥望有几十个主播，每个主播的商品需求、销量、粉丝画像、擅长品类以及其他个性化要求都不一样，商品运营部门要在中间把所有的商品做分发匹配。

我们会在遥望的选品池中挑一些商品推荐给主播。每个主播播出的时长有限，能播的商品也有限，我们要从商品角度给主播做优化，帮他们找到产出最高的商品。相比招商环节的筛选商品，我们会筛得更细致一些。首先，工作室会给我们一个大概的需求框架，例如本月播多少场，半个月、一周的直播排期场次是怎样的。

专场比较简单，主播只播一个品牌的商品，只要跟这个品牌对接，筛选这个品牌的货就可以了。

如果是大混场，我们首先会做目标拆解。例如，今天要做到1亿元的业绩，时间大约是12小时。1亿元需要多少类商品？一般来说，12小时我们播的品在80～120个，具体要看直播速度。就拿 100 个品来说，每个品需要承担多少 GMV，我们会分摊计算，也会多品类组合。这12小时内流量会有起伏，平均每小时播几个品，也需要考虑。

美妆是瑜大公子比较擅长的品类，美妆的商品SKU占比多少，销售额占比多少，这些都要考虑。而且销售单量与销售额也不一定成正比，比如食品、小家电、洗衣液等适合走量，但销售额可能比较低。我们都会拆解开，看怎么排播组合比较好。

每个品类多少款商品，占的坑位大概需要多少，我们要做一个详细规划，给到对应的招商同事。这个物品单上美妆有多少个，美妆招商会报相应的品，我们筛选的比例是 1∶4 ～1∶3。也就是招商给我三四个品，我可能从中挑一个更精准、更适合这场直播的品。这样选下来，组成瑜大需要播的100个品。

我们会默认，招商部门选的品，它的供应商资质、商品质量、发货履约能力都是没问题的。在此基础上，我们再做筛选的时候，会看单品产出。这个品是否有可能成为爆款？我们会从品牌知名度、性价比、竞品对比、这个品的过往卖货历史记录等，综合多个维度去判断。

这样的判断不一定每次都准。在做新品尝试的时候，我们每次都会跟进结果、沉淀数据。可能一次两次看不出来，但是时间长了汇聚起来，我们会发现规律——有些品是不适合直播的，有些品是适合直播的。

这就是我们目前在做的事情，根据商品每次的销售情况，沉淀出属于这款商品特有的数据，精准地匹配给主播。这种做法可能目前还不太完善，但我们在朝着这个方向走。瑜大的数据会相对精准一些，因为他已经是遥望的头部主播了。他直播的场次多、商品多，所以沉淀的数据也会更多。

瑜大的组比较成熟，他们的排品规则、排品顺序都是自己安排的，其他正在成长的主播，他们的排品规则和顺序大部分是我们给提的建议。

主播和主播工作室的负责人，他们都会有自己的想法，我们商品运营部门也会给出一些建议。比如，第一个小时一般是比较能出量的，我们建议前一小时播重点的品。我们会给他们20款商品，前两小时能播15款，就从这里面选，帮他们节省工作量，缩小他们需要选择的范围。

我们会给商品打上各种各样的标签，再返回到主播工作室，比如，它适合引流还是适合细细讲解。而且直播电商是有时效性的，上个月的品，到这个月就不一定适合了。

友商里做得比较好的主播，我们都会向他们学习，把他们的品拉出来看一看。一个品卖得好，是因为这个品本身很好，还是有其他因素？我们来做是否也能达到同样的效果？如果这个品卖得很好，不是因为品本身，而是因为某些特性原则，那我们能否复制？同样，如果其他主播的品“翻车”了，那我们也要吸取别人的教训。

2. 可共享共用的方法论

现在我们排播中心大概有25个人，我们会根据主播的市场体量配置团队。目前瑜大公子的团队分配了8～9个人，阿卓分配了4个人，直播频次比较少的主播配备2个人，而且有时候会和其他主播共用排播，加起来共4个人。

其实主播工作室也有选品的人，我们会互相沟通对接。但商品运营部门在遥望是不可或缺的角色，我们对品的把控是十分必要的。比如，从瑜大工作室和阿卓工作室出来的选品人员，他们是不同的，不能简单复制。

在讲商业模式的时候，我们的创始人谢如栋经常强调，“一定要所有东西可复制，才是一个好公司”。我们需要做的是一套方法论，可以给瑜大，可以给阿卓，也可以给其他任何一个主播。从商品运营部门出来的人可以直接上直播，方法论是共用共享的。

我们连接的是主播工作室和招商部门。

从主播工作室这头来说，第一，我们对商品的把控不是以主播工作室为单位，而是以公司为单位。在选品经验和思路上，我们是能够服务多个主播的。即便增加新的主播，我的团队用这个模式也能为他服务。如果我们只为瑜大一个人选品，那换了新主播就不一定适应。

第二，我们起到调剂作用，对公司所有主播都是公平的。虽然瑜大可能是体量最大的主播，大家都愿意把商品报给瑜大，但是主播很多，从公司角度来看，每个主播都是需要支持和鼓励的，我们在中间起到一个调剂作用。我们首先就要在态度上让其他主播知道，公司在关注他们、扶持他们，有专人给他们服务。

从招商部门这头来说，招商部门追求的一定是效益最大化，希望每个品都卖。我们要做更加公正、客观的选择。主播的目标是 GMV，招商是为了自己对接产品的销售，中间需要有一个制度做分配。不能说哪个主播今天想直播，货就都给你一个人，这是不可能的。

举个例子，招商部门可能会招50 个、100 个商家，希望每个品都可以卖，但是我们要判断哪个适合哪个不适合。主播工作室不会告知招商部门特别明确的选品规则，或者主播工作室比较忙，服务主播会比较粗糙。通俗一点讲，就是如果我们只服务一个主播，那招商部门直接对接就可以了。但今天我们要服务多个主播，中间就一定要有人制定规则、做好协调，以保证公平。

三、选品第三、四关：主播工作室和主播

〇以下为瑜大工作室负责人开跃的讲述。

招商部门会把比较基础、门槛性的东西先筛一遍，比如价格、规格、有没有风险等。商品运营部门是直接跟主播工作室挂钩的，它会参考主播工作室的要求选品和排期，然后再给到我们。

我们工作室会最终决定播哪个品，播和不播取决于直播主题和 GMV 规划。我们选品类，美妆多少个品、服饰多少个品、电器和珠宝多少个品，商品运营部门会给我们一个选品池。比如，我当天要选80款，这80款可能要从200款里面挑选出来。

一场直播，如果是比较大的场次，我们会提前半个月到一个月组货。有时候任务重、时间紧，比如“双十一”“双十二”，可能提前3天、提前1天才能把最终的品定下来。

〇以下为瑜大公子的讲述。

公司选好的品，我们会默认质量一定是好的。我自己再选的过程中，会有一些主观意识，有一些品类是我不愿意推荐的，就会直接删掉。方总说，主播有一票否决权。

第一，如果公司选的美妆产品，我确实不太了解，就很少在直播间推荐。

第二，品牌打包售卖的产品里，如果有我不了解的，我可以接受它以赠品的形式出现，但不会将它作为主品推荐给用户。

第三，我有权敲定直播间的最终产品。对于相同功效的两种产品，我会去掉其中一种。比如，素颜霜和隔离霜的功效类似，如果这场已经推荐过隔离霜了，我就不会让素颜霜出现了。

四、品控中心：全链条监督

〇以下为遥望总裁方剑的讲述。

在整个流程中，我们有品控中心，会介入任何一个环节。所谓品控，就是要对每个品都送检，保证质量。就算是白牌的服装、鞋子，也要挨个送检。有些人工就能判断出来不行的品，会直接打回去。

品控中心的工作人员会随机抽检。在任何一个环节，只要出现不符合品控要求的品，都会被打回去。品控人员通常会根据具体活动去抽检，比如，瑜大的专场活动有很多样品参与选品，选上后品控人员会做样品抽检和大货抽检，还会充当神秘买家，在销售前、中、后的整个流程中起到监督员的作用。

我们的品控中心现在有8个人左右，他们都是从工厂出来的，抽检工作非常严格。

他们还会去验仓。比如，一些主播卖的羽绒服，说是填充的羽绒，其实只有袖子里是羽绒，背部是棉，如果品控人员去现场验过就不会出现这种情况。我们有一个品控人员是带着针线去验货的，他会把衣服直接剪开，在现场看，看完以后再原样缝好。

品控人员不仅要验仓看货品，还要考察商家的能力。有些商家和我们合作时间很久了，过去货品品质都不错，双方比较信任，基本没问题。有些品牌方是刚开始合作的，对方说有 3 万单，我会让品控人员去现场看，是不是有那么多货，是不是具备相应的发货能力。品控人员甚至会到品牌方的仓库蹲两天，等货发完再回来。

我们这样做也是对消费者的保护，因为商家给我们的样品，有可能跟大货[1]不一样。

【1】在服装业，“大货”指工厂按照客户确认的样式大批量生产的货。

我们第一次卖海外品时，品控人员在上海的仓库里，对照着海关的报关单挨个查了几万份货品，一一核对报关单上的编码和货品上的编码。我们很谨慎，因为那时海外品出问题蛮多的，我们宁愿自己通宵加班，也要保证货品不出问题。

03

第三章 粉丝力

本章知识点

1. 了解平台流量分发的底层逻辑。
2. 熟悉平台的流量获取工具。
3. 如何巧用人设与营销工具提升转化效果？
4. 学会用长期主义看粉丝的终身价值，提升粉丝黏性和复购率。

本章出现的案例

1. 遥望如何采买流量？（102 页）
2. 参爷的高粉丝黏性从何而来？（116 页）
3. 朵拉朵尚如何运营粉丝？（119 页）

本章作者为快手研究院研究员杨睿。

粉丝力是指运营、维护粉丝的能力；更具体一点，是指在粉丝行为从起点到终点的各个阶段里，主播都能够确保粉丝拥有好的体验，尽可能让粉丝不流失的能力。

粉丝力描述的是主播与粉丝之间的关系。这种关系不再是买卖双方基于商品交易形成的冷冰冰的关系，而是一种信任关系。2021 年 9 月，快手电商复购率进一步提升至 70%。这让很多在成熟商业世界拼搏多年的人感到惊讶——快手的黏性为何如此之强？

我们先来看一下，这是一群怎样的用户。

2020 年 3 月至 2021 年 3 月，从快手购买过商品的用户增长 43.9%，在快手购物已经成为越来越多用户的生活日常。

快手电商用户中，女性占比达 66.2%，“80 后” 占比达 40.5%，是当前的消费主力；而男性用户则呈现出更高的增速，其电商消费势头正在逐渐崛起。

当然，这只是一个电商用户的整体画像。每个主播都应该对自己的粉丝群体形成一个粉丝画像，并结合对自身的定位进行调整，吸引更多的粉丝加入。而粉丝力就是衡量主播将流量转化为粉丝，并与他们持续沟通、互动，以及提供服务的能力。

我们可以简单地将主播与粉丝的互动分为 3 个步骤。

第一步，要将平台用户转化为自己的粉丝。

第二步，要激活粉丝，帮助他们找到自己的 aha 时刻[1]，从而下单购买。

第三步，则是要持续调动粉丝的积极性，让其深度参与、重复购买。

这 3 步，分别对应着拉新、购买以及复购 3 个重要的环节，以下分别介绍。

【1】“aha 时刻”是新用户第一次认识到产品的价值，脱口而出“啊哈，原来这个产品可以帮我做这个”的时刻。

第一节 流量：客从何处来

快手是一个拥有3亿日活跃用户的平台。主播要学会充分利用各种渠道获得曝光，与用户接触。这是衡量粉丝力的第一步，即获取流量的能力。

一、流量分发的底层逻辑

直播电商的底层逻辑，是视频+推荐。

包含商品信息的短视频或直播，通过推荐技术分发到用户那里，激发他们半确定性甚至是非确定性的需求，形成消费决策。

具体做法是：平台给用户打上标签，将需求抽象化，给短视频和直播打标签，将商品供给抽象化，然后通过一套算法进行自动匹配，并且会不断迭代优化。

市场经济就是搞供需匹配，人们跑到家门口的小卖部买东西，还有在传统电商网站上主动搜索关键词买东西，都是供需匹配。

只不过，这次由“视频+推荐”带来的精准匹配“革命”，规模更加庞大，技术参与得更加深入，精准度也因此更高。

二、熟练掌握流量工具，提升获客能力

不同主播面对同一套算法机制，同样一个拥有3亿日活跃用户的平台，获客的能力却有高下。这是为什么？

有个主播在访谈中提起她最羡慕的快手主播：“有些主播特别会钻研，当大家还在追求挂榜刷礼物、求别人点关注时，他们最先知道了如何买粉条[1]，一跃成为快手头部主播。”

【1】“粉条”为“粉丝头条”的简称，是快手官方推出的第一款流量工具。

这里的一条重要经验是：主播要研究和熟练掌握平台的流量采买工具。

同时，由于平台在不断发展变化，不同工具在不同阶段所起的作用也是不一样的。主播要经常关注平台的变化，多与同行、平台交流，以获取最新信息。

我们简要梳理一下快手平台的流量采买工具。

2019年之前，有一阵子流行打榜涨粉。娱乐和情感主播有粉丝，卖货主播会去给他们刷礼物，从他们那里引流，相当于花一笔打榜费买对方的流量。

随着快手有针对性地开发出赋能商家的各种流量工具，打榜涨粉的作用就小了（对打榜涨粉的利弊分析，见下面案例中遥望副总裁邵钦的讲述）。

快手官方推出的第一款流量工具是粉条。粉条可以为短视频作品及直播间获得精准且海量的曝光，为账号积累更为精确的高质量粉丝，推动直播间人气及销售额的提升。

不过，粉条是面向所有创作者的，并不是纯粹的电商营销工具。2020年5月，小店通开始内测，它是快手为电商商家在公域流量获取粉丝、提升商品访问量和订单支付量的工具。小店通本身利用广告的逻辑，只会出现在公域。

到 2020 年下半年时，无论粉条还是小店通都在快速成长，速度甚至超过了大家的想象。

它们各有各的优缺点（见图3-1）。粉条用的是原生流量，流量成本低，但是对客户的素材制作能力要求高；小店通用的是广告流量，对客户的素材制作能力没有那么高的门槛，但竞争相对激烈。

原来电商商家没有专门的工具可用，这时又变成了可选择的工具太多，而工具太多使客户很容易混淆。

很自然，快手希望把两种产品的优势整合在一起， 形成一个统一的平台。磁力金牛应运而生。之前商家到快手来做投放，要开多个账号，比如，粉条开一个账号，小店通开一个账号，预算也要分开来。因此，商家要做生意，还要去想怎么分配预算，相应的投放计划也会不一样。而磁力金牛要达成的目的，就是一个账号、一笔预算、一个投放计划，即可实现投流成长。

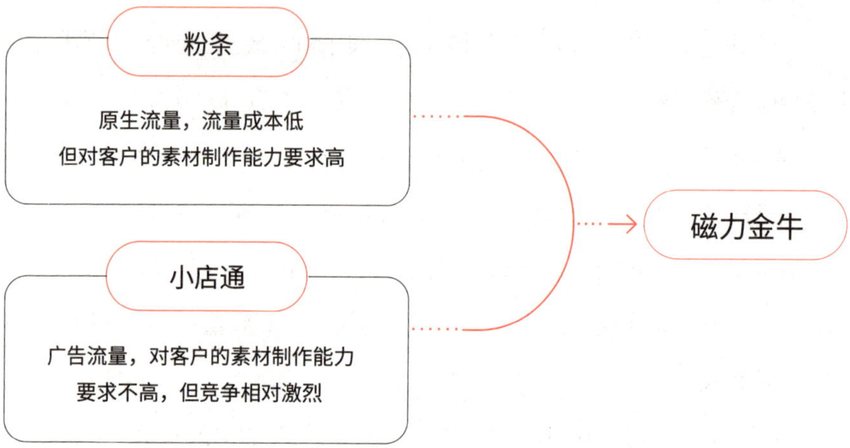

图 3-1　粉条与小店通的优缺点对比

了解了这段历史，再来具体看看遥望是怎么做流量采买的。

遥望流量操盘手邵钦的4个必答题

遥望成立10年，基因里就带着流量和数据。从门户时代的程序化采买，到后来搭上公众号、短视频、直播的顺风车，遥望将流量业务发展到了极致。

2019 年至 2020 年，遥望借助流量投放的优势，在孵化主播的道路上开辟出一条清晰的路径。公司选择在快手做商业闭环，仅用 13 个月，旗下主播瑜大公子就上升为快手头部主播，做到单场直播GMV突破3亿元。伴随快手电商基础设施的迭进，遥望大规模地投放磁力金牛，且保持着较高的ROI。

外界对于遥望创造的这些奇迹，既羡慕又好奇。为此，我们邀请遥望的流量操盘手、副总裁邵钦介绍遥望在快手的流量玩法。自 2015 年加入公司后，邵钦一直负责遥望的流量采买业务，目前也是遥望直播中后台管理的负责人，以及公众号业务的负责人。

邵钦从流量操盘手的角度，分享了流量采买的经验以及建立数据认知的重要性。我们从中精选了4个最重要的问题，以飨读者。

❶ 快手研究院：瑜大公子早期靠打榜涨粉，后来借助商业化投流工具起飞。你觉得打榜和商业化投放有什么不同？

邵钦：打榜和商业化投放是不一样的玩法。商业化的投放更偏向于一个真正的“人、货、场”格局，而打榜有点像促销。

打榜也算是一种卖货、涨粉的方式。如果平台侧在货品入驻的环节有一套机制来把控货品，让直播间里也有相应的管理制度，这也算是快手平台的一大特色。现在有的直播平台还想模仿打榜这种形态，所以说这也不是非黑即白的。

但是我们也发现了几个小问题。

第一，在打榜的过程当中，很难有数据源可以追踪。因为它的影响因素很多，在直播间里，已经有我方主播的卖货能力、货品结构、今天过来的用户的精准度这3个变量了，这个x、y、z的方程式本身已经很难解了，再加上打榜时对方主播的变量，就更难解出来了。

如果是投放商业化的流量，可以算得很清楚——磁力金牛投了多少钱，曝光量是多少，点击率是多少，观看用户成本是多少，ROI是多少，有一个单渠道的评判数据。有了数据，就可以建模，提升相应的能力，对货品的结构进行调整。至少可以顾及“跷跷板”的一边了。

从打榜来看，我们最怕的就是成功了却不知道为什么成功了。而商业化流量投放是靠数据驱动的，它不仅会告诉你成功了，还会清楚地告诉你成功的路径是什么。

第二，打榜会扰乱主播的人设打造。在打榜的过程当中，对方主播也有一个强IP，两个IP的碰撞其实会影响到双方。大家都在一个直播间里，粉丝全部混在里面，谁的IP强、人格魅力强，粉丝就会偏向于哪一边。小店通就简单了，没有人设来干扰主播，纯粹靠主播自己发挥。

❷ 快手研究院：我们在调研时发现，有的中小商家觉得磁力金牛不好用，为什么遥望用得很好？

邵钦：第一，遥望本身有程序化采买团队，光资深优化师就有近 20 人，这是我们的核心竞争力。2017 年、2018 年我们做公众号采买时，在广点通里面就花了4亿～5亿元。后来做抖音、B 站时，也是在巨量、花火平台上采买流量。我们公司对采买是比较有自信的，而且是大额投放，一点点投是没有用的。

第二，小商家还没有建立起对流量采买的认知。在粉丝经营、货品选择上，小商家有非常大的优势，但他们不懂为什么要采买流量。我们现在也做了快手的核心代理商，跟很多中小商家聊的时候，就是聊不通。他觉得花两三千块钱才涨了1000多个粉丝，和自己拍短视频涨起来的粉丝差不多，没有啥用。但是，程序化采买一定是规模化投放才会产生一定效应的，不去大规模投放，就出不来效果。前期花钱是为了让投放计划跑出模型，让广告精准匹配人群，有自己的生命周期。

目前，我在进行中小商家教育时，更多的是在上数据思维的认知课。我会不断地教给中小商家数据认知。比如，面对一个中小商家，我会问："你的单UV[1]产出是多少？"他说他从来没算过，单UV是啥玩意？我问："那你知道每场的观看用户里点击购物车的人数有多少吗？"他说不知道。

我会用数据来提出问题，帮助商家建立起对数据的认知，原来这东西是这么算的。你要是不知道的话，跑了小店通、磁力金牛你就能知道了。那些做过淘系的商家，之前开过直通车，玩得很溜，他们对于单UV产出、流量漏斗很熟，你跟他们一说他们就知道。

我认为有专业的淘系商家进来，快手上的原生主播也不用特别担忧，大象再大也踩不死蚂蚁。只有大大小小的商家都有，才能构建起平台的内容生态。每种类型的商家都会有自己的核心优势。比如，淘系商家来了快手，他的卖货能力可能很强，但他的内容输出并不见得很强。那么，中小商家可以靠自己的内容去做引流，不是说你一定要在快手花钱才能成长，各家有各家的玩法。

但对于小商家来说，如果你想要跑得更快，就要建立对数据的认知。有了数据认知和数据模型，就能让你往后多看三四个月的趋势，而不只是看眼前。

❸ 快手研究院：遥望有个专业的优化师团队，你自己也是其中之一。优化师的核心工作是什么？

邵钦：优化师最核心的工作是做投放策略，包括针对主播做的单场投放

【1】"UV"全称 Unique Visitor，即独立访客。

策略以及长期的投放策略。

我们公司的主播是工作室制，每个主播都有一个工作室。而我们的投放团队是小组制，每 2~3 人一组，服务于主播。

所有直播间最关心的是什么？就是流量精不精准的问题。

那么，用什么样的指标来度量精准度呢？有几个指标要看：第一，要看累积关注的粉丝数到场观的转化率、单坑产出，这是单场投放要看的数据；第二，从月初到月末流量漏斗模型（见图3-2）的对比数据，这涉及优化师的长期投放策略。

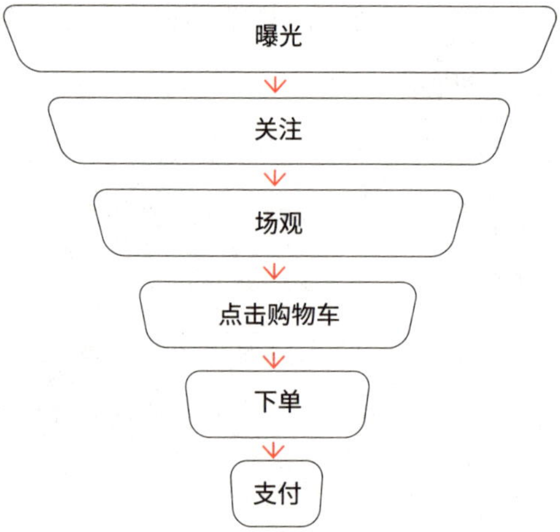

图3-2　流量漏斗模型

我们来看这个漏斗模型，最上面是曝光，然后是粉丝点关注，再往下走是场观，也就是一场直播的观看人数，然后是点击购物车，再到下单，最后是支付。从上一层到下一层，每个环节都会有一个转化率，我们将其作为衡量指标。

在投放之前，你的账号会有一个原始的漏斗模型，这就是1号模型。投放的时候也会有一个模型，我们要把两者做比对。这里其实就会有关注成本，比如一个粉丝5元钱，那么涨了100个粉丝就是500元。这100个人带来的购物车点击是多少，带来的下单是多少，带来的下单支付是多少，都要进行相应的计算。

而且我们不仅要看当天的ROI，还要看T3、T5、T15甚至是T30[1]的ROI。我们投放换来的这些用户在T30的时候，和我们原来的1号模型进行对比，它的UV产出是不是一致的？一致就说明用户的精准度比较高。如果这个数据在增长，说明我们的定向精准度越来越高；如果在下降，说明我们前端的定向越来越差。

只要有了初次尝试，就会有原始数据。有了原始数据之后，就可以长期跟进。

我跟很多小商家聊过，发现大家会错误地理解快手的投放逻辑。快手是个私域流量的直播间，应该关注长期ROI，而不是当天ROI。但是，长期ROI和短期ROI带来的煎熬不一样，所以很少有人能理解。

所以优化师要做长期的策略。我们对待公司内部的工作室和对待外部客户是一样的。一个个给你做好策略，你投多少钱、粉丝会涨多少、你的转化率会涨到多少，每个数据会有相应的提升。

这个月，如果你要做 15 场直播，那肯定要有针对性，其中一场属于“里程碑”式直播，其他几场再定不同的主题。主题一旦定了，投放的素材就能定下来。

拿瑜大公子 2020 年 9 月 14 日、9 月 19 日的直播来说，主题是“极速发货”。如何能体现极速发货？素材里肯定要有仓库等场景要素，包裹得提前打好包，主播要在直播间不断强调“我们这个拍下来就发货，拍下来就发货”。

主题定好之后，所有的分解素材就有了，投放节奏也确定下来了。由于是极速发货，发货的速度肯定比较快，流量在前两小时投入比较大，后面放

【1】“T3”“T5”“T15”“T30”分别表示投放后第 3 天、第 5 天、第 15 天、第 30 天。

大沉淀的流量就好了。

其实，优化师不仅要懂得后台操盘，也要了解直播运营，因此遥望的优化师都会参与到直播的前期策划里。也就是说，优化师要了解直播带货的全链路，懂得货表排序，每小时的货品、福利品有哪些，如何用流量配合货品，把直播间的人气做高。

优化师对团队大小、公司大小都没有要求。无论大还是小，你都能做投放，核心在于老板的认知。一般在大额的预算下，才需要制定投放策略，需要资深的优化师来操盘。小团队的话，早期分工不需要很明确，至少你有了流量采买的认知，投放之后知道进行数据复盘，有意识地分析直播带货数据，就好了。这本质上是一个认知问题，投放并不难。

④ 快手研究院：活动型主播和垂类主播在投放策略上有什么不一样？

邵钦：所谓活动型主播和垂类主播，主要是在内容生产的方式上不太一样。

垂类主播的内容生产会比较标准化，比如服饰主播，衣服穿一穿、转一转，用户主要看款，所以一天产出的短视频内容可以达到15条，轻轻松松，没什么压力。

但是活动型主播生产的大部分是开业、团购的短视频内容。这其实是打榜主播的延伸，打榜导致很多电商主播做成了这个样子。主播们发现快手用户喜欢热闹、喜欢有仪式感的东西、喜欢有目的性的内容，但是这种活动型的内容产出是比较难的。内容主题得经常变，但能做大活动的主题又相对有限。举个例子，主播结婚搞活动有一段时间特别火，但你不可能一年之内结3次婚，因此内容就受到限制。

对于投放来说，需要让单视频创意达到很大的曝光量。而单视频创意的曝光量变大，会面临负反馈的风险。负反馈又叫负评价，当一个视频曝光了很多次后，有的用户就会点“不喜欢”。当不喜欢的比例达到阈值后，你投放的单视频广告就会被下架。

而活动型主播一般就那么三四条视频，制作周期很长。所以很长一段时间主播的广告素材都是福利，直播间后面堆满空气炸锅、空气净化器、方便面、可乐等，他要把所有的宝押在一个创意上，在这个创意里要突出主播所有的直播信息和福利点。

垂类主播就不需要这样，他的核心是垂类的产品。服饰垂类主播就展示衣服，鞋子垂类主播就展示鞋子，化妆品成分类的主播就讲成分、产品使用场景。所以，策略是由主播做的内容决定的，注定不会一样。

瑜大公子属于综合性的主播，他的优势在于平常的“种草”内容比较多，也比较能拍。瑜大公子本身就懂产品，也能讲，所以“种草”的内容可以搞，活动的内容也可以搞，素材库更丰富，组合型的投法会更合适。

第二节 转化：用人设和工具留住粉丝

转化就是让粉丝留存并产生购买行为。当用户通过直播或短视频认识了主播、产生了兴趣、点击了关注，进而成为主播的粉丝，这时，该怎样提升转化呢?

（1）用强人设吸引人。在快手上拥有强人设的主播，做私域的能力都比较强。主播与粉丝之间不再是冰冷的店铺与消费者之间的关系，而是人与人之间的关系。关于主播如何加强、打磨自己的人设，参见本书第一部分第一章“内容力”之“人设：人设即定位”一节。

（2）基础是要增加与粉丝的互动，积极回复评论、私信，增加粉丝的忠诚度。

（3）尽量延长销售时间，利用福利品、开奖等营销工具增加粉丝停留时间。

进行每一场直播都要思考如何把粉丝留在直播间，而且他们被吸引的时间越长越好。但我们也发现，直播场子越大，主播越难通过口播的形式承接那些不断进入直播间的粉丝。如果粉丝进入直播间，花了15分钟还没看明白，又没有吸引他的利益点，自然就会离开。因此，我们在整场直播中要贯穿给粉丝发放的福利，让他们留下来。

快手提供了一些营销工具，包括幸运星、福袋、红包、抽奖等，让主播在大流量投放期间，能够有效接住粉丝，提升承接效率，增加停留时长。

（4）场景化的内容、主播的情绪状态、产品的质量与卖点，都要通过直播展现出来。

（5）只要是能与粉丝沟通的渠道，就不要放过。

例如，在李海珍做大促活动时，为了及时回答粉丝的问题，当天客服团队派出45个客服人员24小时值班，并且将昵称统一改为“珍姐27号开业盛典”。客服部门也要和运营部门配合，提前设置好自动回复话术。

粉丝能够主动询问客服人员，说明已经对商品产生了极大的兴趣，开始进入咨询阶段，例如自己的肤质是否适合使用、几天发货等。一旦得到了满意的答复，粉丝下单购买的概率就会极高。

以下是具体的营销工具。

1．针对商品的营销工具（见表3-1）

表3-1　针对商品的营销工具

营销工具	形式	任务（观众侧＋商家侧）	目的	使用条件	适用商品	可呈现渠道	管理
好运来	抽奖	观众：完成任务→参与抽奖 商家：选定抽奖商品→配置任务	留人、拉新	完成定制任务 *（强制）	中奖人数少：福利品； 中奖人数多：引流品	直播间	直播间 立即生效 手动生效
0 元抽奖	抽奖	观众：完成任务→参与抽奖 商家：手机端设置抽奖商品，多渠道分发	拉新、留人	完成定制任务 *（非强制，增大中奖概率）	引流品	1. 直播预约的短视频 2. 直播间 3. 可在微信和朋友圈转发	特定时间生效 立即生效
老铁团	拼团	观众：分享链接→拼团成功→获取优惠价格 商家：选择商品→配置任务	促单、拉新	成团任务（强制）	高性价比商品（目前仅支持小店自建商品）	直播间	需手动生效
福利购	低价	观众：完成任务→享受福利价格 商家：手机端选择福利购商品，手动进行上架	促单、留人	完成定制任务 *（强制）， 不可与其他福利同时使用	引流品	直播间	需手动管理
限时秒杀	低价	观众：特定时间段购买 商家：选择参与秒杀商品，设置秒杀时间	逼单、促单	时间限制	利润款和新品	直播间	立即生效 手动生效
多件优惠	低价	观众：在商品列表、介绍页、下单页有示意图标 商家：手机端创建多件优惠，设置打折或减钱两种优惠方式	促单	下单数量限制 需下单一定数量，或购满一定金额	利润款	直播间	需手动上架

注：* 定制任务分为提人气和促转化两大类，需要主播在设置时勾选。

提人气可设置任务：本场观看时长、商品上架后观看时长、分享直播间；

促转化可设置任务：当日购买单数、粉丝团级别、关注主播、店铺新客专享。

2．优惠券玩法（见表3-2）

表3-2　优惠券玩法

优惠券	适用商品类型	限定条件	领取渠道	备注
定时优惠	小店自建商品与快分销	定时领取及使用	直播间内 预热短视频	
粉丝专享券	小店自建商品与快分销	需关注主播	小黄车入口 商品详情页	
新人券	小店自建商品与快分销	店铺新用户	小黄车入口 商品详情页	
粉丝团关怀券	小店自建商品与快分销	加入粉丝团，不同级别的粉丝可获不同优惠	消息系统通知	
裂变券	仅限小店自建商品	邀请好友关注	直播间内	官方建议价格设定为小店客单价的八折
券包	仅限小店自建商品	购买	小黄车入口 商品详情页 支付成功页	未使用可退款 过期可退款
店铺满减券	仅限小店自建商品	满足一定金额	直播间内 商品详情页	
商品满减券	仅限小店自建商品	划定商品范围 满足一定金额	直播间内 商品详情页	商品满减券就是划定了适用商品范围的店铺券，所以在直播间同样展示为店铺券
主播红包	仅限快分销	转发（非强制）	直播间	手机端操作 从主播的营销佣金中扣除，商家可关闭红包权限

第三节 复购：看重客户终身价值

在这里先说一个细节。2020年12月，朵拉朵尚创始人李海珍的快手账号大约只有400万粉丝。距离她当年4月入驻快手，仅仅过去了半年多的时间。当时，李海珍对自己在快手的发展已经有了一个清晰的规划。

她是这么告诉我们的："从流量到留存再到深耕，我们有个营销漏斗模型。我给自己设置了成长'三步曲'。第一步是要在前6个月先搞定流量。这和做淘宝是一样的，没有流量肯定要先搞定流量。第二步，中间6个月搞定转化，流量进来了，就要去优化内容、人设、产品线、评价。第三步，再往后6个月，流量有了，转化有了，粉丝基数也上来了，就要搞定客单价。"

2021年12月中旬，也就是真的用了一年半的时间，李海珍在快手已经有2300万粉丝了。

一、如何提升粉丝黏性和复购率

根据快手第三季度财报，2021年9月，快手电商复购率进一步提升至70%。

我们说，只有经过交易检验之后的信任才是牢固的信任，而只凭印象做出的判断可能有偏差。经过第一次购买，粉丝对主播已经有了一定的信任。摆在主播面前的问题是，如何能够让老粉产生复购?

（1）从产品角度来说，要增加上新，满足老粉的购物需求，不能让老粉没东西可买。

（2）除功能之外，还应提升产品能够为粉丝提供的价值，包括情感价值、改变生活价值、影响力价值。

（3）开展一些类似公益捐款等的活动和话题性活动，增加粉丝的参与度。

（4）平时注重维护与粉丝的关系，比如可送礼物、举办粉丝见面会。

（5）绝对不能伤害老粉的体验。

MiMi家老粉复购率特别高，能达到90%。在评论区，经常有粉丝亲密地吐槽："不敢逛你们家直播间，每天都有好看的怎么办，控制不住想买。"只要开播，MiMi家都能保证上15～20款新品。如果没有新品，大咪会出去接专场，保证粉丝来到直播间里，一定有新款可以买。

要让直播间里每天都保持上新，其实非常难，有时出了直播事故、遇到意外封号的情况，别的主播可能愁眉苦脸，却是大咪最开心的时候，终于可以歇一歇了。

不伤害粉丝是底线，而对粉丝好则没有上限，主播可以尽量抬升"天花板"，但绝对不触及底线（见图3-3）。

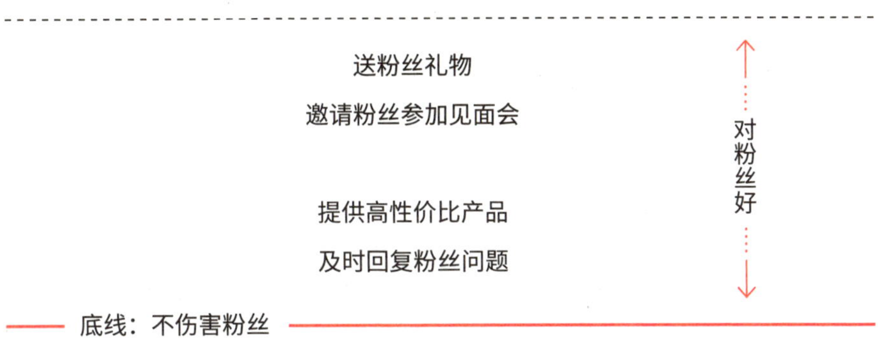

图3-3　对待粉丝的态度及做法

举个例子，朵拉朵尚在做大场活动时往往会有破价产品，但如果粉丝在此前已经买过相应的产品，就会有"买贵了""上当了"的感受。有一次朵拉朵尚做工厂开业活动，一大卖点就是破价。如何才能不伤害到粉丝呢？朵拉朵尚会要求：凡是今天销售的产品，如果牵扯到破价，售后部门的处理原则是无条件补差价或补发。

售后部门要把28天之内的订单拉出来，并提供两种补偿方案：一种是补差价，另一种是补产品。如果超出28天，售后部门会根据粉丝的消费情况酌情处理。李海珍叮嘱客服要学会灵活处理，对于新来的员工，则要手把手教会他们如何接待粉丝。李海珍强调，一定要注重粉丝的体验，不能伤老铁的心。

快手主播参爷的粉丝黏性为何那么强

参爷是快手食品行业的一名主播，主要卖滋补品。

2020年6月，参爷入驻快手，9月13日开始了在快手的第一次直播，17天的时间里就积累了4.7万的粉丝量，GMV达到80万元；10月粉丝数量达到20万，GMV达到290多万元；12月份粉丝破百万，GMV突破1400万元，成长非常迅速。

2021年12月，参爷快手账号的粉丝数量已经达到1152万，参爷也获得了“快手年度优秀主播”“快手电商食品优质主播”的荣誉。

参爷的粉丝黏性之强让很多人惊羡不已，下面就来看看参爷的“秘诀”是什么。

○以下为参爷的讲述。

其实很简单，我们不光卖产品，我们也会向粉丝传达一定的价值观，教粉丝一些知识。

第一，粉丝黏性当然来源于我卖的产品，产品是一切的前提。我卖的产品粉丝觉得好，自然还想在我这儿买其他的好产品。

比如，9块9两瓶的秋梨膏是我们的引流款产品，我们卖它是亏钱的，但在质量上一点也不打折扣，所以粉丝反馈极好。粉丝在我这儿买到了有用的、有价值的产品，就会一直不停地期待我上新品。我们正好每个月都有新品计划。

而且我们产品的供应链很强，比如柿饼，我们很清楚什么地方、什么季节、用什么土种出来的柿子才是好的。

我们的柿饼卖99元3斤，市面上只要三四元钱一斤，我们贵了将近10倍，但我们还是一场直播就卖出去5000单，而且全是好评。

为什么都是好评？我们的柿子真的是每年霜降的时候人工采摘的。2020年，我们是在10月20日左右霜降的时候，人工一个一个摘了柿子并去皮的。也有机器去皮的，但这样的柿子我们不要。因为柿子上面可能会有疤，只有人工才能检查出来，所以全是农户一个一个弄。

弄完以后，柿子的柄还不能去掉，还得带一个尖，再一个一个绑上，晾在那种提前盖好的、类似于大棚的地方，能够左右通风。柿子在低温的状态下会慢慢地风干、慢慢地糖化，这一晾至少要45天。过程中还要人工去收拾篷布、通风。整个过程下来大概就要将近70天的时间。陕西富平的高等级柿饼就是这样做出来的。

目前，市场上的很多柿饼很硬，而且不是糖心的，也不会爆浆；挂霜也不是自然挂，而是人为挂霜；有的还会用硫黄熏，会有安全问题。但我们的柿饼不会，全是自然制作的。

而且我们选的流心柿饼本身是出口级别的，出口到日韩，给到贸易商的价格就要80~90元。我们会在出口级别的条件下，进一步要求精选品相，比如，出口级的柿饼颜色还要发暗一些，我们就只要红果，是优中选优的。

第二，从价值观上来讲，我们会聊到对人和对事的态度，粉丝听着会觉得很舒服。比如，我会聊到对待家庭的态度、对孩子的态度、对公司的态度等各种各样的细节，粉丝们会觉得很有道理，产生共鸣。

第三，我还能教粉丝知识。比如，虽然我不卖大米，但是我教给粉丝们怎么买大米。方法很简单：学会看配料表。我告诉粉丝们，不同的大米是有不同国家标准的——普通大米、方正大米、五常大米、原阳大米，每种大米对应的国家标准号（简称国标号）不一样。学会看国标号就可以选到好大米。

我还会分享很多生活小技巧，比如患口腔溃疡时，吃药也不太管用，我教大家一个小技巧——用蜂蜜。但一定要用好蜂蜜，比如我们家做的这种蜂蜜，是没有任何添加的原蜜。挖上一勺蜂蜜放在舌头上，推到溃疡的地方，一天敷3次，我保你一晚上就好。这是有依据的，因为好的蜂蜜当中有很多生物活性酶成分，具有极强的抗菌消炎的作用。我一般会在带货过程中穿插这些小知识，就像养生小课堂，让粉丝们觉得在我这儿能学到知识。

二、重视客户终身价值

我们看到一些投入产出比很高的主播，其实都有一种思维，看重客户的终身价值（CLV）。当然，他们一般不会说这么大的一个词，他们经常会说的是看重私域、重视老粉。

CLV可以视为一个客户在特定关系期间在你的商品上花费的总金额，是企业可以合理地从单个客户中获得的总收入指标。CLV告诉企业在这段关系存在期间，可以期待每个客户为企业贡献多少收入。客户在该企业上持续花费的时间越长，CLV就越高。

CLV对于企业的影响在于商业模式定义上的决策，以及在营销预算上的估算。企业的一个任务就是尽可能地提高每个客户贡献的CLV。

根据营销公司 Invesp 的估算，获取新客户的成本高达老客户的5倍。换句话说，维持老客户的成本只需要获取新客户成本的1/5。因此，企业若可以在维系老客户的关系上下足功夫，提高每个客户的CLV，就代表可以在一定程度上提升企业利润，并确保企业的长期获利。

看私域人气王如何运营粉丝

朵拉朵尚创始人李海珍： 朵拉朵尚曾经做过社交电商，对如何运营好私域里的粉丝有自己的心得。

好多人都不相信我们家粉丝的黏性那么高，有些人还怀疑是不是有托儿。你看我们屋里摆满了这些东西（见图3-4）——粉丝送的画，还有锦旗等。我们有个粉丝叫“随心而动姐姐”，是个画家，上午得了奖，下午就把她的画送给了我。还有粉丝给我写的信，绣的鞋垫、十字绣，我都好好保存着。

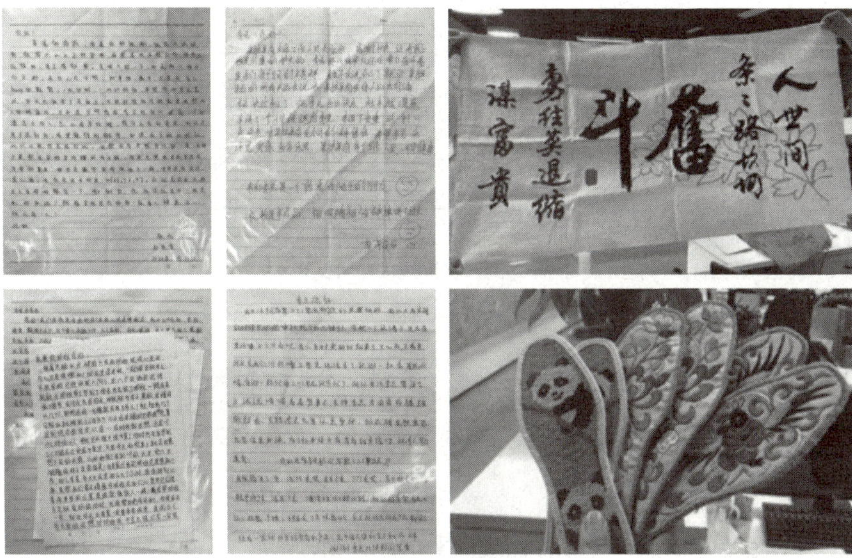

图3-4　粉丝送给李海珍的东西

我现在基本上每个星期都会收到我们的粉丝从全国各地发过来的地方特产，有梨、鸡蛋、柠檬膏等，很多都是他们自己家里种的、养的、做的。

我觉得快手用户是特别容易被感动的一群人。你觉得很正常的一个动作，或者稍微对他们好一些，他们就觉得你特别不容易，就很愿意追随你。我们不能辜负这些用户。

如果更理性一些分析，我们讲的粉丝黏性、信任经济，背后如果说有数据指标作为支撑，实际上就是复购率、客单价和免费推广的范围。

我们搞大促活动的时候，老客户的复购率能达到70%~80%。这是什么概念？当你有活动时，兄弟姐妹们全来捧你的场——看你直播那么长时间，我要买，好让你能早点下播。

我们也在一步一步提升客单价。2020 年 4 月份客单价是几元到十几元，到了 5 月份拉到二十几元。2021 年 1 月 13 日做活动时，客单价已经到了 100 元。信任是一切的基础，粉丝对你有了信任，就有无限的可能。如果没有信任，你卖的产品都是垃圾；有了信任，你卖的东西都是好东西。

我们在快手定的基本策略是薄利多销，产品成本高、毛利低，但是我们走量。而且我们从来不搞预售，都是备现货。有粉丝说我们可以预售，他们信任我。我说就是因为他们信任，我才不搞预售，我有货就卖，没货我就不卖。我们现在光仓库里的备货，纯成本就要一亿多元。

如何服务好消费者？

首先从客服侧来说，我有着明确的原则：对朵拉朵尚的客户服务要“没有底线、没有原则”。消费者是因为信任你才购买你的产品，可能产品到了消费者手中，因为运输、时间、产品与皮肤不适配等，造成了他不开心或者不满意，客服首先要做的，是解决他的抱怨和倾听他的诉说，而不是推诿。我坚信的一点是，消费者永远是对的，不能让他们满意就一定是我们的问题。

对此，我们有几条具体的措施：第一，坚持无理由退货；第二，能接受退款不退货；第三，所有客服都要遵循一个原则，即不能让这个消费者流失。因为每个消费者对我们来说都很重要，一定要让他开心起来。这3条是我对客服提出的要求，现在我们90%～95%的客服都能做到。

现在来看，这些措施的效果很好，消费者的复购率非常高。在外界看来，好像我们做了很多过度的、无意义的事情，但当你把视野拉到一年的周期长度，而不是一天或者一个月，你会发现我们做的这些只要能沉淀下来，威力是巨大的。

其次从主播侧来说，保证主播在直播间的状态，也是一项很重要的工作。主播是不是以一个主人翁的角色去接近消费者？有没有敬畏消费者的心？我们绝对不允许把消费者当“韭菜”，我们相信的是将心比心。

实事求是地说，消费者比我们都聪明，一个消费者每天要在快手上看那么多人，就像是一个阅历丰富的人，为什么选择你而不选择别人？如果你对消费者没有敬畏心，即便今天不被淘汰，迟早也会被淘汰。更有可能的是，在消费者还没有淘汰你的时候，公司就把你淘汰了。

因此，我们对主播设立了很多必须达到的要求。我有一个小团队，类似互联网的HRBP（人力资源业务合作伙伴），每个团队成员可以直接向我打报告。如果某个主播状态不好，我会立刻过去，对主播进行心理疏导，给予一些指导，帮助他走出困境。我们通过这些方式，来保证每一场直播都能给消费者提供最好的服务和达到最好的效果。

04

第四章 服务力

本章知识点

1. 平台内部从 5x3=15 个维度评估用户体验，涉及 60 多个指标。
2. 指标体系每半年做一次动态调整，背后的逻辑是什么？
3. 平台有哪些正向和负向措施促使商家提升服务力？
4. 卖快分销的货，如果出问题，会影响带货主播的评分吗？

本章出现的案例

本章作者为快手研究院高级研究员李召、研究员陈凯君。

服务力指的是商家服务用户的能力，其对于商家来说是服务，对于用户来说是体验，而对于平台来说，就是用一套体系和措施来评估商家的服务和用户的体验。

快手平台非常注重 C 端（如用户、消费者、粉丝等）的体验，所以快手电商服务力的指标体系和具体措施都是从用户视角出发，用 C 端体验牵引 B 端（如商家、机构等）改进服务的。

比如，快手平台从用户视角出发，把线上购物分为“逛”“买”“收”“用”“服”5 个基本流程，并形成了一个多达 60 多项指标的全景式用户体验仪表盘，内部用它来动态监测商家服务和用户体验，具体指标并未对外公布。

用户和商家直接能看到的，主要是快手小店的“购物体验星级”，这是体现商家服务和履约能力的重要指标；还有“优质商家”“口碑雷达”“退款不退货”“退货补运费”“假一赔九”等服务和履约标志，这些都是用 C 端体验牵引 B 端服务的具体措施。

另外，平台还会通过小店查验、商品抽检、验厂验仓等系列措施和行动，促使商家提升服务，保证商品质量。

在“逛”“买”“收”“用”“服”每一个环节中，B 端服务的好坏都会影响 C 端的体验，而 C 端的体验和感受，则会直接影响到其购物决策，这些 C 端的体验和决策经过平台的评价体系，会进一步重新反馈到 B 端，引导 B 端改进服务。

本章的第一节是快手电商体验部负责人罗琼对服务力指标体系、治理理念和具体措施的介绍。商家了解了平台规则背后的思考逻辑后，也能更好地指导自身改进服务。第二节是贝源世家的案例，他们在服务力方面做得比较好，有不少值得其他商家参考的地方。

另外，在快分销功能上线后，快手电商通过 SaaS 工具实现了人（主播）货（货主）分离。货主角色的出现，为主播解决了部分售后和仓储物流问题，但这并不意味着主播可以撒手不管，因为如果货主的服务出现问题，也会影响到主播的评分。

第一节 平台的思路：指标体系和具体措施

〇以下为快手电商体验部负责人罗琼的讲述。

一、指标体系：3x5=15个维度，60多项指标

快手平台非常注重C端（指用户侧）的体验。2020年4月，我们开始建立一套用户体验指标体系，希望能对服务体验有一个全景的概念。这套指标体系是从用户的视角出发，把整个直播电商分为“逛”（观看体验）、“买”（支付体验）、“收”（收货体验）、“用”（商品体验）、“服”（售后体验）5个基本流程，每个流程分成安全体验、效率体验和心智体验3个层级。

从用户旅程来看（见图4-1）：“逛”覆盖了进入含小黄车页面，到点击小黄车前的过程；“买”是从点击小黄车到下单的过程；“收”是从生成订单到物流签收的过程；“用”是指商品签收后的使用体验；“服”是流程中任一渠道联系客服的体验。

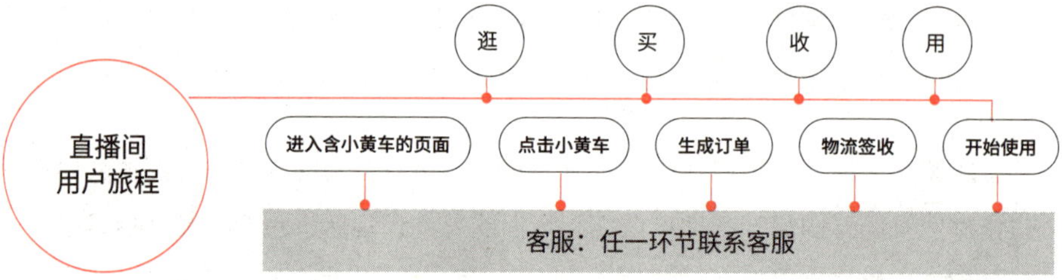

图4-1 从用户旅程看“逛”“买”“收”“用”“服”

具体来说：“安全体验”考量的是各环节是否存在虚假和欺骗，以及交易流程是否符合《中华人民共和国电子商务法》（简称《电商法》）等相关法律的规定；“效率体验”测量的是各环节的用户操作流程是否足够简单、

明确，路径是否足够单一；“心智体验”指的是给用户带来差异化心智的体验，在目前的仪表盘里暂不测量。

5×3组成的15个维度，是用户在快手电商这个场域里面所经历的15个可能的场景。具体来说，每个场景里有2～5项数据化的指标对它进行管理，构成了最多时共67项、最少时40多项的指标体系，这叫作快手用户体验仪表盘（见表4-1）。

表4-1　快手平台用5x3=15个维度来评估用户体验的全过程

<table>
<tr><th colspan="7">快手用户体验仪表盘</th></tr>
<tr><th></th><th></th><th>逛</th><th>买</th><th>收</th><th>用</th><th>服</th></tr>
<tr><td></td><td>含义</td><td>观看体验：进入含小黄车页面，到点击小黄车的环节</td><td>支付体验：从点击小黄车到下单的过程</td><td>收货体验：从生成订单到物流签收的过程</td><td>商品体验：商品签收后的使用体验</td><td>售后体验：流程中任一渠道联系客服的体验</td></tr>
<tr><td>效率体验</td><td>各环节用户简单、明确、路径单一的体验</td><td colspan="5" rowspan="2">每维度下2~5个子指标</td></tr>
<tr><td>安全体验</td><td>各环节无虚假、无欺骗，交易流程符合《电商法》的程度</td></tr>
<tr><td>心智体验</td><td>给用户带来差异化心智的体验</td><td colspan="5">在目前仪表盘里暂不测量</td></tr>
</table>

快手用户体验仪表盘是我们内部工作用的，面向商家的指标不会那么复杂。比如，商家看到的购物体验星级的5个维度（“商品质量”“物流速度”“客服服务”“售后体验”和新增的“商责纠纷”），每一个维度背后不会超过两项指标，而且这两项指标要么是平台认为最痛的、出问题最大的，要么是商家之间差距比较大的。我们是想让商家有针对性地改进用户体验，以用户体验牵引商家提供的服务，牵引一波尾部商家把服务力往上拉。

二、用户体验指标半年一调整，动态牵引商家改进服务

这些指标我们会以半年为周期进行调整，比如到底用哪些指标，权重分别占多少；调整后也会进行公示。我们一方面会看在这半年里，整个平台池子上，哪些指标大家做得都不太好；另一方面会看哪些指标商家之间的差距比较大，然后就用哪些指标。如果大家都做得挺好的，没有差距了，长期能保持稳定，就不用这些指标了。因为设置小店分数的目的，主要是牵引商家做更好的服务，没有什么牵引力的指标没必要保留。

比如，有一段时间，看的是商家客服的5分钟响应率。后来我们发现，90%以上的商家都可以做到5分钟响应，而70%的商家可以做到3分钟响应，因此就改成看3分钟响应率了。基本上，我们发现某一项指标70%的商家都能达成的时候，为了牵引剩下的30%，就会调升指标，让尾部的商家水平能提升上去。而当有90%的商家都能达成的时候，我们就会放弃那项指标，选用新的指标了。

2020年刚推出评分体系的时候，不少主播都有意见。一年之后和主播们交流时，他们感觉治理措施似乎宽松了一些，其实不是平台的手没有以前重了，而是大家改善了，越来越成熟了。

三、具体措施：C端和B端结合，激励和打击并进

我们管理商家服务的具体措施有两类：第一类是直接给C端（指消费者/用户）看到的，通过用户体验牵引商家改善服务，包括购物星级体验等6项措施；第二类是用户看不到的，但商家能够看到的，例如商家等级，不同等级匹配不同权益，激励商家提升服务质量（见表4-2）。

我们是一个平台型电商，这些评价体系和具体措施本质上都是为了凸显优质商家，但是对于劣质商家和劣质产品绝不容忍，所以我们还有小店查

验、商品抽检、验厂验仓等一系列措施和行动，促使商家提升服务水平，保证商品质量。

表4-2　C端和B端结合，激励和打击并进

	C端（消费者/用户）可见		B端（商家）可见		
凸显优秀商家 √	小店星级与评分（0~5分）	账号外显标签 如优质商家、口碑雷达、假一赔九、退货补运费、退款不退货	商家等级 金牌 银牌 铜牌	商家权益体系	商家教育体系
打击劣质商家 ×	品质抽检、验厂验仓				

除此之外，我们还建立了商家教育体系，通过快手电商学习基地、商友圈、快手卖货助手账号等方式，帮助不同角色、不同层次的商家，在快手电商找到长效变现的路径。2021年9月，我们发布了《快手电商运营白皮书（初级版）》，让新商家可以一站式了解电商运营技巧。

四、C端：购物体验星级等6项措施

C端（指消费者/用户）直接看到的最典型的措施就是小店购物体验星级，也就是我们在主播的小店页面中能看到的星级和评分，其他还有“优质商家”“口碑雷达”“假一赔九”“退货补运费”“退款不退货”等极致信任权益，都是C端可以直接看到的（见表4-3）。

表4-3　快手平台C端牵引B端的6项措施

措施		介绍
购物体验星级		购物体验星级是平台对商家在“商品”“物流”“客服”“售后”“纠纷”这5个维度的数据进行综合评定得出的星级，综合性地反映了商家老铁履约质量的好坏
直播间口碑雷达（新功能）		口碑雷达是刚上线的直播间功能，由商品质量、店铺回头客推荐、优惠力度、物流发货时长、售后体验、客服这6项新小店星级指标构成。平台根据这些客观指标输出直播间综合评分，并根据评分分布输出直播间推荐语
“优质商家”标签		在购物体验星级的基础上，进一步强调官方认证，对商家提供的服务提出了更高的要求。商家需要在满足评分和开通“假一赔十”服务的基础上，开通7天无理由+退货补运费，或开通退款不退货服务，满足一定条件，才可申请该标签。申请通过后，享受专属标签和权益
极致信任权益	假一赔九	指买家购买带有“假一赔九”服务标识的商品后，如商品经过快手小店认可的鉴定机构的检验，被确认为存在造假情形，商家须履行假一赔九承诺，即商家向买家赔付订单金额9倍的钱
	退货补运费	退货补运费是快手电商向卖家提供的一种增值服务。卖家购买该服务后，买卖双方在交易时，若买家成功发生退货退款，平台将就买家因退货产生的单程运费进行补偿
	退款不退货	指买家购买带有“退款不退货”“坏了包退”“破损包退”“过敏包退”服务标识的商品后，若符合指定条件可申请退款不退货。退款金额为买家支付金额或服务提供方设置的最高可退金额，以较低者为准，实际退款金额以买家申请时展示的金额为准

这些等级体系的核心不是考核商家，主要还是牵引商家给C端提供更好的服务，通过好的体验更好地留住C端。小店评分的背后就是把个体化的C端评价，聚集成一个评价产品。直接作用是给C端展示这个店铺的可信赖度和可购买度，但其深层次的目的是牵引商家去做好服务体验。如果C端认这个分数，买这个账了，分数就变成其选择的指向标了，这就会进一步牵引商家去改进。比如说，5分的才敢买，4.5分的我要犹豫一下，4分以下的我就不考虑

了，C端形成这样的心智后，商家也会更有动力去提升服务。而且这个C端牵引模式是被诸多电商或者说互联网公司，像大众点评、滴滴使用过的。

后面的极致信任权益也是类似的，快手平台希望通过这些权益的开通，帮助主播更好地在直播间做生意，做更长久的生意。

五、B端：不同商家等级匹配不同权益

C端看不到但B端（指商家）自己能够知道的主要是“商家等级”，不同的等级对应着不同的权益（见表4-4），比如说做大促的时候就有不同的准入门槛、不同的流量优惠，这是商家等级在起作用。因为参加大促代表着平台会给更高的流量，代表着更多的C端可能会接触到你的服务，就需要有一些机制化的东西来保障C端的体验。

表4-4　快手小店商家等级及对应权益

商家等级	考核维度及内容	对应权益
金牌（下设6级） 银牌（下设3级） 铜牌（下设3级）	1. 卖货能力——30天有效销售额 2. 服务能力 ——购物体验星级 3. 特色服务——“退货补运费服务”开通达标情况 4. 等级任务—— 不同等级对应相应的任务	· 服务市场专属折扣 · 快分销平台特权 · 退货补运费流量补贴 · PK卖货功能 · 荣誉称号

商家等级是根据商户/带货达人在平台经营行为的各项指标及状态，对商户/带货达人做出的综合评定，具体包括“卖货能力”“服务能力”“特色服务”“等级任务”4个考核维度。商家等级分为金牌、银牌、铜牌3档，每档各有细分等级，共计12个等级。

六、平台：小店查验、商品抽检、验厂验仓等5项措施

作为平台型电商，刚才讲到的评价体系，本质上都是凸显优质商家。有没有打击劣质商家的目的？也有，但更本质的是激励商家往优质转变。我们要做信任电商，对于劣质商家和劣质产品绝不容忍，所以还有一些更为直接的查验手段（见表4-5），例如全品类的商品体验抽检、商品品质抽检，以及针对重点品类的验厂验仓，快手小店官方账号在直播间对商家的随机查验，对优质主播进行赞扬，对有不足之处的主播进行点评，公示负向主播案例等措施。

表 4-5　快手平台的 5 项查验措施

措施	介绍
商品体验抽检	**适用范围：**适用于快手电商所售的全部商品 **抽检方式：**委托有资质的第三方进行不定期抽检，以购买线上店铺商品、外呼调研、问卷调研等方式 **检验项目：**商品标签符合性、商品外观符合性、商品质量符合性、商品功能符合性（模拟体验）、订单交易约定符合性
商品品质抽检	**适用范围：**用于快手小店所售商品的质量、品牌抽检 **抽检方式：**由快手指定人员以普通消费者身份在指定快手小店购买，委托给国家认可的检测机构进行检测 **检验项目：**包括但不限于国家强制性标准/产品标准中要求的检测项目、商品品牌及版权、商品详情页描述的内容
重点类目验厂验仓	**（以美妆为例）** **适用对象：**针对入驻快手联盟的美妆白牌商家 **主要措施：**入驻前实地验厂 **准入流程：**①申请开通（校验条件）→②平台审核评估→③提交验厂申请→④平台受理验厂申请→⑤验厂审核通过、入驻开通→⑥提交商品备案资质及检测报告→⑦审核通过→⑧商品上架→⑨流程结束/平台监控
官方保真	**（以珠宝为例）** **适用对象：**珠宝玉石类目 **主要措施：**商家会将商品送至真宝仓，仓内质检通过后发货给消费者
小店查验	快手小店快手号的直播开播时间为每周三21:00，目前主要分为三大环节： 公示负向主播案例环节，让C端感知官方治理劣质主播的决心； 随机查验环节，对优质主播进行赞扬，对有不足之处的主播进行点评，为优质商家引流、背书，也向C端推荐更多优质主播； 连麦主播环节，与优质主播连麦，传播官方对信任保障服务优质主播的扶持，向大众科普优质的信任体验

第二节 案例：贝源世家如何做到购物体验5星评级

要点

- 贝源世家购物体验评分高的原因是什么？
- 贝源世家的售前、售中和售后具体是怎么做的？
- 介绍贝源世家的两个制度：质量问题等级划分与召回制度。

快手主播贝源哥创办了高端男装品牌贝源世家，他的快手小店是快手的5星级店铺，购物体验评分达到5分。其中，客户服务、物流速度和售后体验3项都是5分，高于全站100%；商品质量是4.99分，高于全站78%（贝源哥解释，商品质量未达5分是因其在2021年4月21日推出贝源世家品牌之前卖过别人生产的商品，拉低了该项评分）；复购率超过90%的同行。（数据截至2022年1月21日。）

贝源哥说，他的快手小店购物体验之所以能做到这么高的评分，与自己的品牌战略有关。因为下定决心去做品牌，才会注重商品的品质，才会在意用户的体验，才会严格地要求团队制定与品控相关的流程和制度。

〇以下为贝源世家团队的讲述。

一、售前：客服极速回复，上新提前准备话术

客服方面，我们基本上能做到3分钟内99%的回复率，也就是说任何用户发信息过来，3分钟之内必回。快手官方的回复时间要求从以前的5分钟改到现在的3分钟了，对我们来说无所谓，改成1分钟都可以，因为我们本来就是二三十秒必须要回复的。

上新前，我们会预判用户会问到哪些问题，提前准备好话术，培训客服。

举个例子，用户看中一双鞋子可能会问：“这双鞋子掉不掉钻，耐不耐

脏？”我们的话术是：“这个是澳钻，不同于一般的市场钻、低端钻。胶水黏合得很好的，请放心。”

这样，直播间上新、卖货的时候，客服就能对答如流。不然用户问完，我们还要去查询，用户的体验就会不太好。

有一些专业性问题，客服实在无法解答的，就会向生产部门寻求帮助。生产部门的负责人也是“秒回”，从早上8点上班，到晚上12点，基本上他看到信息就会马上回复。

二、售中：发送温馨提示，提升用户体验

每售完一件衣服，我们第二天都会给用户发一个温馨提示。我们会在小店留言，提醒用户怎么去护理衣服，怎么洗，然后再及时跟进发货情况，这样给用户的体验就会比较好。

三、售后：客服及时响应，坚持7天无理由退款，设立保修期

售后方面，有用户反馈问题时，如果售后这边能自行解决，我们会第一时间就进行处理。比如说退换货，我们就直接安排上了。

如果需要跟生产部门或者跟其他部门沟通，我们会给用户一个处理的期限，然后会及时和相关部门沟通，再给用户回复。比如，我们会跟用户说，这个问题客服会帮你去咨询一下，或者帮你去反馈一下，多久时间内给你一个答复。这样用户的体验就比较好，店铺好评率也比较高。

我们坚持7天无理由退款。只要你收到货的7天之内，有任何问题可直接退款，我们从来不问为什么退，你直接退就完了，运费都是我们包。另外，衣服3个月之内、鞋子6个月之内，有任何质量问题都可以保修，来回运费我们承担。

保修期过了，用户发现问题来找我们，我们还是会跟他一对一服务，去问什么原因。比如说，有的人说穿了4个月了，前3个月都没问题，到第4个月哪里断了根线，我们会补贴他一些钱，请他在当地维修处理一下。之所以不让用户寄回来再处理，一是因为来回运费高，二是我们退到工厂处理也需要费用。

我们这里永远不可能出现你联系客服，客服不理你的情况，我们的回复效率是很高的。

贝源世家的售前、售中、售后客服全流程如下（见图4-2）。

图 4-2　贝源世家的售前、售中、售后客服全流程

四、两个制度：质量问题等级划分与召回制度

1. 质量问题等级划分

质量问题等级分成3个级别，有红线区、黄线区和绿线区（见表4-6）。

好评率在98%以上的产品会被划到绿线区。针对绿线区给过差评的用户，客服会电联并根据实际情况分析，与用户协商退换货或者补偿。

好评率在95%～98%的产品会被划到黄线区。如果一款衣服卖出去100件，好评率低于98%，会触发黄线预警，大家会开会讨论，为什么有两件不合格。客服会向每一位用户说明情况。针对给过差评的用户，我们会无理由退换货或者补偿。

表 4-6　贝源世家质量问题等级

质量问题等级（按款以好评率计算）	客户端处理措施	内部员工处理措施	响应部门及人员	响应时间规定	监督跟进	数据说明
C(>98%)	针对已经给过差评的用户，客服电联并根据实际情况分析，同时了解用户的需求，进行协商退换货处理或者补偿	产品100%合格，也满足店铺最高需求，则相关人员进行涨薪奖励	客服部门、商品部门及生产部门	当日工作时间内10分钟	以季度评审为准	季度数据
B(95%≤x≤98%)	分析问题产生原因并针对此类差评内容致电或短信通知到每一位用户进行情况说明，若后续出现类似问题随时联系小店客服说明，将对用户做出补救措施（退换或者补偿）；针对已经给过相关内容差评的用户，根据用户需求无理由退换货或者补偿	外观问题责任岗位：扣除相关盖章质检员的当月绩效及分红（详见关于质量扣款管理制度实施细则）	客服部门、商品部门及生产部门	当日工作时间内10分钟	行政部门进行监督执行	周数据和月度数据（持续更新）
		内在问题责任岗位：扣除相关盖章质检员的当月绩效及分红（详见关于质量扣款管理制度实施细则）				
A(<95%)	相关部门开会讨论召回方案，分析实际产生的原因，针对此款产品进行全面召回，并对用户进行相应补偿（例：全额退款并补偿1双袜子）	外观问题责任岗位：因触发严重的质量问题导致全线召回，故对相关盖章质检员进行开除处理	客服部门、商品部门及生产部门	当日工作时间内10分钟		周数据和月度数据（持续更新）
		内在问题责任岗位：因触发严重的质量问题导致全线召回，故对相关盖章质检员进行开除处理				

而好评率在95%以下的产品会被划到红线区，我们会开会讨论要不要召回。如果是原则性的问题立马召回，并进行相应的补偿。

2. 召回制度的两个案例

我们召回过一款牛仔裤，因为牛仔裤上有一个皮牌，容易开裂。没有一个用户反映此问题，是我们的工作人员在自查时查出来的。

这款裤子卖789元，当时卖出了700条。这个问题对穿着外观没有任何的影响，但是这个点会影响我们的品牌。于是我们主动联系了用户。我们采取的做法：一是召回已经卖出去的牛仔裤，让用户退回工厂进行返修；二是没卖的全部停卖。

我们还全款召回过一款羊毛衫。当时卖了200件，结果有6个人反映会缩水。我们马上自查，后来发现一个什么问题呢？原来是工厂给我们的检测报告不合格，没有检测缩水率这一项。发现问题后我们马上去送检，发现它的缩水率确实不合格，所以马上全网召回。我们会通知用户，这件衣服有质量隐患，我们现在召回，哪怕你穿一个月、两个月都不要紧的，我们会把钱全部退给你，来回运费我们也包了。

有的用户不愿意退，觉得送去干洗过了，穿着没问题也不缩水，就不退了。对于这种情况，我们会告知用户衣服存在缩水的隐患，实在决定不退的话，这件衣服原来卖609元，现在补给你150元钱。之后再缩水的话，就不要来找我们了，因为我们已经给你处理过了。这个要讲道理的。

召回成本很高，但我们保障质量是不计一切成本的。另外，跟我们合作的工厂都是和奢侈品品牌有合作的工厂，这些工厂其实很负责任，会承担因为产品质量问题出现的责任。我们唯一的损失是什么？是当初卖这件衣服的时候有投放流量的费用，还有中间的利润，这些都没有了。

第三节 引入快分销后，如何保障服务体验

快手推出快分销业务后，主播卖的货有很多是第三方的产品，主播是不用管发货的，如何保证这些产品的用户体验？

主播和货主的责任会分开，但部分评分也有关联

快手电商体验部负责人罗琼：在实际操作里，我们会把小店的分数分成两类：一类是达人扣分，一类是货主扣分。

如果达人卖的是快分销的产品，质量、物流和售后服务这3项都是由货主在做，分就会打在货主身上。但是如果用户在“逛”和“买”的环节，尤其是“逛”的环节反馈有虚假宣传等问题，分就会打在主播身上，因为内容主要是主播在负责，我们会拆分来看。

也有两边都扣分的情况。对于长期做电商的流量大V[1]，我们会双向扣分，倒逼大V不能挣一次性的钱。

现在很多大V如果遇到了一个不靠谱的货主，物流没有跟上，宁愿自己垫钱也会先发货，因为不想被扣分。现在有很多达人，尤其是大V去挑货主的时候，都会先看货主评分，避免和低分的货主合作。

【1】“大V”指关注者特别多的账号，一般粉丝数量超过1000万。

会向第三方供应商和品牌收保证金

稻田科技（徐小米所在公司）CEO宋健：徐小米现在卖快分销的产品比较多了，快分销的产品是由第三方发货、第三方售后，但是如果第三方出现质量问题、售后问题，也会影响到徐小米的用户评分。

为保证质量，第三方供应商和品牌在我们这里带货，我们都收保证金，前段时间国内一知名电器品牌让我们带货，我都收他100万元保证金。

有的品牌可能做天猫很牛，但在快手没建团队，发货和售后不行，所以我们要收保证金。除非很大的品牌不收，小的品牌我们都收保证金，这都是你情我愿的。

你让我们带货得按规矩来，你只要做得好，保证金我们是要退的。

对不入仓产品通过神秘买手下单抽检

芈星文化（芈姐所在公司）CEO王飞：与芈星文化合作的供应商都需要缴纳保证金，作为保障产品质量的承诺。

保证金的金额根据品牌知名度有所区分：家喻户晓的品牌会被列入白名单，免交保证金；新锐品牌也可酌情减免；但白牌则需要全额缴纳。

自检是对商家送来的产品进行质量检测。

针对重点产品，除了向商家要检测报告，我们还会单独自己送检，多增加一重保障。

对于不入仓的产品，我们会通过神秘买手在平台下单的方式抽检，确保实际销售的产品和样品一致，商家没有以次充好。

05 第五章 组织力

本章知识点

1. 用杨三角模型介绍什么是组织力。
2. 主播们遇到的最头疼的5个问题。
3. 介绍徐小米、芈姐和超级丹在组织建设方面的具体做法。
4. 介绍上述3位头部主播所在的公司对未来的战略思考。

本章出现的案例

1. 徐小米团队的组织建设和战略。（145页）
2. 芈姐的公司架构和战略。（155页）
3. 超级丹谈2022年想做的两件事。（157页）

本章作者为快手研究院高级研究员李召、研究员陈凯君。

早年，直播电商起步时，主要是单打独斗或夫妻档。到了2022年，要想生存和发展，就需要靠团队、靠组织力了。

关于组织力，有一个著名的杨三角模型，是教授杨国安提出来的。

成功 = 战略 × 组织能力

战略很容易抄袭，组织力却极难模仿。构建自己公司独特的组织力，能够出色地甚至超出预期地获得结果，这样才能赢。

这世上并没有万能的组织力，只有特别适合当前公司战略的组织力。战略目标不同，需要构建的组织力也完全不同。

第一节 组织力的杨三角模型

组织力的杨三角模型如图5-1所示。

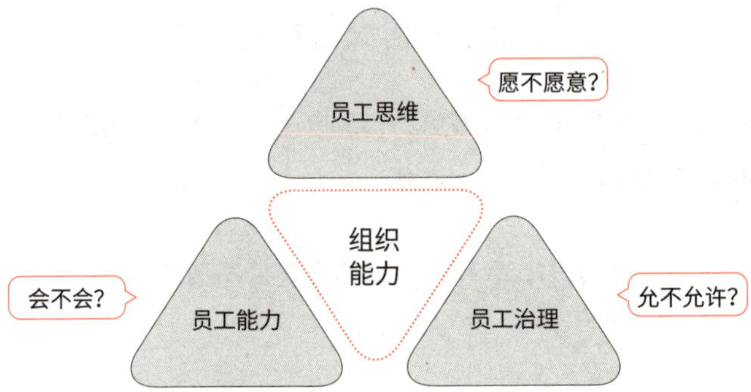

（引用自杨国安教授的“组织能力的杨三角”理论）

图5-1 组织力的杨三角模型

按照杨三角理论，组织力从3个角度来构建：员工能力、员工思维、员工治理。

员工能力解决会不会的问题，指员工需具备符合公司要求的、与组织力相适应的思维和决策。

公司全体员工（包括中高层管理团队）必须具备能够实施公司战略、打造组织力的知识、技能和素质，也就是员工会不会、能不能做出与组织力（如创新、低成本竞争、服务等）匹配的决策和行为。

如何培养员工能力？公司需要回答以下几个问题。

（1）要打造所需的组织力，公司具体需要什么样的人才？他们必须具备哪些能力和特质？

（2）公司目前是否有这样的人才储备？主要差距在哪里？

（3）如何引进、培养、保留、借用合适的人才和淘汰不合适的人才？

员工思维解决愿不愿意的问题，即员工每天关心、追求和重视的事情要与公司的组织力相匹配，上到公司高管，下到普通职员，都要遵循公司的思维模式和价值观。

员工会做不等于愿意做，因此，组织力的第二个支柱就是员工思维，让大家每天在工作中关心、追求和重视的事情，与公司所需的组织力匹配。

公司要考虑的具体问题包括以下两个。

（1）什么是主管/员工需具备的思维模式和价值观？

（2）如何建立和落实这些思维模式和价值观？

员工治理解决允不允许的问题，即公司要有有效的管理手段，使得员工发挥所长，将公司战略贯彻到底，实现公司的经营目标。

这3个支柱既要强大，又要平衡，才可以发挥“杨三角”的巨大作用，推进公司不断发展。

员工具备了所需的能力和思维模式之后，公司还必须提供有效的管理资源和制度支持，这些人才才能充分施展所长，执行公司战略。

在员工治理方面，公司要考虑的具体问题包括以下4个。

（1）如何设计支持公司战略的组织架构？

（2）如何平衡集权与分权，以充分整合资源、把握商机？——权责

（3）如何建立支持公司战略的信息系统和沟通交流渠道？——信息

（4）公司的关键业务流程是否标准和简洁？——流程

这3个支柱缺一不可，必须符合两个原则。

平衡（Balance）：3个支柱都要强，而不单是其中一两个强。

匹配（Alignment）：3个支柱的重点都必须与所需的组织力协调一致。

第二节 从3位头部主播看组织力的三大支柱

我们结合稻田科技（徐小米所在公司）、芈星文化（芈姐所在公司）和超级丹传媒（超级丹所在公司）等公司的案例，分别阐述这三大支柱。

一、员工能力：解决会不会的问题

直播是新兴行业，存在人才不足的问题。从临沂、广州的情况看，从事直播行业的员工的学历普遍不是很高。

芈星文化CEO王飞说，直播电商属于新形态，缺乏成型的管理理论支撑，也缺乏能做好管理的人才。就该公司的组织架构而言，目前虽然公司已经尽量把架构建立起来，把事业部划分开来，但很难找到合适的人带领整个事业部。像供应链事业部的负责人，其工作内容既涉及全品类的商家运营、商品运营，还涉及招商、选品、对接主播，很难找到合适人选。综合性人才的缺少，是目前的一大难题。

为了解决人才的问题，山东临沂的主播尝试了一些做法。一些主播去杭州设立分公司，因为杭州的直播电商人才相对比较集中。还有一些主播尝试引入优秀管理人才。比如，陶子家把直播操盘高手徐建杰作为合伙人引入公司。再比如，2020年8月，徐小米所在的稻田科技从上海的一家咨询公司请到刘嘉做顾问，现在他已经是稻田科技的全职员工了，是公司的副总裁。

二、员工思维：解决愿不愿意的问题

员工思维方式主要解决愿不愿意的问题，即员工是否愿意往战略方向上走，主要有以下手段。

（1）危机感建立。企业之所以要构建员工的某种能力，是因为不具备

某种能力，会引发严重的后果。把原因和后果讲清楚，让大家理解为什么这么做，大家才会有行动力。

（2）高管以身作则。上行下效，员工的行为是以领导为准则的。

（3）完善管理手段。通过绩效管理、制度建立、流程设置、沟通、培训等方式，推动员工思维的转变。

如何推动员工思维转变

稻田科技CEO宋健：

1. 关于危机感的建立

快手上的主播，尤其是头部主播，现在碰到一个什么问题呢？老板的认知、团队的组织力与公司发展的速度和规模很不匹配。

过去，一个公司做到年收入一二十亿元，要经历很多大风大浪，摸爬滚打，才能承载得了这么巨大的财富。我们现在刚好处在直播的风口，机会把我们推起来，一直在财富后面追着它跑，没有时间去好好沉淀自己，思考自己。

我和一些主播聊天，每次聊都跟赚多少钱脱不了关系，没看过他们有什么更长远的规划。我觉得这个事不太对，支撑赚钱的一定是背后的某些东西，比如团队、流程、制度、文化，还有战略。没有这些东西支撑，公司没办法保证持续稳定的增长，支撑不住现在的业绩。

比如稻田科技，我们现在好像是在做公司，但实际上并没有建立现代企业制度，只是比一些夫妻店强一点。 我比别人稍稍想得远一点，有规划一点，还谈不上什么战略。尤其组织力这个事迫在眉睫，必须要解决，除非我不想干了。我不太了解其他家的情况，反正我们团队的提升空间还是挺大的。

2. 通过培训推动员工思想转变

企业文化应该是组织力的一部分。去年我梳理团队框架，搞组织力建设，第一件事就是提炼企业文化，提出公司的价值观、使命、愿景。有人会觉得是在作秀，但只要坚持做下去，就会影响到一部分人。

当一个老板的能力或者精力，已经不允许他看到员工每天干什么的时候，企业文化特别重要，因为规章制度没办法100%约束一个人的行为。当然，企业文化的建设特别难。

最近，我让部门负责人每天带着全体员工读稻盛和夫的《干法》，已经读了50天了，还要反复读。管理层还要读稻盛和夫的《活法》。稻盛和夫的东西挺好，我觉得它有力量，这种力量需要持续沉淀。你做一个月可能看不出来效果，做6个月可能就会对一些人有影响。

我下了死命令，包括股东在内的所有人都必须读，都得学习，我也逼着自己学。一个人一个月如果有3次不读，我就会把他开除。

我们做新员工培训时，也会宣导企业文化，然后发现企业文化还真的有用。人有善的一面，也有恶的一面，如果多讲讲企业文化，员工可能会把他恶的一面压倒，或者没有那么快地显现出恶的一面。哪怕有一天他背叛你的时候，他也有底线，还能记着你的一点好。

三、员工治理：解决允不允许的问题

首先是选择合适的组织架构。组织架构的设计主要受3个因素影响。

（1）规模。组织架构的复杂度是随着员工规模的增大而增加的，员工规模增大之后，才需要设计复杂的管理层级。

（2）复杂度。复杂度会在很大程度上影响组织架构。

（3）不确定性。当外部环境的不确定性较小时，大部分事情可以流程化，这样授权很少，组织架构可以相对简单。而当外部经营环境变化较快时，一般而言授权较多，组织架构也需要有相应的调整。

我们可以看到，直播电商的规模、复杂度和不确定性都在快速增加。那么，该如何选择合适的组织架构呢？

我们总结了几个主播遇到的具体问题，看看各家有什么做法。

第一个问题是新主播成长与主播孵化。

超级丹： 现在我的嗓子严重受损，一个月要打3次针，明年再拼一年绝对说不出来话。有很多主播，尤其是头部主播不是不拼了，是真的拼不动了。如果有一天我倒下了，这家公司还能不能正常运营？

我们现在自己的主播矩阵做得很好，佳丽（167万粉丝）、梁小良（59万粉丝）、欣冉（20万粉丝）都不错，佳丽一个月卖近3000万元，梁小良一个月卖七八百万元。我们尝试过一个50万粉丝的主播账号怎么做，100万粉丝的主播账号怎么做，如果有一天我播不了，公司所有资源能不能给其他主播赋能，我尝试了，相对来说还算成功。

其他中小主播想利用我们这套体系，但又不签在超级丹传媒旗下，我们依然可以合作。我们可以帮他们做专场，提供场地和产品。有些品牌，比如CBA、高梵，还有一些化妆品，一般中小主播是没有我们的议价能力的。我们可以把我们的供应链、产品端给他们，帮他们做大活动。他们自己一场可能卖80万元，我一场能做到200万元，双方都有利润。

稻田科技CEO宋健： 我最近提出了“二代主播”的概念。我认为，培养二代主播是公司的第二增长曲线。

第一代主播干了两三年，心会累，体力也会跟不上，有的人身体搞坏了，嗓子哑了，明年可能还能播一年，后年还能播一年，但再往下就播不了了，身体会频繁出问题，这时公司没有稳定的产出，而水电等基础费用大部分还在支出。如果现在不做准备，可能就会面临生存问题，而不是发展问题。

如果这茬主播断了，二代主播如何起来？如何接上一代的茬？现在大家都看到了直播市场的好，竞争一定会越来越激烈，所以要早做准备。

我觉得主播做矩阵，在单个账号上拉时长，是一个方向，对于公司来说可能是一个新的增长点。比如罗永浩，把主播的店铺当成一个品牌，从这个店铺里出去的每一件产品都是标准化的，一样的服务，一样的品质，一样的价格。店铺有个核心人物，比如徐小米，她偶尔播一场，出一个高的业绩，平常其他主播持续播，这种模式我觉得可以尝试。

如果我想让公司持续增长和稳定发展，就不能只依赖一个人，依赖徐小米。未来我想做的是，让徐小米直播间实现徐小米不播也行，能自行运转，就像罗永浩一样，他不在直播间也有稳定的产出。

当然，我们还有很长的路要走，也不单单是做主播矩阵的事。因为做主播矩阵还是要依赖于人设。

我们最近做了几场测试，让徐小米的助理白雪去她的小号直播，她原本是一个穿版的模特。我们一毛钱都没投，在线人数有八九千人，一天也能卖七八十万元。这是基于徐小米的影响力，让白雪混脸熟，慢慢去吸引一批她自己的粉丝。既然白雪能混脸熟，别人也能混脸熟，我只要给他们配更多的人就可以了。

我看到，广州的MiMi直播间也在探索这个模式，这可能是我2022年重点要做的事。

第二个问题是选品的组织设计。当选品越来越复杂，如何对选品机制进行组织设计？

稻田科技CEO宋健：几个可以支撑公司不倒的关键部门，第一个就是选品部门。跟一年前比，我们选品的专业能力会更强一点，选品规则完善了很多。

现在我们选品部有40多个人，原来选品部分为一部和二部，现在两个部门合在一起了，资源好调度。选品一级类目分为美妆、服装、百货、食品四大类。还有二级类目，男装和女装分开了，鞋包也跟服装分开了。

我们原来没有选品间，现在新建了两个选品间：一个是非标品区，里面主要是服装；另一个是标品区，包括食品、日用百货、美妆，规格都是一样的，都是常规品。服装的陈列方式不一样，所以专门有一个服装的陈列间。

对于产品销售，选品间能起到推动作用。每一款衣服都要进行分类，哪些是新版，哪些是1000件以上的，哪些是500件以上的，哪些是需要处理的，选品间在主播选品时可以分好类。

我们过去虽然有很多主播，但每个主播各自一条线，供应链不共享，现在用选品间的形式可以共享供应链，这是非常大的变化。原来，每个主播采货，物理仓是分开的，徐小米是徐小米的，瑞子是瑞子的，空间都不一样。现在供应链共享，所有人采的货都放进选品间，大家都可以选，只是不同主播选的区域不一样。比如，清货主播不可以选新款区的货，但无论谁的库存她都可以选，这样货品周转效率就高了。

我们把供应链共享这块走通之后，未来是可以开放给其他主播的。我自己的主播可以过来选，其他主播来也是一样的。我给你开个直播间，你从我这儿选，选完了播，播完你走了，我再把货及时回仓。以前没有选品间的时候，做不到快速周转，主播把货拿走放到直播间，第二天还来选，直播间的货会越放越多。过去，徐小米有1500个SKU，都在直播间堆着，每天都不知道该卖哪些货。现在，我逐步要求大家不可以在直播间放那么多货。

我还希望选品部对库存管理贡献一些力量。数据化肯定是要有的，每天要出报告，另外也希望选品部做好准备，未来可以去服务外部主播。我们的主播也在天天选货，换一个新主播来选货也是一样。这一块短期内不会开放，还不到时候，因为我还有自己主播的发展问题，先要把这个更重要的问题解决掉。

芈星文化CEO王飞：选品也是芈姐团队在尝试进行体系化的板块。过往的选品都是通过主播“人肉选品”——什么品好，什么品能进直播间，都由主播评判和决定。人肉选品的问题在哪里呢？一个人的意识是无法复制的，我们现在是这么大的一个团队在运作，你一旦意识到无法复制，团队的方向在哪里？团队怎么做事？团队就会做很多无用功。但随着产品品类的增加和主播团队的增加，人肉选品的模式变得越来越低效。主播每天播完还得选品，累的同时，选品标准也不可复制。芈姐团队正在着力推进选品的标准化，给不同品类建立非人格化的评分标准，争取未来把主播从选品的压力中解放出来。另外，他们还推动在供应链事业部下单列运营中心，未来专门负责商家和商品的运营。

第三个问题，当内容越来越重要，如何对内容生产进行组织设计？

稻田科技CEO宋健：视频团队的建设还是重中之重。我们一直有视频部门，只是以前没重视。现在对内容的创新要求高了，短视频的输出要跟着消费者的变化去做调整。我可能不需要领先，但是不能被落下，不被落下就得有人才。

我们的视频团队现在有十几个人，最近还在持续招人。按照我的规划，2022年视频团队会有二三十人，我希望未来在视觉板块，消费者看到的东西都是这个团队负责的。现在这个部门的能力跟我的要求还差很远，内容产出是碎片化的，没有系统性，需要持续建设。

未来大家一定会挖空心思去搞内容输出，我们要发展持续生产优质内容的能力。到底什么是好的内容？我认为并不是高大上的就是好内容，接地气的有些也是好的内容。我觉得视频输出还得符合主播的人设，不能搞得乱七八糟。比如，本来是电商主播，弄成搞笑的东西了，我觉得不太合适。

就视频内容而言，需要有人专门思考这个事。如果只是偶尔拍出一条视频上了热门，这不是组织能力，这是蒙的，得有持续稳定的好的内容产出，这个挑战其实挺大。

超级丹：现在我们整个团队有200多人，内容由策划部门负责，这个部门有近40人，负责很多矩阵账号主播。超级丹直播间有十几个人，有拍段子的，有剪辑的，有做大活动的，有摄影的，全都配了。视觉策划相对来说是我们的强项，负责每个月的排期计划，大活动怎么打，活动之前场地的搭建，福利的选择，等等。

第四个问题，公司内部信息沟通不畅，如何解决？

稻田科技CEO宋健：我们对信息的流通比较重视。信息的同步很重要，如果配合不好就会出现问题。比如，我要搞一个男装专场或年度大促，这个信息需要同步到各个部门，内容制作部门要拍段子，仓储、物流部门有一些爆品可以提前打包。采购部门更得同步，比如GMV目标是8000万元，采购部门就要准备至少8000万元的货。特别是美妆类，需要提前跟采购部门说哪个产品是引流产品，需要主推，可能一场直播就能卖几万单，得提前备货。

我们办公软件用得不太好，我一直在用钉钉，也用企业微信。之前采购部门用的是私人微信，现在全部换成企业微信了，不允许个人私下跟供应商打电话、用个人微信交流。

我们没有建ERP（企业资源计划）系统的时候，有丢货的漏洞，盘点时数字会有很大差异，现在就不会有那么大差异了。

第五个问题，当员工人数增多，团队管理的复杂度增加，如何应对？

稻田科技CEO宋健：团队大了需要制度，比如干部管理制度、薪酬制度，我们已经筹划设计好几次了。还有法务，我们专门请了两位法务顾问。

薪酬制度很重要，它关系到大家的工作动力。大家来工作，首先关注物质，你不给钱谁给你干？ 薪酬是员工第一关注的问题。

我们做了一些职能和职级的规划，引入P系列和M系列。这个很有必要，因为人多了确实不太好弄。有的人不是干部，但也要有一定的职级，这样财务算工资、算绩效的时候有标准，知道P3、P4、P5不一样，且比较稳定。如果老板一个人说了算，会"搞死人"。以前我每次审工资要审两天，审得头大。现在审工资只需要一小时。我过去审工资也是凭感觉，有的人都不认识。今年上半年公司有490个员工，大部分人我都对不上号。

干部管理是我们面临的另一个问题。我们公司已经成立3年了，有一些管理人员或员工开始懈怠了。我的用人选择偏年轻化，他们没有太多社会经历，一直比较稳定，如果管理模式跟不上，他们就会出现懈怠情绪。今年我也换了一些干部，优胜劣汰机制需要一直存在，特别是对部门负责人，要不然就没有动力。

做团队管理，并不是钱给多了就管用，物质的东西只能在短期内起到刺激作用，积极性问题单靠物质解决不了。时间一长，员工就觉得心安理得，每月拿两万元工资的觉得自己值两万元。有些人刚来时每月拿4000元工资，美得不得了，后来拿一万五、两万元了，也觉得就那么回事。人有时候会忘了初心，原来很苦，现在很好，他觉得现在好很正常，积极性慢慢就会没有了。

芈星文化CEO王飞：我们公司整体的管理意识和水平还比较低。团队在扩张过程中会不断地招人，导致现在团队里70%～80%是新人，但公司的制度、流程还在完善中，怎么让新人尽快了解公司的制度、了解公司的文化，这是一个问题。

另一个问题是，中、基层管理人员还没有形成管理的意识，特别是老员工。以往是怎么快就怎么干，老员工潜意识里觉得正规化、流程化没必要。还有一个问题，是如何让公司在规范化、有序运转和保持高效率之间保持平衡。

第三节 案例：徐小米和芈姐团队的实战经验

下面我们举徐小米和芈姐团队的案例，看看他们提升整体组织力的实践。

组织建设一年后的变化

稻田科技副总裁刘嘉：2020年8月开始，我作为顾问帮稻田科技宋总梳理组织框架、流程建设、企业文化、企业价值观等。

直播这个生态在过去两年里的变化太迅猛了，与传统行业很不同。

这一年之后有什么样的变化？从组织来讲，各个部门协同运作，每个部门内部的职责、流程、架构都成型了，尤其是岗位职责很重要，因为岗位职责是组织管理的最小单位，这个单位又是最关键的。我见过很多公司，包括一些大公司，管理者都说不清楚一个岗位的职责是什么，说不清楚等于组织建设是零。

对于岗位职责，我们2021年底做了第二版升级。因为直播这个行业总在变化，加上我们梳理第一版的时候，很多岗位、很多事务我们自己理解得也不够深刻。梳理的过程也是大家思考的过程，大家会仔细琢磨这个岗位该干啥，这个部门对于公司的价值是什么，我下面的人应该干什么。岗位职责梳理完之后，我们马上发现人多了，然后开始做人员精简和调整。

有些岗位是重叠的，甚至会出现一个主管管了3个组长，主管跟组长干的活儿没有任何区别的现象。因为直播行业发展太快，野蛮式生长，缺人就加人，当发现一个人管不了50个人时怎么办呢？很自然的思路，设3个组长吧。

我们发现这个问题后，开始精炼体系，提高效率，禁止人浮于事。稻田科技最多的时候有490多人，精简之后现在是351人。被精简的主要是售后和仓储人员，售后原来有100多人，现在只剩一半了，不用再减了，仓储物流还能精简50人左右。同时，我们围绕商品、供应链、内容制作，还在加人。样板间也在加人，样板间目前还在完善，才建立几个月时间。选品间未来也是战略重点。

另外，团队的内部协作情况比之前要好，员工有一定的职业素养和独立思考的能力，主动性有所增强。

从草根创业到真正的企业经营

芈星文化CEO王飞： 2021年5月，芈姐团队正式启用“芈星文化”的企业主体，快手小店账号捆绑的主体也在11月完成了变更。

在团队架构上，芈星文化建立了“董事长→总经办→管理中心→具体部门”的结构。董事长下设总经办，总经办下设行政管理中心和业务管理中心，两大中心下再设具体的行政和业务部门，基本形成了完整的公司组织架构。

芈星文化在负责公司重点业务的服装事业部里，下设了开发部、技术部、生产部、品控部、采购部五大部门，各部门各司其职，覆盖服装从采购到销售的全环节。在最前端直接面对用户的直播运营部，则学习了稻盛和夫提出的阿米巴模式，按项目组、合伙制的方式运营，最大限度激发各主播团队自主运营、良性竞争的积极性。

值得一提的是，芈星文化还着重完善了财务、税务部门及其团队，增设了法务部门，为团队后续的正规化打好基础。

第四节 3位主播所在公司的战略规划

组织力与战略是分不开的，组织必须符合公司当前的战略。我们这里专门列举一下3家公司的战略思考。

徐小米团队谈“可持续发展战略”的三大增长点

稻田科技CEO宋健：第一个增长点是“二代主播”，上文已经说过。

第二个增长点是头部主播有了强大的供应链，可以考虑开放供应链。

腰部以下主播的组货能力还是很差的，对供应链有刚需。他们往往只是卖单一的品类，家纺主播只卖家纺，百货主播只卖百货，食品主播只卖食品，没办法搞几千个供应链。但我们公司系统里有8600家供货商，合作活跃的有3400家。我如果开放这3400家供货商的话，足以跟任何一个供应链去对抗。

我们招品牌很好招。2021年下半年，我们提出要着重拿一些品牌，大概分了一下类，有一些产品叫赋能产品，可以不赚钱或者少赚钱，但是要给主播赋能。能够赋能的首先就是大品牌，大品牌一是自带光环，二是高价位。产品有个锚定效应，原来最多卖100元的，卖80元用户都觉得有点贵了，但我刚卖完1000元的，用户就觉得500元的货便宜。

第三个增长点应该是做品牌，但自创品牌难度很大，也不是一年两年能成的事，而是一件长期的、需要持续投入的事情，做品牌肯定不是以短期赚钱为目的。

真正到了品牌推广阶段，花钱还是挺多的，我们还没有进入这个阶段，还在卖货阶段，树立形象阶段。我认为，至少得等这个品牌的销售额过了5亿元之后，才可以走品牌推广这步。

我对品牌这件事特别感兴趣，江南印象、珂蒂颜等几个美妆品牌，是我2022年的重中之重。我也没那么着急，慢慢来。

可能未来资本化也算一个方向，但我觉得大部分主播不具备这个能力，资本化之前需要把可持续发展问题解决掉，否则资本也看不上。

我觉得，这都是精细化运营阶段可以增长的点。我找到多个增长空间的时候，未来就有事可做，要不然就无事可做。关于这几个点，我们都要有一些具体的规划和行动。

我觉得在整个快手生态里面，短期内团队问题、人才问题应该还是重中之重。

超级丹谈2022年想做的两件事

超级丹：第一是为想带货的明星赋能，我们有强大的供应链、主播、矩阵账号，还有运营能力，而很多明星们缺货品，缺售后，缺运营，缺团队，但他们有明星效应，自带流量，我们可以为他们赋能。

2021年，我们在杭州新增了一个部门，负责明星流量运营的板块。现在遥望做的就是给知名的明星做策划，但很多二三线明星也想转型带货，这个市场不可能全让遥望做了，我们也有明星运营的能力。

2021年11月26日，我们尝试和一个明星合作，在杭州做了一场活动，那一场确实有效果，他只待了不到一小时，就卖了500万元。平时，我们要达到在线人数10多万，要花100万元以上投流，而这个明星一进直播间就是10多万人在线。这次是用超级丹的大号直播，粉丝一看到这个明星，停留时间长了，直播间人气就高了。所以，为想带货的明星赋能，对我们来说是一个很大的机会。

第二是女鞋团队建设。我们大意了，女鞋是我们的起家之本，但恰恰在这个类目上，我们的团队比较弱。从现在开始，我们要加大投入，组建强大的女鞋团队，把粉丝黏性做起来。

全品类的好处是，没有特别明显的淡季，也没有特别明显的旺季，一年下来都很平均；垂类黏性高，但淡季和旺季很明显。很难说哪种方式是对的，哪种方式是错的。

我们两者都要兼顾，目前来看，超级丹传媒在向全品类发展时，弱化了女鞋垂类，这是一个教训，所以我们要再次强化超级丹传媒的女鞋标签。

以前，大家认为女鞋这个类目一年赚不了多少钱，但是越往后做越发现，它是不能丢的。以前我们的女鞋客单价最高99元，2021年女鞋最低客单价做到了128元，中间客单价做到了159元、168元。随着客单价从99元提到128元，我们也在把品质往上提升。

芈星文化的3个战略规划

芈星文化CEO王飞： 芈星文化的公司战略是坚持以产品品质的提升、用户体验的提升为核心，坚持以打造极致性价比的芈蕊自主品牌为主导，坚持以开放合作共赢的全品类对外开放合作为基础。

第一，我们是以服装为基础。考虑到服装市场依然巨大和团队在服装领域扎根最深，未来芈星文化还会是一家以服装为基础和核心的公司。

第二，我们必须向全品类发展。考虑到哪一天主播可能不播了，或者不做自播了，做成全品类供应链对外输出，公司才能持续发展。

第三，坚定不移地向品牌化方向发展。我们会考虑先在服装和化妆品中沉淀出品牌，后续再推进全品类品牌化。

06

第六章 特别专题

本章知识点

1. 介绍主播如何做大场活动。
2. 介绍直播电商的一些税收常识，以及给主播的 3 个建议。

本章出现的案例

1. 现场观摩朵拉朵尚如何准备一次大场活动。（165 页）
2. 石家庄蕊姐如何准备一场破亿元的大场活动。（180 页）

第一节 朵拉朵尚和石家庄蕊姐如何做大场活动

一、大场活动的意义与节奏

大场活动是直播电商的行业“黑话”，它指的是直播团队通过前期的精心策划，在直播中实现平时无法达成的销售波峰。

为什么要做大场活动？从销售结果看，大场活动能完成的GMV，与日常直播时的GMV不在一个量级上，往往有10倍甚至更高的突破。

大场活动的收益还远不止于此。从粉丝运营角度看，富有话题性的大场活动，往往能唤醒“沉睡”的老粉，提升老粉的复购率和粉丝参与度，加强主播与粉丝之间的黏性。同时，通过货品选择与投流技巧，第一次进入直播间的用户也能够对货品建立起初步信任，点击关注，甚至购买一单尝鲜。

其次，大场活动是一次品宣机会。除商品售卖之外，邀请明星进入直播间、工厂开业等动作，会让粉丝看到品牌的专业和实力。

还有，对商家自己来说，大场活动对直播团队的各种能力都提出了更高要求，例如内容策划能力、投流能力、粉丝运营能力、选品/排品能力、主播现场把控能力。商家可以通过大场活动，打磨团队的协调能力，沉淀出今后工作的标准化流程。

一场成功的大场活动，会带动平播GMV的梯度上升（见图6-1）。可以说，做大场活动就是“以赛代训，以战代练”。销售目标一次次被突破，可以极大地振奋团队士气，洗去团队长期直播的疲惫，唤起主播的工作热情。

本节作者为快手研究院研究员杨睿，研究助理杨佩洁、贾蕊。

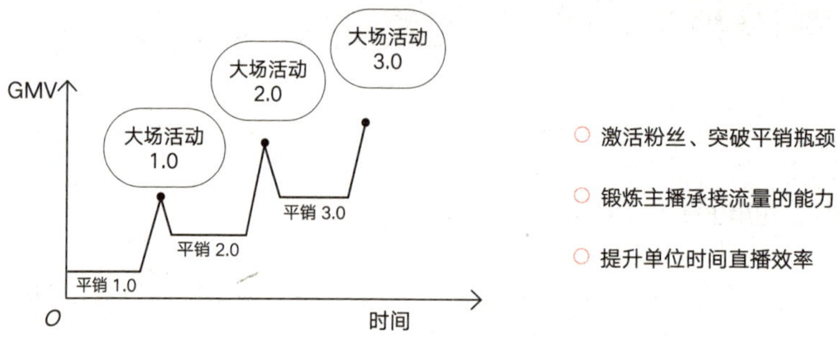

图6-1　做大场活动的好处

商家选择在什么时间点做大场活动？商家可以根据自己的节奏选择做大场活动的频率。例如，女装属于非标品，上新快，款式多，可以每两周做一次活动。相对而言，护肤品有45～60天的消耗周期，不太适合频繁做大场活动。

除了自己的节奏，商家还要密切关注平台的节奏，尤其是平台开展大场活动的时间表。快手对平台造节相对克制，比较大型的购物节，例如，“616品质购物节”和“116品质购物节”，分别被安排在年中和年末。各个行业和垂类也会自己举办一些规模较小的购物节，例如每个月的宠粉节、珠宝争霸赛等。

就像奥运会期间，来自不同国家、地区的运动员要同台竞技，在平台打造的购物节里，来自不同地方的主播也要相互比拼。平台节日的好处是曝光多、流量大，商家可以获得更多的资源。但在大促期间竞争也比较激烈，能在众多商家中脱颖而出，需要有过硬的实力。

我们根据快手TOP100主播常做的活动，绘制了一张表格（见表6-1），为商家提供一些做大场活动策划的思路。同时也附上快手电商2022年的营销月历供商家参考（见表6-2）。

表 6-1　大场活动策划思路

策划方向	活动主题	举例
与主播本人/家庭相关的非周期性活动	生日、婚恋（结婚、订婚等）、开业、搬家、粉丝量里程碑、粉丝见面会	猫七七：一场迟到18年的婚礼 朵拉朵尚：智能工厂开业盛典
节日	元宵节、三八妇女节、端午节、七夕、中秋节、新年、国庆节等	
结合时事	新疆棉、鸿星尔克、助农、国潮、精准扶贫、乡村振兴等	人本旗舰店：国潮狂欢 辛巴：支持新疆棉
季节因素	早春系列、夏装新款、初秋上新、冬季穿搭等	超级丹：牛仔裤冬款首发
地区因素	在不同地区、不同城市带当地特色商品	
平台活动	紧跟平台营销活动，如宠粉节、皮草节、二手品类年货节、珍珠节等	“616品质购物节” “116品质购物节”

表 6-2　快手电商 2022 年营销月历

<table>
<tr><th>月份</th><th>电商大促</th><th>集团活动</th><th>品牌活动</th><th>行业活动</th></tr>
<tr><td>1月</td><td>双旦年货节</td><td rowspan="2">CNY（春节）</td><td rowspan="12">超级品牌日每月4场
品牌嗨购日每周1场</td><td>双旦礼遇季、农耕节</td></tr>
<tr><td>2月</td><td></td><td></td></tr>
<tr><td>3月</td><td>38大促</td><td></td><td>春装焕新季</td></tr>
<tr><td>4月</td><td></td><td></td><td>数码发新季</td></tr>
<tr><td>5月</td><td></td><td></td><td rowspan="2">人民国货美妆节</td></tr>
<tr><td>6月</td><td>“616品质购物节”</td><td></td></tr>
<tr><td>7月</td><td></td><td></td><td>七夕宠粉节</td></tr>
<tr><td>8月</td><td></td><td></td><td>美食吃货节</td></tr>
<tr><td>9月</td><td>中秋大促</td><td></td><td>3C开学季</td></tr>
<tr><td>10月</td><td rowspan="2">“116品质购物节”</td><td>国庆活动</td><td rowspan="2">服饰皮草节
快手保暖季</td></tr>
<tr><td>11月</td><td></td></tr>
<tr><td>12月</td><td>“双十二”
年终巨惠</td><td></td><td>食品年货节</td></tr>
</table>

注：电商大促是电商部门发起的活动，集团活动指快手整个公司发起的活动。

二、案例：现场观摩朵拉朵尚如何准备一次大场活动

要点

- 头部主播做一场5000万元的大场活动要做哪些准备？
- 有哪些手段可以激活老粉？
- 物流、仓储、客服、财务等后端部门如何配合大场活动？

2021年，朵拉朵尚是在快手上飞速成长的“黑马”。不仅创始人李海珍亲自下场做直播，一年365天几乎不断播，她的妹妹李海燕、表弟沐沐和参爷也都在这一年的时间里成长为拥有几百万甚至1000万粉丝的快手主播。

从2021年开始，李海珍的每一次主题活动都是她的一个爆发节点，她数次创下破亿元的纪录。

2021年快手“116品质购物节”期间，我们选取了朵拉朵尚作为样本，观察整个企业为10月27日“智能工厂开业盛典”所做的准备工作。这是“116品质购物节”期间11场超级品牌日活动的第一场，也是“开门红”。10月27日当天，李海珍的快手账号就多次冲上“爆卖主播”全国前3名、美妆个护榜第一名。

随着“116品质购物节”落下帷幕，李海珍最终获得“私域人气王”称号，在活动期间自播支付GMV 7568万元，活动新增粉丝72万。朵拉朵尚入局快手以来所做的大场活动如表6-3所示。

表 6-3　朵拉朵尚入局快手以来所做的大场活动

日期	活动名称	GMV（元）	主题策划选择
2020-7-18	50 万宠粉	485.9 万	1. 第一次应粉丝要求做自主名义活动 2. 快手定制版产品 80% 上线，包括定价、组套
2020-9-12	100 万宠粉	1096.9 万	1.100 万粉丝节点 2.2020 年秋冬新品发布 3. 快手产品 100% 转型完成，并且继续了解到粉丝更深层次的需求
2020-10-15	生日会	819 万	1. 李海珍的生日与直播活动的巧妙结合 2. 展现公司硬实力与员工温情
2021-1-13	500 万 /10 周年盛典	7000 万	1. 朵拉朵尚成立 10 周年年会 + 年货专场 2.500 万粉丝节点 3. 年终收官之战，开始尝试带全品类
2021-5-7	开播周年庆活动（1000 万粉丝）	1.36 亿	1. 开播一周年福利大放送 2.1000 万粉丝宠粉节点 3. 真正意义上测试粉丝召回率和黏性的内部大练兵
2021-9-5 2021-9-6	2000 万宠粉	1.6 亿	1. 朵拉朵尚 2021 年度新品首发暨 399 系列产品全球首发 2.2000 万粉丝重要节点
2021-10-5 2021-10-6	生日会	2674.7 万	1. 主播生日会，边收祝福边卖货，互动氛围比较轻松 2. 团队和家人一块送祝福，感谢粉丝云陪伴
2021-10-27 2021-10-28	工厂开业	4438.9 万	1. 展现公司实力，让粉丝云参观新工厂 2. 告诉粉丝源头生产的“秘密”和朵拉朵尚的竞争力

朵拉朵尚做一场主题活动，筹备期会比较长。例如，如果是目标5000万元GMV的活动，通常需要1个月，突破1亿元则至少需要2个月。这与生产周期、上新节奏、产品消耗周期等都有关系。

每次大场活动前，朵拉朵尚至少要召开3轮由公司各部门负责人共同参与的大会。第一轮，确定主题和目标；第二轮，提报各部门工作方案；第三轮，沟通进度。快手研究院在智能工厂开业活动前几天抵达广州，参与了他们2021年10月26日举行的进度沟通会，并在现场观摩了他们的直播。

如果把大场活动比作一场体育赛事，这就是冲刺前的最后24小时，也是赛前最后一次沟通会。我们着重记录了这场会议的内容，以及各个部门对工作进度的汇报，以此来展现一家专业化程度极高的电商企业、品牌商家，是如何对各部门进行分工，将直播切分成一个个模块，并按照流程推进的。

从2020年4月入局快手以来，朵拉朵尚已筹备多次大场活动。但这次活动特殊的地方在于，李海珍选择在广州的工厂做开业活动。主播和整个团队离开了熟悉的环境，会面临很多突发状况，例如，直播空间太过狭窄闷热，电话召回粉丝的效果不理想，网速不行等。

我们发现，拆解货盘、过品节奏、直播间人员和物料、短视频预热、粉丝运营等工作，甚至物流、仓储、客服、财务等，在一场直播中都要提前策划好，并准备好Plan B（备选计划）。流程化、模块化，可以有效地应对直播现场的诸多不确定性。

从朵拉朵尚的筹备工作以及危机应对中，你一定会有所收获。表6-4所示为朵拉朵尚最后一次沟通会的内容。

表 6-4　朵拉朵尚最后一次沟通会的内容

部门	任务	实际执行情况
总体情况	确定 GMV 目标 根据目标拆解货盘 根据预期 ROI 计算投流费用	
运营	直播间物料准备 现场人员安排 样品检查 产品链接、标题、详情页确认 过品节奏与顺序 营销策略 针对破价产品给出补偿机制	
替播、助播	新品学习 熟悉活动流程 拍摄预热短视频	
策划	预热短视频策划 直播流程策划 准备发言稿	
直播保障部门	现场无噪声 技术测试，确保网速不卡顿 电力保障 环境温度适宜 直播场地布置	
粉丝运营	电话、短信通知老粉 邀请、接待粉丝到现场 朋友圈发 15 ～ 20 条文案 媒介准备相关稿件	
仓储、物流	预打包 预计发货进度	
客服	人员安排 话术整理 修改客服名称	
财务	每小时审单 每半小时计算投产比	

1. 确定GMV目标、拆解货盘

2021年10月26日下午两点，离朵拉朵尚参加快手超级品牌日只有不到17小时，整个团队要召开临播前的最后一次集体会议。此时，大部分的准备工作已接近尾声。

本场活动的主题为“智能工厂开业”。在此之前，李海珍已经举办过生日会等主打亲情、温情的大场活动。这次，恰逢朵拉朵尚参股的芭薇生物科技股份有限公司新工厂开业，因此，她选择了能够展现品牌实力的开业活动。会议由李海珍主持，每个部门都要汇报各自手头上在做的事情以及进度。

朵拉朵尚的大本营在山东济南，这次工厂开业活动抽调了40多人组成“精锐部队”，从山东赶往位于广州白云区的工厂。出席最后一次沟通会的工作人员约12位，他们均是各个部门的负责人，所涉及的部门可以大致分为3类：一是策划短视频和直播流程的部门，二是第二天会出现在直播间里的现场团队，三是社群运营、市场推广、客服、仓储物流、财务、供应链、直播保障等后端部门。部门之间需要协调配合，有很多要共同完成的工作。

在会议开始前，每个人手里会拿到3张表，一张是活动流程表，一张是货品表，还有一张是周边产品表。前几次的工作进度会上，朵拉朵尚已经基本确立了本场活动的GMV目标。

朵拉朵尚在以往的大场活动时往往会制定亿元级的目标，此次工厂开业活动的目标并不算太大——5000万元。

原因与护肤品的消耗周期和新品准备相关。9月5日，李海珍刚举办了一场生日会，距离这次大场活动不到60天。而一般情况下，粉丝需要45～60天的时间才能消耗掉一套产品。因此，10月27日举办开业活动时，粉丝的购买意愿有可能不足。此外，朵拉朵尚会借着每次大场活动做新品首发，这涉及与供应链的配合。一般情况下，朵拉朵尚新品的全流程开发周期至少要60天。

一旦制定出大场活动的GMV目标，根据商家预期的ROI就可以计算出当天活动的投流费用，同时也方便拆解货盘。

在最后一次会议上，每个人手中都拿到了一张货盘表，其中有29款化妆品，20款周边产品+福利款。除了产品名称、产品条码、直播价之外，还有预估单量，加起来正好是预计GMV的产值。预计护肤产品占总GMV的90%，周边产品则占总GMV的10%。

2. 直播间人员、物料准备（见图6-2）

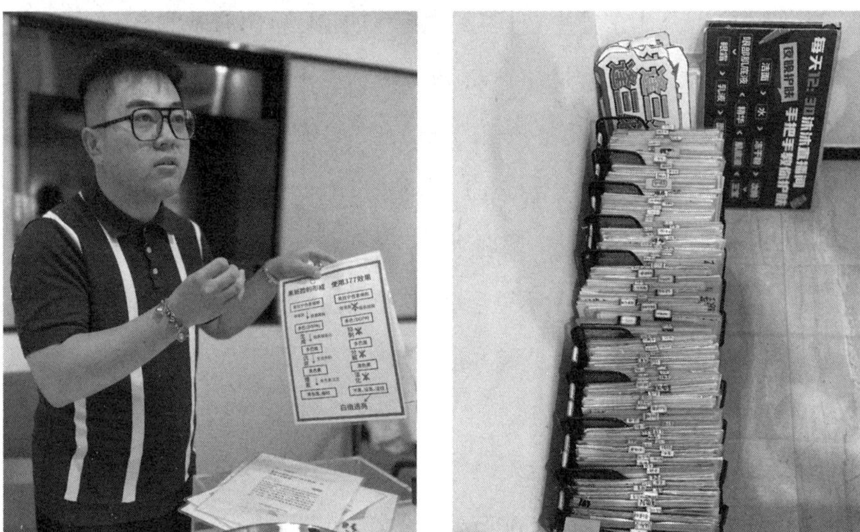

图6-2 直播间人员、物料准备

制定GMV目标，结合产品的库存深度拆解货盘，这是直播运营总控路芬当天汇报的第一件事。作为李海珍、李海燕、沐沐3个主播的直播间总控，路芬还要负责朵拉朵尚直播间里的一切。

这个“超级”运营，最基础的工作是要在直播前确认好产品的链接、标题和详情页。别小看这类工作，这次工厂开业活动，朵拉朵尚准备了很多套盒大礼包，但用礼包里的哪款产品作为标题和链接，也要动一番脑筋。

例如，其中一个大礼包里是“奶白套装＋熬夜套装”。经过商议，大家决定挂的链接是熬夜套装，再送奶白套装，相当于8件套198元。以前的熬夜套装里只有四五件产品，这次的链接标题改为熬夜套装8件套，限量8000套，会对粉丝产生更大的吸引力。

此外，还要确保直播间所有的物料准备到位，包括样品、道具等。例如，朵拉朵尚为每一款产品都准备了专利证书、企业荣誉、适用人群、竞品价格、如何被皮肤吸收等厚厚一沓资料卡，并且从济南带到了广州。在直播时，副播可以配合主播的讲解，将资料卡展示给粉丝。

由于是在广州直播，有很多的样品要提前寄到广州来，在直播前还要检查样品是否到位、有无破损。

路芬还要确定直播当天直播间里的人员安排。在大场活动中，建议选择经验丰富的替播、助播，一旦主播出现突发状况或情绪不稳定，可以由替播上场。这次，李海燕和沐沐都不在自己的直播间直播，而是助阵李海珍直播。

沐沐和李海燕是当天的替播。他们在直播前需要了解新品，并且要熟悉直播流程。他们与主播一样，也要保存体力，准备随时替李海珍上场直播。

3. 过品节奏与顺序

路芬还要和李海珍制定出产品组合的策略、价格和营销策略。

除了福利品之外，本次售卖的产品基本上都是包含了化妆水、乳液等多款护肤产品在内的套盒，俗称“大礼包”，包括新人大礼包、盲拍大礼包、开业大礼包等，还有4款新品，是朵拉朵尚之前没有在直播间上过的产品。

售卖的前3小时是黄金销售期，基本会完成预期GMV目标的70%～80%。下午场替播做直播时，由于流量没那么好，销售额有限。因此，大场活动一开场在进行简单的互动和介绍之后，就要利用福利品、营销工具把直播间在线人数拉高。

从过品顺序来看，本次大场活动将直播售卖拆分为每30～40分钟一轮，大概7轮过完所有的品。每轮过品的顺序都是先上3～4款福利品将人气拉高，再上3款大礼包或新品。中间还会利用幸运星等营销工具，提醒粉丝过20分钟会开奖，抽小汽车，以增加粉丝次均停留时长。过品节奏如表6-5所示。

表 6-5　过品节奏

轮数	商品性质	讲解时间（分钟）	商品	价格
第一轮	福利品	3	香氛洗衣液	9.9 元 / 桶
		3	润唇膏	1.1 元 / 支
		3	婴幼儿湿巾	5.18 元 /2 包
		3	马桶清洁泡腾片	9.9 元 /4 盒
	主力品	5	新人大礼包（沙漠玫瑰）	59 元
		8	小三宝大礼包	158 元
		16	399 冻干粉超级大礼包	298 元
第二轮	福利品	2	婴幼儿湿巾	5.18 元 /2 包
		2	马桶泡腾片	9.9 元 /4 盒
		2	香氛洗衣液	9.9 元 / 桶
		6	开业大礼包	99 元
	主力品	11	399 大礼包	298 元
	新品	7	银耳多糖原液	99 元
第三轮	……			

每款福利品的讲解时间不超过3分钟，基本是客单价在个位数的周边产品，例如洗衣液、湿纸巾、1元唇膏等。套盒的讲解有两种策略：一是强调件数多，二是强调破价。至于新品的讲解则要更加充分，基本会强调功效和性价比。

大场活动往往会有破价产品，但如果粉丝在此前已经买过这款产品，就会有“买贵了”“上当了”的感受。这次工厂开业活动，一大卖点就是破价。如何才能不伤害到粉丝呢？朵拉朵尚会要求：凡是今天销售的产品，如果牵扯到破价，售后部门的处理原则是无条件补差价或补发。

售后部门要把28天之内的订单拉出来，并提供两种补偿方案：一种是补差价，另一种是补产品。如果超出28天，会根据消费情况酌情处理。李海珍叮嘱客服要学会灵活处理。对于新来的员工，则要手把手教会他们如何接待粉丝。李海珍在会上强调，一定要注重粉丝的体验，不能伤老铁的心。

4. 短视频预热与敲定直播流程

根据朵拉朵尚目前的经验，直播预热期一定要短一些。因为预热期如果太长，粉丝有可能等不及或是忘记直播日期。强预热期一般3天，最长不超过5天。所谓强预热，是指要发短视频做推广，反反复复强调两天以后有活动。

朵拉朵尚的账号矩阵包括李海珍、李海燕、沐沐、李海珍生活号等，其预热短视频统计如表6-6所示。这几个账号会同步引流，形成更大的声量。因此，要确定每个账号分别发哪款产品的短视频，每条短视频的脚本都要提前写好。

策划人员原本打算每条短视频都进行推广。但李海珍提醒，策划人员要跟投放团队打配合，合理分配短视频的推广预算。“首先要明确哪款产品是咱们家的核心产品，比如三宝、399，不管卖得好不好，必须要拍短视频。其次是当天限量上的产品，也要拍短视频。还有与人设相关的短视频，比如粉丝团送给我们的礼物，以及开汽车、开奖品的短视频。”李海珍说。

表 6-6　朵拉朵尚账号矩阵预热短视频统计

主播	预热日期	相关短视频数量
李海珍	10 月 24 日	4 条
	10 月 25 日	4 条
	10 月 26 日	7 条
	10 月 27 日	10 条
小计	25 条	
沐沐	10 月 24 日	1 条
	10 月 25 日	2 条
	10 月 26 日	3 条
小计	6 条	
李海燕	10 月 24 日	1 条
	10 月 26 日	3 条
小计	4 条	
总计	35 条	

“要配合着产品做重点推广，而不是给你10万元钱每条短视频投一万元，这种平均推广的思路不对。我们重点推广的目的只有一个，要告诉粉丝我们卖的产品很爆，短视频很好，粉丝评论也很多。重点产品重点推广和平均推广的效果是不一样的。”

策划人员接下来就要去和运营、推广人员配合，了解不同产品的定位、推广计划，这样才能合理设定内容。

很多主播所理解的直播流程就是如何去卖货，但有话题度和内容性的大场活动往往不止卖货这一个环节。

朵拉朵尚这次工厂开业活动的直播流程，除了卖货环节，还有参观工厂、开业致辞、剪彩等环节（见图6-3）。例如，参观工厂的路线是否合理，走楼梯还是坐电梯？如果坐电梯没有信号该怎么办？参观工厂时谁来拿着手机直播？谁负责讲解各个车间？这些细枝末节都需要提前想好。

朵拉朵尚智能工厂开业盛典 流程详细						
时间		事项	详细	主要人员	文案支持	备注
10.27	7:00	开播	开业盛典·福利场 正式开始	李总、门总、小李总、沐沐、曦曦、小欣等		
	7：00-7：05	门总发言	门总阐述工厂开业概况	门总、李总、小李总、沐沐等	门总发言稿	
	7：05-7：10	李总发言	李总讲述研发实力升级	李总、门总、小李总、沐沐等	李总发言稿	
	7：10-13：00	直播带货	全场产品大放送	李总、小李总、沐沐、曦曦等		
	13：00-18：00	直播带货2	小李总的福利直播	小李总、沐沐、曦曦、小欣等		
	18：00-18：30	粉丝礼物上场		私域小伙伴、李总、门总等		
	18：30-00：00	直播带货3	李总的福利返场	李总、小李总、沐沐、曦曦等		
10.28	6：50-9：55	盛典福利继续	继续直播带货	李总、门总、小李总、沐沐等		
	9：55-10：00	现场转播静场	切换到盛典现场·典礼	李总、门总、冷总、刘工、小李总、沐沐、曦曦、小欣等		双机位间切换
	10：00-10：05	主持人介绍	主持人介绍嘉宾、讲述盛典活动以宣布盛典正式开始	李总、门总、冷总、刘工、小李总、沐沐、曦曦、小欣等	主持人确定及手稿	
	10：05-10：20	门总致辞	门总介绍工厂概况	门总	门总发言稿	
	10：20-10:40	李总致辞	李总十八年的梦想	李总	李总发言稿	
	10：40-10：55	陈总发言	芭薇与朵拉 助力颜值崛起	陈总等	陈总发言稿	
	10：55-11：10	刘工致辞	产品研发总工程师刘工讲研发	刘工	刘工发言稿	
	11:10-11:20	研发师上场	芭薇三位优秀研发师上场发言	各位研发师背书及专业知识	各位研发师	
	11：20-11：30	原料商发言	优秀原料商代表	奥雪	张总（张诗春）	
	11：30-11：50	粉丝发言	粉丝远来的祝福	黄玲	粉丝发言稿	
	11:50-12:00	剪彩仪式	智能工厂正式开业	刘工、门总、李总、小李总、原料商代表、粉丝等		红绸带
	12:00-12:30	参观工厂	·参观路线：1楼工厂背书→2楼乳化车间→三楼生产线→八楼检测研发 ·门总、刘工及讲解员现场讲解	门总、李总、刘工、小李总、沐沐、现场粉丝等		
	12：30-12：50	朵拉朵尚研究院第一期 正式启动	挂牌：芭薇专家办公室 流程：介绍研究院的几个重点实验室，带粉丝现场做实验，了解肌肤问题，给出解决方案	门总、李总、刘工、小李总、沐沐、现场粉丝等		
	12：50-13：00	直播结束语	实验室 李总、门总做最后的总结发言	门总、李总、刘工、小李总、沐沐、现场粉丝等		
	18：00-22：00	露天晚餐				

图 6-3　朵拉朵尚工厂开业活动直播流程

做活动并非演给粉丝看，要真的把它当成一场大型活动，像婚礼、开业剪彩一样，将方方面面准备到位。例如，朵拉朵尚10月27日、28日两天的活动中，每个时间段所对应的环节、主要参与人员，是否需要文案支持，机位切换，剪彩需要准备的物料等都要标记清楚。

5. 粉丝运营

由于快手主播与粉丝之间的黏性很大，老粉往往在一场活动中贡献了大部分的GMV，因此，直播前有一个很重要的动作，就是“粉丝召回”，也就是想办法通过各种手段通知粉丝10月27日有大活动。

除了快手站内的短视频预热、直播预约等方式，朵拉朵尚现在还尝试通过发短信或是打电话的方式通知粉丝。例如，在活动前一天晚上6～8点这个时间段，所有通知短信要发送完毕。一些优质粉丝在活动前也会接到李海珍的电话，通知她们活动时间。

当然，电话里播放的是李海珍提前录制好的一段音频，再由电信公司拨打电话。这次会议上，还出现了一点争议。电话原声是李海珍自己录的，但是有些接到电话的粉丝却反馈称听到的声音“有点假”“不清楚”。李海珍认为，能够主动反馈的都是铁粉。现在尽管只有10个人提出声音“很假”“听不清”，但这背后可能是5万人、10万人觉得效果不好。

粉丝运营的负责人则认为，经过技术处理之后，声音清晰度还可以，基本可以听清活动的相关信息，应该不会造成太大影响。但李海珍坚持认为有影响，“因为打电话就像家人聊天一样，要清晰地告诉粉丝我们要搞活动，让他们来捧场”。

李海珍对粉丝运营负责人提出的要求是，先与电信公司沟通，看能否重新录。李海珍还要求，明天她在直播时老粉在线人数多少，购买了多少，都要写在纸条上递给她。如果老粉进来得少，没有如预期锁定直播间，要想办法再次通过短信、电话触达。

朵拉朵尚曾做过社交电商，有私域运营的经验，也有社群。因此，利用社群唤醒粉丝也是一个规定动作。当天要发15～20条朋友圈，通过朋友圈的内容展示反复提醒粉丝进入快手直播间。

直播现场还设置了粉丝送礼物环节，邀请粉丝带着他们送给珍姐的礼物到直播现场来。李海珍还请自己的造型师为粉丝们打理发型、挑选服装。还有专人负责到火车站接送粉丝，并做好招待工作，包括晚饭、住宿等，再带领粉丝参观工厂、做皮肤测试。

6. 物流、仓储、客服、财务

大场活动往往对商家的后端履约能力提出了很高的要求。很多人上午刚在李海珍的直播间拍下产品，下午就收到了快手App和短信通知称已经发货。朵拉朵尚是怎么做到这种速度的呢?

朵拉朵尚是淘系商家出身，本身准备大促的经验就很丰富。大促的产品一般以套盒的形式售卖，因此在套盒组好之后，仓库就会开始预打包，这样可以保证及时发货。尽可能做到48小时内全部发货，必须要做到48小时内发货完成80%，72小时内全部完成。直播活动中，每小时审单一次，加紧物流揽收，实时更新库存。

急速发货与仓储能力也相关。朵拉朵尚目前在全国有两个仓库，分别是山东仓和广东仓。美妆护肤类产品主要从广东仓发往全国各地，广东仓是工厂与用户之间的中转站。这两个仓库平均每天能发7万～8万单。在不是大场活动时，这两个仓库基本能做到日清。

朵拉朵尚目前还在考虑在新疆自建仓库。在与快手研究院的聊天中，他们发现有很多新疆用户都知道朵拉朵尚这个品牌。回去把销售数据拉出来一看，他们来自新疆的用户在所有用户中竟排到全国第四。现在，他们已经在调研、考察是否能在新疆设仓。从用户需求考虑，建仓可以把新疆用户收到货的时间提前3～4天。而对朵拉朵尚来说，这样做也更加节省成本，不用一件一件地发，直接将产品整车整车运往新疆，这样可以覆盖新疆和西藏这两个偏远地区。

为了及时回答用户的问题，当天客服团队还派出45个客服人员24小时值班，并且将昵称统一改为“珍姐27号开业盛典”。客服部门也要和运营配合，提前设置好自动回复话术。

财务则要实时跟进直播间的订单情况，包括实际库存和发货。财务也参与到直播间来的原因有两个，即主播需要知道哪个品可能会卖超了，哪个品可能是卖少了，好适时调整。此外，财务可以计算出实时的公司投入产出比、利润等数据，并反馈给李海珍。如果ROI不错，李海珍可以适当追加投流费用。

7. 直播保障部门

直播保障部门负责的事情看似琐碎，但却非常重要。

在下午3点，直播保障部门需要与快手官方提前做技术测试，以保证27日大场活动当天网络的稳定性。同时要跟工厂的IT工程师、电工人员沟通，确保直播当天的电力保障。即使做了这样的准备工作，李海珍在27日当天仍然感觉到网速卡。

此外，由于是在工厂直播，直播间所在的办公楼可能有噪声，因此当天整栋楼不允许有任何噪声，禁止闲杂人等进入直播所在楼层。

如果是在不熟悉的环境中直播，建议提前彩排，避免现场调试、手忙脚乱。李海珍就提前做了直播彩排，她发现在办公楼里临时搭建的直播间太小，空间逼仄压抑。于是她要求工作人员连夜对直播间进行现场改造，拆掉了围挡，让直播间变得更加宽敞。

直播间内温度适宜也非常重要。由于直播间里环形灯、柔光灯温度非常高，主播可能会一直流汗，脾气暴躁。一个小插曲是，当天空调出了一些问题，最后在后半场不得不上了电风扇。

直播保障部的负责人还被戏称为朵拉朵尚的节奏大师、控评专家。他要和主播、运营人员一起把控住直播间里的节奏。例如，在活动当天李海珍会上一个大礼包，里面是9件面膜。但是基于此前的直播经验，李海珍已经预见到在直播间里一定会有粉丝喊“十全十美”“来十件”。如果粉丝在公屏上提出了这个要求，而主播在现场不能给予满足，会显得尴尬。因此，她提前想好了方案，把“十全十美”这样的关键词屏蔽掉。

三、案例：石家庄蕊姐如何准备一场破亿元的大场活动

要点

- 蕊姐对大场活动GMV破亿元的信心，源于她平时注重对货品质量的把控，以及与粉丝们建立的信任。
- 质量把控的3个关键：严格的备货过程，长期合作的供应商，自己全程参与。
- 蕊姐说，过去自己不太重视短视频，现在已经重视起来，有了自己的视频节奏。

快手主播石家庄蕊姐的本名叫陈蕊，原先是河北石家庄一家传统裤行的老板娘，经营服装20多年。2018年她在快手上第一次尝试直播带货，掀起了老板娘在自家档口直播的热潮。

现在她在快手上已经有1400多万粉丝。在2021年“116品质购物节”期间，她的单场销售额突破1.2亿元，在快手女装行业排名第一。按照单品销售额计算，这位“裤子大王”所销售的加绒牛仔裤、羊毛女裤以及保暖内衣套装包揽了女装行业爆品前3名。

2021年10月中旬，快手研究院在石家庄拜访了蕊姐和她的直播团队。当时她正在为2021年11月7日的大场活动选品。事实上，她从10月1日开始就在为大场活动做筹备工作（见图6-4）。因为赶上服装行业的旺季，主播们都在卖货，所以要找工厂提前备货，锁定库存。但她对自己大场活动GMV突破亿元很有信心。“我们对质量的把控，一点一点积累下来，才跟粉丝们建立了这样的信任。做大场活动时，他们也都会来支持我们。”她说。

蕊姐介绍，她曾经在石家庄、秦皇岛、保定，包括东北跟粉丝们见面，结果自己都被震撼到了。有些粉丝的衣柜里全是粉丝从她直播间买的衣服。还有一位粉丝，明明自己的孩子才19岁，还在读大学，也要从蕊姐直播

间买龙凤被、婚庆四件套，放在家里囤着，等过几年孩子结婚再用。

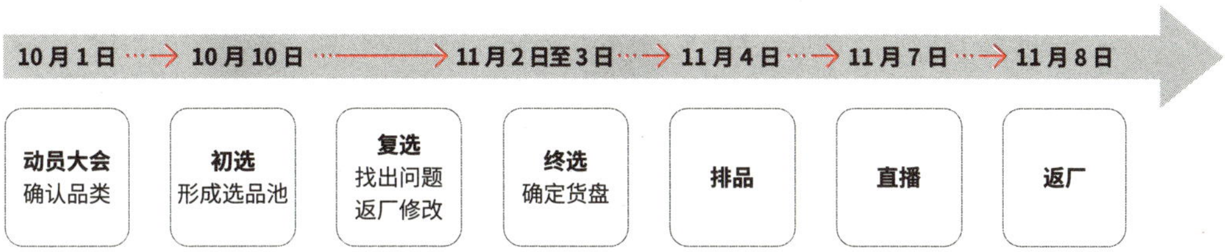

图 6-4　石家庄蕊姐提前一个多月为大场活动所做的准备

〇以下为石家庄蕊姐的讲述。

1. 大场活动前要留足备货时间

我们一年最大型的活动只做两次，分别选在了7月17日和11月7日，因为“717”是我们的幸运数字。另外还有些规模稍微小点的活动，例如“3·8女神节”“年货节”。此外还有每个月快手电商服饰行业举办的活动，我们也都会积极参加。

服装行业有个传统，叫“金九银十”（指每年的9月、10月是服装行业的销售旺季），相比之下，3月到5月这几个月比较“淡”，通常只有一些小活动。到了6月，服装行业回暖了，商家们都赶着去参加“616品质购物节”了，这个时候大家的业绩都会“往上蹿”，有一波小增长。

但我们会延后到7月17日做活动，之所以选这个日子，除了“717”是我们自己的幸运数字之外，也因为这样能蹭一波“616品质购物节”的热度。今年7月17日我们做了一场中型规模的活动，卖了8000多万元。那一场活动的准备工作相对简单，只用了半个月时间。这背后涉及供需关系，因为夏天的时候厂子里都有货，主播卖得又不多，所以库存相对来说比较充足。

不像“116品质购物节”的时候，赶上了服装行业的最旺季，各个主播都在卖，库存会比较紧张，所以我们准备的时间长一点，从10月初就开始了。到11月7日那一天，算下来得准备一个多月的时间。

其实提前一个月备货，我们心里也还没底。因为像我们这个级别的主播搞大场活动，肯定得拿出一些跟平时不一样的（货品、福利）机制。举个例子，如果我做大场活动时卖一些平时就在卖的羽绒服，那假设我平常卖200元，活动时可能得卖180元，这才能吸引人。多次价格谈判就需要时间。再比如，如果我需要新款，那么工厂需要把衣服的样板邮寄给我，我们要看看哪里需要改进。确认板型之后还要下订单，工厂还得备货，这都要提前留出时间。

去年我们就选择11月7日做活动，单场销售额首次突破了1亿元。这次活动，我们还是选择了11月7日。除了想延续这种好运之外，我们也觉得，如果赶在11月6日这天开播，竞争会比较激烈，所以不如往后“错”一天。

2. 先确定货品品类再招商

今年因为工厂限电，我们备货的时间相比去年还要提前，从10月1日就开始筹备了。我们每次搞活动都是先有货品才有活动，而不是先定活动主题再选货品。

我们先划分好了品类——化妆品、百货、电器、食品、女装、男装还有床上用品，几乎是把人们“衣食住行”的生活需求全包了。每个品类我们通常都要找70～80个高性价比的货品。即使是床上用品，给人的感觉好像没有那么多种类，我们也是按照这个标准去选的。

当然，具体的数字也会根据品类的不同有所调整。 比如说，我们家主打服饰，我们的主播几乎算是半个服饰垂类主播，那我们服饰类的选品池一定是最大最丰富的。

我们在划分品类时基本上综合考虑了主播人设和粉丝需求两个方面。我自己经营服装20多年，也有线下的档口。我的人设标签里就有一条——裤子大王，还有个标签是精致女人。这些都可以和我挑选的品类对上。

每逢“116品质购物节”这样的大型活动之前，我们都会开一个动员会，招商团队、直播团队全部都要到场。开这个会主要是为了分配任务。我们的招商团队都是分品类管理的。在我们确定了这次活动要上的品类之后，就会把相应的任务分配给招商团队。

招商团队在这个环节起到的是一个核查的作用，比如说，某个招商人员找了一个内衣厂，他可能不确定这个厂生产的某款内衣会不会成为直播间爆款，但是他至少知道这个厂靠不靠谱，产能够不够。这些基础的指标合格之后，招商团队才会让这个品进入我们的选品池。

我觉得临时为了“116品质购物节”开招商会是一个反常的举动。因为这个时候主播都在备货，不可能刚认识一个商家就立马跟他达成合作。一定要经过几轮沟通、试品，我做活动的时候才敢真正把宝往商家身上押。

而且我还要看一下用户对产品的反馈，看一下商家的发货速度、售后处理、店铺评分，这肯定需要一个磨合期。临时开招商会，我觉得意义不大。而我合作的那些商家，都是平时积累下来的，他们能保证自己的产能、质量、价格各方面都没有问题，我才敢在大场活动时让其备货。

对我们来说，为大场活动备货时，款式是第一位的，另外库存也很重要。一般来说，我们会让合作的商家寄一些样品过来，从中挑选真正性价比高且有库存的产品，一般真正能达到这两个要求的产品比较少。

3. 3轮筛选后向工厂下订单

我们的选品还是很严格的，基本上5个品里我们只会留下1个品。从最初那个最大的选品池，一直到我们向工厂下订单，至少要经过3轮筛选，每一轮背后都是不同的团队。

刚才我们说的招商团队去选品，形成一个大的选品池，就是初选环节。

比较特别的一点是，我们的招商团队里还有七八个编外人员，他们都是跟我们合作了很久的独家供应商。我们让他们找啥，他们就会按照自己的眼光，集中精力去找，找到货之后自己先垫资进货，再按进货成本给我们。我们根据利润和销售情况再给他们返点。

这些人是给我们独家供货的，中间没有二次转手或中间商。这就避免了供货商今天给我们家供货，明天又给别人家供货，要是这样节奏就乱了，而且他们的精力也被分散了。我们和他们是产线合作的，而且是一对一的关系。

为什么说他们是编外的呢？因为他们个个都是行业资深人士，有些人自己就是老板，做生意很多年了。让他们天天来公司上班打卡不太现实，因为他们自己也需要挣钱。但我们在公司给他们安排了选品的工作室，他们可以随时来。

大的选品池出来之后，我会自己过一遍。如果他们选的品不好，我就直接否决掉，因为我最懂货。

有的主播可能是在最后一关时才去了解货品，有的甚至上来就直接卖货。但我不一样，我做不到完全甩手。我起到了一个承上启下的作用，我既了解我的粉丝想要什么，又知道什么是好东西。所以我必须参与，这样我播起来也更有自信。

复选阶段，因为我参与其中，所以对细节特别重视。

比如，“616品质购物节”的时候我们要卖一款秋裤。我和我的团队一起试穿了四五条裤子，面料舒不舒服、掉不掉色、缩不缩水，这些细节我们都要挨个和商家去核对，甚至我们还会拿热水烫一烫，看看会不会变形。因为每个人的身材都不一样，我们得找到一条让绝大多数人穿起来都感觉特别舒服的牛仔裤。为什么咱们家裤子或者衣服卖得特别好呢？就是因为我们每一条都亲自试，一条一条试，找到毛病就让商家返厂去改。

最终的样品确定之后，我还要从头再过一遍，最终敲定在大场活动期间我要播的货品。而且如果我对一些细节还不满意，还是会让厂家去改。

这就是为什么我们的备货时间那么长，因为我们备货的流程特别复杂。我看上了一款衣服，但是觉得某一个细节我不喜欢，就得让厂家先改板型再送过来，这样一来一回特别费时间。都确定好之后，我们再去订货、备货，时间就耗在这儿了。

4. 注重福利品，用“逛超市”思维排品

所有货品差不多筛选完，基本上已经是开播前两三天了。我们一边筛选货品，一边也会盘这些货品的整体销售额，我们心里得做到有数。大场活动对我们来说就是要冲GMV。

我们没有把货品结构划分得那么详细，但是福利款必须专门拉出来准备。我们的福利款是真正亏钱的，比如说，一双拖鞋10元钱，加上运费，成本大概13元，1万双就是13万元的成本。但我要做“一元秒杀”，就会亏12万元。再比如，成本价10元一单的大米，我卖3.33元，2万单大米我就要亏10多万元。所以我要提前想好，这场活动我打算亏多少钱做福利。然后我们在真正排品时再把这些福利品按顺序加进去。

商品在直播间的卖价基本上就决定了它是福利品还是爆品。我在直播间卖的9.9元3支的润唇膏、1元4条的方巾肯定都是福利品。至于卖得比较好的羽绒服，平时价280元，“117”时直播间卖260元，很明显这个商品就能爆。

所有的商品确定之后，我们才能制定排品顺序。几轮筛选下来之后，我们优中选优，最多保留200个品，真正上活动也就在120～150个品范围内。

像平时的活动，我基本上是不会特意准备排品的，就根据自己的经验和想法，上场前简单排一下，上场后就临时发挥了。但是大场活动还是得认真排品，要不然会心慌。因为我们把所有的尖货都集中在那一天，一定要注重搭配。

排品肯定是有规律的，打个有意思的比方，就是安排老铁逛超市。想要让老铁们走进超市，那个超市一定不能太“寒碜”。我老家在宁晋县，我之前回乡和当地政府合作直播带货，效果特别好，两小时卖了500多万元，所有的货都卖完了。那场直播我觉得宁晋县电视台的布景特别好，就按照电视台的风格打造了一个直播间，包括直播间的顶灯都要有电视台的感觉，让直播间看上去高大上（见图6-5）。

图 6-5　蕊姐仿照电视台布景打造的直播间

我一般开场时就会用“一元秒杀”上一些福利品，让老铁们走进直播间后能多停留一些时间。然后再关注一下实时的人气，当在线观看人数达到一个峰值时，我就开始推销爆款。当你感觉到一段时间后直播间的人气冷下来了，那就是老铁们逛累了。这个时候我就会再送一些福利品。直播的时候，你一定要时时关注互动区，得满足互动区老铁们的需求。

从整体上来说，哪些会是爆品，哪些会是老铁们的刚需品，哪些会是性价比最高的商品，由于是我们自己定的品，我们自己心里都有数。我们肯定会把这些不同性质的商品岔开。先按照品类罗列一个顺序，比如说服装、化妆品、家纺、电器、化妆品。然后再按照品的不同性价比进行排列，200个品里总有一个性价比较高的，也会有一些性价比较低的；一般来说，性价比越高的商品越容易爆，我会把它们往前排。

根据我们自己总结的规律，"一托七"的效果是最好的。所谓"一托七"，就是我们按照每半小时为一波节奏，这半小时里要上8个品，其中先上一个福利品，上来先把人气给聚拢一下，然后再推出其他商品，这样可以更快地完成本场的预计GMV。

比如，我在做"117"大场活动的规划时，计划直播12小时，那我就要把这12小时拆分成24个半小时，每个半小时都有自己的功能和作用。

5. 重视短视频，预热不能太久

我们之前不太重视短视频，也就是我自己穿着衣服走两圈，随便拍一拍，内容是真的很差，播放量、点赞量都不是很多。大概是在去年"717"做活动时，快手官方的运营人员给我们提了一些指导性意见，告诉我们要生产优质内容，我们才慢慢重视起来，开始有了自己的短视频节奏。

短视频革新其实是一个漫长的过程，不是一蹴而就的。我们内容团队也就六七个人，得慢慢来。我们会根据粉丝的反馈不断地调整和改进，这也就是我们通常说的"粉丝试水"。因为咱们快手的粉丝和其他平台，比如抖音、B站是不一样的，不能一概而论。

在快手平台上，我的账号经常会更新一些创新的内容，或者自己做的小板块，看看粉丝和后台数据的反馈。粉丝反馈好，后台给短视频标"优"，团队就有信心继续将这类内容做下去。比如，我们短视频团队的负责人比较喜欢电影，最近做了一些致敬经典电影的系列，反馈很不错。这个事儿就像做饭似的，咸点儿、甜点儿还是要慢慢调。

其实我们短视频最大的一个转变就是开始进行有层次的输出。团队将短视频内容分成3个层次。第一层是围绕“精致女人”和“裤子大王”的人设展开的，拍摄一些形象类的短视频。比如，之前拍摄的“雨天蕊姐的故事”，讲述的是我在雨天穿着一件美美的大衣邂逅美好的故事。这个短视频推出来之后，很多粉丝在我的评论区评论“你家的摄影师和后期真心不错”“这摄影技术真好”“妥妥的女神范儿”。

其实这类短视频的重点就是镜头的美感，通过特写镜头展现出我的优雅大方，从而巩固我的人设。当然偶尔也会夹带“私货”，我们会穿上自己家主推的大衣，在短视频中添加相关话题（#），这样也能起到推荐爆品的作用。

当然，我们也有专门推荐商品的短视频，基本上都是我穿上身，然后对着镜头讲述服装的特点，偶尔也会有场外演员配合我应和几声，重点是把商品的特点介绍给大家，同时呈现衣服的合身、好看，从而起到推销的作用。

第三层，就是消息通知短视频。比如，有重大活动时我们会发一些活动预告。这次“117”，我们把一些重要的品拿出来拍了短视频。这些短视频也能起到测款的作用，通过粉丝的反馈来看看这个品到底好不好卖。

当然，这些短视频我们不会很早发布，一般提前三四天发，相当于通知大家过两天有这场大活动。不能提前太久，否则大家会等得特别累。

小贴士：“116品质购物节”之后可以再来一次返场

很多商家可能会觉得，像“116品质购物节”这样的大型购物节之后，返场的效果可能不是很好。但其实从我们家的经验来看，这样的大场活动通常都有大流量，第二天或者第三天再开播，效果还是会比较好，因为有余热在。

举个例子，我们今年“717”活动卖了8000万元，7月18日休息一天，7月19日再播的时候卖个800万～1200万元很轻松。返场效果还是很不错的，因为好多人可能没有赶上“717”活动，但是被我们的战报吸引了，就会再来买。所以发战报宣传一下，也是很有必要的。

再加上我是日播，大场活动其实也不会让我们过度消耗流量，以至于后劲不足。通常情况下，我们调整一两天，节奏基本就恢复了。

第二节 直播电商行业的税收问题

要点

- 电商主播纳税常见问题解答。
- 案例：雪梨、林珊珊偷逃税案件。
- 案例：薇娅偷逃税案件。
- 给主播的税务相关建议。

一、电商主播纳税常见问题解答

Q：我必须要纳税吗？

A：依法纳税是我国宪法规定的每个公民的基本义务。国家税收取之于民、用之于民，国家各项职能的实现，必须以社会各界缴纳的各种税收作为物质基础。因此，每个公民在享受国家提供的各种服务的同时，必须承担义务，自觉诚信纳税。

Q：怎么理解避税、逃税？

A：逃税是指纳税人通过采取虚报、谎报、隐瞒、伪造等各种非法欺诈手段，达到不缴纳或少缴纳税款目的的违法行为。逃税是明显的违法行为，因而不受法律法规保护。

避税是指纳税人通过精心安排，利用税法的缺陷、漏洞，利用会计法规与税法的区别，来达到规避或者减轻其税负的行为。我们认为它是错用或者滥用税法的行为，是有悖于税法立法精神的。对于较为突出的避税行为，政府通过制定法规或特别条款来加以反对。

本节作者为快手研究院研究助理皮雨辰。

身为我国公民，必须积极承担起依法纳税的义务，切不可心存侥幸避税和逃税。

Q：我的收入已经在平台进行扣点了，也依旧需要纳税吗？

A：平台扣点与纳税并不是相同的概念。平台收取的扣点为平台收入，对此平台也需要依法缴纳企业所得税。主播收入为个人收入，需要自行到税务局申报纳税。

Q：平台不能帮我交税吗？

A：某些类型的收入平台会依法履行代扣代缴的义务，但是对于主播各类的经营所得和劳务报酬所得等，平台并无义务全部代缴个税，需要主播个人自行申报纳税。

Q：怎么在快手上查询自己的卖货收入？

A：大家可以通过快手小店PC端，选择“账户资金”部分的“货款账单”查询自己在快手平台的卖货收入。

Q：税务局没有联系我查税该怎么办？

A：应当积极进行个人税务自查。可以下载“个人所得税”App，通过收入纳税明细查询自己是否需要交税，并按照提示进行合法纳税。

Q：我不懂税法知识怎么办？需要专门学习吗？

A：税法知识需要专业和系统的学习，对于普通人而言确实有难度。因此提醒各位主播，最简单和有效的方式，就是认真听从税务局人员的安排和指示，积极做好配合工作。

Q：我看到新闻披露的都是大主播，我收入较少是不是可以不交税呢？

A：依法纳税是每个公民应尽的基本义务，与收入多少无关。多位知名主播逃税案件带来的警示需要大家铭记在心，“不问名气大小，不管流量多少，是否遵纪守法是唯一的判断标准”。

二、税收严征管是大势所趋

在电商直播行业最初兴起之时，各级政府及相关部门大力鼓励其发展壮大，总体而言对于该行业的监管较为宽松。因此，行业野蛮生长的同时也出现了许多乱象。

然而，随着电商直播带货逐渐成长为一个可以创造巨额利润的领域，市场规模持续扩大，从业人员与日俱增，收入不断攀高。而该群体的高收入与其低税收形成了鲜明对比，于是，税务机关开始关注这一群体的纳税情况，加强税收征管已是势在必行，因而发布了一系列文件（见表6-7）。

表 6-7　加强税收征管的主要文件

时间	发文部门	文件名	重点梳理
2021-3-24	中共中央办公厅、国务院办公厅	《关于进一步深化税收征管改革的意见》	提出精准实施税务监管的指导思想： 加强重点领域风险防控和监管；对逃避税问题多发的行业、地区和人群，根据税收风险适当提高“双随机、一公开”抽查比例；对隐瞒收入、虚列成本、转移利润以及利用“税收洼地”“阴阳合同”和关联交易等逃避税行为，加强预防性制度建设，加大依法防控和监督检查力度
2021-5-25	国家互联网信息办公室、国家税务总局等七部门联合	《网络直播营销管理办法（试行）》	区分直播营销平台、直播间运营者、直播营销人员、直播营销人员服务机构，明确各方责任。 规定直播营销平台在税收问题上的义务： 1.平台应当提示直播间运营者依法办理相关税务登记，如实申报收入，依法履行纳税义务，并依法享受税收优惠； 2.直播营销平台及直播营销人员服务机构应当依法履行代扣代缴义务
2021-9-18	国家税务总局	《加强文娱领域从业人员税收管理》	1.进一步加强文娱领域从业人员税收管理，对文娱领域人员（明星艺人、网络主播）成立的个人工作室和企业，要依法依规建账建制，并采用查账征收方式申报纳税； 2.近期要结合2020年度个税汇算清缴办理情况，对存在涉税风险的相关人员进行一对一风险提示和督促整改，对2021年底前能够主动报告并及时纠正涉税问题的，可以依法从轻、减轻或者免予处罚； 3.要定期开展对明星艺人、网络主播的“双随机、一公开”税收检查，以事实为依据、以法律为准绳，依法依规加大对文娱领域偷逃税典型案件的查处、震慑和曝光力度； 4.加强主播经纪公司和经纪人及相关制作方的税收管理，督促其依法履行个税代扣代缴义务； 5.依法开展对网络主播是否应享受税收优惠情况的核查，严格禁止扩大税收优惠政策执行范围，也要确保相关企业和个人依法依规应享尽享税收优惠

三、案例：雪梨、林珊珊偷逃税案件

2021年11月22日，国家税务总局浙江省税务局就雪梨、林珊珊两名网络主播涉嫌偷逃税款的事件正式进行披露。

检查发现，雪梨在2019年至2020年期间，通过设立北海宸汐营销策划中心、北海瑞宸营销策划中心、上海豆梓麻营销策划中心、上海皇桑营销策划中心、宜春市宜阳新区豆梓麻营销服务中心、宜春市宜阳新区黄桑营销服务中心等个人独资企业虚构业务，把从有关企业取得的个人工资薪金和劳务报酬所得8445.61万元，转换为个人独资企业的经营所得，偷逃个人所得税3036.95万元。

林珊珊在2019年至2020年期间，通过设立北海灵珊营销策划中心、北海珊妮营销策划中心、宜春市宜阳新区玉珊企业管理中心、宜春市宜阳新区蓝珊营销服务中心等个人独资企业虚构业务，把从有关企业取得的个人工资薪金和劳务报酬所得4199.5万元，转换为个人独资企业的经营所得，偷逃个人所得税1311.94万元。

杭州市税务局稽查局依据《中华人民共和国税收征收管理法》第六条、《中华人民共和国个人所得税法》第二条、《中华人民共和国行政处罚法》第三十二条等相关法律法规，对雪梨追缴税款、加收滞纳金并拟处1倍罚款共计6555.31万元，对林珊珊追缴税款、加收滞纳金并拟处1倍罚款共计2767.25万元。

11月22日，雪梨及林珊珊微博被禁言，12月9日微博正式被封禁。

雪梨及林珊珊偷逃税案件，给全行业的所有电商主播等相关人员敲响了警钟：切忌触碰税收法律底线，因为其代价除了高额的罚款，还有难以抵挡的舆论风波、主播形象的崩盘，以及最终直播事业一夜之间的消散。

四、案例：薇娅偷逃税案件

在雪梨事件平息后不久，2021年12月20日，“薇娅偷逃税被追缴并处罚款13.41亿元”登上微博热搜榜首。

根据税务部门披露的公开信息，虽然雪梨偷逃税款的案例披露在前，但其实税务专办组早已入驻薇娅等人所在的公司，展开税务检查工作，只是具体处罚并未在同一天进行公布。

杭州市税务局稽查局指出，2019年至2020年期间，薇娅通过隐匿其从直播平台取得的佣金收入虚假申报偷逃税款；通过设立上海蔚贺企业管理咨询中心、上海独苏企业管理咨询合伙企业等多家个人独资企业、合伙企业虚构业务，将其个人从事直播带货取得的佣金、坑位费等劳务报酬所得转换为企业经营所得进行虚假申报偷逃税款；从事其他生产经营活动取得收入，未依法申报纳税。

最终杭州市税务局依据《中华人民共和国个人所得税法》《中华人民共和国税收征收管理法》等规定，确认薇娅偷逃税款6.43亿元，其他少缴税款0.6亿元。

由于雪梨案例在前，薇娅的整个处理流程走得极为迅速：12月20日浙江省税务局针对薇娅偷逃税案进行披露，当日晚间薇娅微博、快手、淘宝直播等平台均已查无此账号。

由此，薇娅偷逃税案以13.41亿元的天价罚款，成为直播带货界偷逃税案件中金额最大的一起，可以说是再度给网络直播行业从业人员的税收合规问题敲响了警钟。

五、给主播的税务相关建议

1. 增强纳税意识，自觉履行义务

相关政策文件的出台以及雪梨、薇娅等头部主播偷逃税案件的披露，都明确表现出税务部门将会持续加强对网络直播带货行业的税收监管工作。一直以来，直播带货领域从业人员收入高且复杂，收入性质混乱并难以界定，导致税收征管面临巨大阻碍。但阻碍并不意味着“盲区”，推进网络直播带货行业的规范与发展并重必然成为下一阶段监管部门的工作重点。

因此，网络直播带货行业的从业人员必须增强自身的纳税意识，并且依法依规自觉履行公民的纳税义务，坚守住法律底线，作为社会公众人物起到良好的示范作用。

对此，盈科全国财税法律事务部主任、律师王桦宇给出建议：主播需更准确地理解有关税收的法律法规和政策，确保经营行为的合法性、关联交易的合理性和税务申报的真实性，积极聘请专业人士进行税务合规的专门辅导，并在日常税务申报过程中积极与主管税务机关进行有效沟通，更好地做好财务规范、税务合规和专项自查工作，积极配合税务机关的相关征管和稽查工作，更好地发挥带头示范和释放社会正能量的作用。

2. 学习税务知识，明确纳税形式

一般来说，我们可以将主播的收入性质归纳为以下3种类型：

（1）与机构或平台直接签订劳动合同，收入来源为公司月结工资及提成；

（2）以个人工作室、企业名义与平台商家合作，收入来源为企业的经营所得；

（3）以个人名义直接与平台商家合作，收入来源为劳务报酬。

我国的税法规定，不同的收入性质对应不同的纳税形式、缴纳不同的税种、适用不同的税率（见表6-8）。因此对于电商主播而言，正确纳税的第一步就是明晰个人的收入构成以及和平台商家的业务关系，从而依法履行纳税义务，并依法享受税收优惠。

表 6-8　不同收入性质对应的纳税形式、缴纳的税种

<table>
<tr><th>合作关系</th><th>税种</th><th>收入性质</th><th>纳税形式</th><th>税率</th></tr>
<tr><td>主播与机构或平台之间是签订劳务合同的雇佣关系</td><td>个人所得税</td><td>工资薪金</td><td>按照工资薪金所得缴纳个人所得税，主播所在公司为主播预扣预缴个人所得税</td><td>3%~45%的7级超额累进税率</td></tr>
<tr><td rowspan="3">主播以个人名义与平台合作进行直播带货</td><td rowspan="3">个人所得税</td><td>坑位费</td><td rowspan="2">按照劳务报酬所得缴纳个人所得税，支付款项的公司需要进行代扣代缴的申报工作</td><td rowspan="2">3%~45%的7级超额累进税率</td></tr>
<tr><td>佣金</td></tr>
<tr><td>打赏收入</td><td>若打赏收入先进入平台或销售企业账户，再由公司结算给主播，则算作主播劳务报酬所得；若打赏收入直接进入主播的个人账户，则作为偶然所得计算和缴纳个人所得税（理论上讲，一般不会进入个人账户）</td><td>劳务报酬适用3%~45%的7级超额累进税率，偶然所得适用20%的比例税率</td></tr>
<tr><td>主播以个人工作室等独资企业名义与平台合作收取费用</td><td>个人所得税</td><td>经营所得</td><td>按照经营所得缴纳个人所得税</td><td>5%~35%的5级超额累进税率</td></tr>
<tr><td>主播以有限责任公司等企业名义与平台合作收取费用</td><td>企业所得税</td><td>经营所得</td><td>按照应纳税所得额缴纳企业所得税</td><td>一般企业所得税税率为25%；符合条件的小型微利企业，减按20%的税率征收企业所得税</td></tr>
<tr><td rowspan="3">主播以个人工作室、公司名义与平台商家合作进行直播带货</td><td rowspan="3">企业所得税</td><td>坑位费</td><td>坑位费是产品上架费用，属于品牌推广服务，适用于增值税条目中的“销售服务”</td><td rowspan="2">如果属于小规模纳税人，则不需要区分收入性质，按照3%征收率纳税；如果属于一般纳税人，则适用6%的增值税税率</td></tr>
<tr><td>佣金</td><td>佣金也称为销售提成，适用于增值税条目中的“经纪代理服务”</td></tr>
<tr><td>打赏收入</td><td>目前对于打赏收入是否缴纳增值税尚无定论</td><td>超过500元按次征收缴纳增值税，超过15万元按月征收缴纳增值税</td></tr>
</table>

注：各税种的税法条款及税率具有时效性，需结合最新的相关法律法规确定应纳税款。

3. 做好收入核查，完善成本核算

税款征收方式主要分为查账征收和核定征收两种。对于财务会计制度比较健全、能够自主核算应纳税款的纳税人，一般适用查账征收的征税方式；而对于规模较小、会计账簿不健全、成本收入不能准确核算的纳税人，一般采用核定征收的方式。

通常而言，成立个人工作室等独资企业的主播，由于缺少完善健全的财务会计制度，往往适用核定征收的征税方式，税务机关根据纳税人的具体情况按照较低的应税利润率乘以适用税率计算税额。

由于核定征收方式的滥用成为直播行业偷逃税的关键所在，国家税务总局下发通知明确规定，对明星艺人、网络主播成立的个人工作室和企业，要辅导其依法依规建账建制，并采用查账征收方式申报纳税。

针对电商主播的税收强征管已是大势所趋。因此结合国家税务总局等相关税务部门接下来的工作安排，电商主播应当做好随时配合税务机关查账征收以及随机抽查的准备。在日常工作安排中，电商行业相关人员有必要深入了解相关税收政策，自觉做好收入与成本的登记、核算，主动获取并妥善保存相关原始凭证、记账凭证，避免之后在税务检查等工作中面临不必要的麻烦。

第二部分

品牌如何做好直播

宝洁公司在讲品牌这门生意时，曾提到 3 个真理时刻。

第 0 真理时刻，是消费者最初接触到品牌和产品的时刻，比如在网站或是电视上看到广告。第 1 真理时刻，是消费者来到商店，并且看到货架上的产品，最终做出购买选择的时刻。第 2 真理时刻，就是消费者把产品买回家，并且开始真正使用的时刻。

延伸一下，第 0 真理时刻代表了品牌的营销力，旨在与消费者沟通，让消费者了解和认知品牌。第 1 真理时刻代表了渠道力，让消费者在购买决策时最终选择我。品牌为什么要在超市做货架堆头、促销、价格优惠，本质上就是为了做消费者触达。第 2 真理时刻代表产品力（又称商品力），它体现在消费者用了产品以后，愿不愿意将其推荐给亲朋好友，愿不愿意再来买。

品牌的营销力、渠道力、产品力是三位一体的，它们共同赋予了品牌价值。但关于打造一个经久不衰的品牌，到底是“渠道为王”“产品为王”还是“营销为王”，至今仍争论不断。

宝洁真理时刻模型

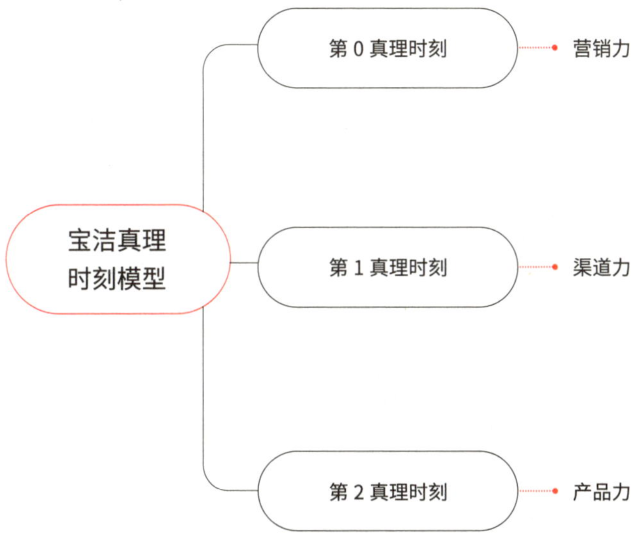

快手是品牌的经营阵地，而不仅仅是一个销售渠道。因为品牌在这里除了可以直播带货，还可以参加各种各样的营销活动，通过短视频和直播讲好品牌故事，实现产品“种草”，迅速占领消费者心智。品牌方还可以通过与消费者的直接沟通、快速反馈机制，提升品牌的产品竞争力。

品牌在快手该怎么做，我们分 3 章讲述。说来也简单，无非要在快手提升品牌的营销力、渠道力和产品力。这 3 章中既有一些成功的案例，也有一些对误区和迷思的讨论，供读者参考。

在每一章的最后，我们都会附上两三个完整的调研案例，对这些案例感兴趣的读者可自行查阅。

07

第七章 广告与营销策略

本章知识点

1. 掌握快手为品牌方提供的商业化产品矩阵。
2. 了解品牌方在快手有哪些内容营销机会点。
3. 了解品牌方的营销新赛道——小剧场。
4. 看看 OPPO 的内容营销新玩法。

本章出现的案例

第一节 概述

到2021年第三季度，快手平台有3.2亿日活跃用户。品牌方进入快手，让用户对自己的品牌和产品形成认知，可以有以下3个步骤 。

第一步，要去触达用户，让用户知道有这样一个品牌的存在。我们通常会选用大曝光量的广告形式，例如开屏广告、信息流广告，让老铁们知道有这么一个品牌，实现扩圈的目的。

第二步，要去连接用户。品牌可以利用各种各样的商业化产品，激发用户的参与和体验，如短剧植入、品牌挑战赛，直播PK等。

第三步，如果品牌还有长效经营的打算，可以在快手上开店，让用户可以随时逛店、随心下单。

从本质上来说，快手社区是一个能够实现从“种草”“养草”到购买的一站式经济体，而且实现了所有数据的闭环。对品牌方来说，它可以全链路可见地运营这些用户资产。

过去，线上营销面临的最大问题是用户的无序流动和数据的割裂。品牌方只能在不同的媒体上投放广告，搞不清楚对一个真实用户用了什么样的内容做了触达，触达频次如何。

但快手这个社区有5.7亿月活跃用户（根据快手2021年第三季度财报），还有海量的内容和产品。用户在消费内容和购买产品过程中，会有越来越精准的标签，品牌方可以借助KOL（关键意见领袖）、KOC（关键意见消费者）和内容推荐，让用户“种草”，再通过快手小店实现购买。

我们以美妆品牌PMPM为例，这是一个成长速度很快的新消费品牌。

本节作者为快手研究院研究员杨睿。

PMPM的一个特色是，把在国外发现的好原料融入产品叙事中，比如马达加斯加的猴面包树、保加利亚玫瑰等。

PMPM从2021年4月起在快手开播，每天都播，开播时间在18小时以上，配备5个主播，轮流直播带货。至2021年11月PMPM在快手自播的日均GMV达30万元以上。

该品牌的CEO说，PMPM不把快手当单纯的渠道，而是把快手当作经营阵地。因为在PMPM的短视频里，有很多人互动和点赞，他们留言说："我看了PMPM的故事，看了你们的内容，才办了我人生中的第一张护照。" PMPM的CEO说自己很感动，因为发现用户和品牌创始人在价值观上有了共鸣，这是品牌营销最想达到的境界。

根据第三方调研机构秒针系统于2021年6月发布的《快手平台电商营销价值研究》报告：84%的快手受访用户未来愿意接受快手主播推荐的产品；看过提及产品的短视频受访用户里，97%产生过购买兴趣。因此，这里是品牌方提升营销力的最佳土壤。

在本章中，我们会用案例串联起快手商业化的产品矩阵。想与快手深度合作的品牌方也可以重点关注2022年快手上的IP营销项目。此外，我们着重介绍了快手小剧场，这种新的短视频文化现象会为品牌带来怎样的发展机遇？

第二节　快手为品牌提供的广告产品矩阵

快手是一个拥有3.2亿日活跃用户（根据快手2021年第三季度财报）的数字市井家园，有强大的公域和私域。我们围绕品牌方关心的3个营销目标，为品牌方提供磁力引擎系列产品。

如果品牌的目标是希望触达更多的用户，让他们记住，快手有丰富的扩圈类产品可以满足这一需求。如果品牌是想在快手找到自己的目标人群，然后跟他们发生深度的互动，快手也可以提供多种有连接作用的产品。如果品牌想在快手完成从“种草”到购买的过程，还能实现复购，我们也有这样的产品和运营能力。

根据营销目标的不同，快手为品牌用户提供的产品矩阵如图7-1所示。

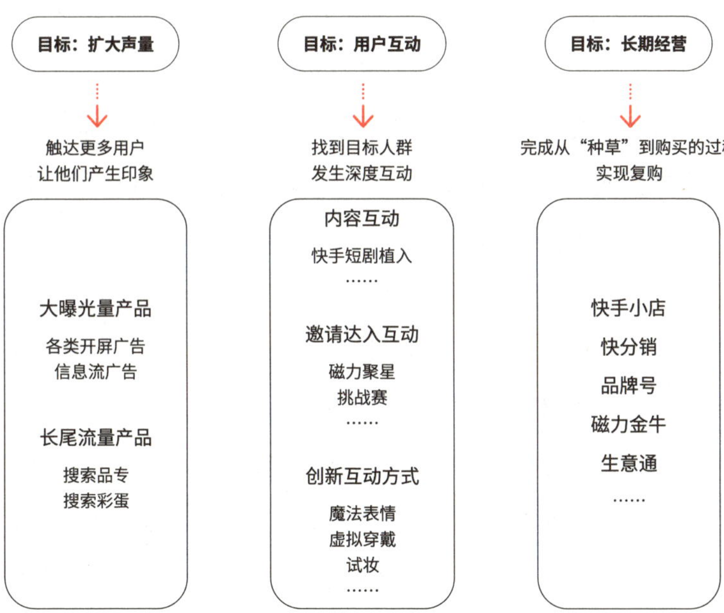

图 7-1　根据营销目标不同，快手为品牌用户提供的产品矩阵

本节作者为快手研究院研究员杨睿。

以下分别阐述，同时配上相关案例，供读者参考。

一、扩大品牌声量：用大曝光量产品

对于品牌方来说，新品上市的常规营销做法就是找一个大曝光量的平台，去触达目标用户。

前段时间，惠普推出了最新系列的计算机。惠普在与我们沟通营销计划的过程中，发现它的目标人群和快手的主流人群高度契合，都是Z世代。于是惠普把它的营销目标设置为不仅要实现用户触达，还要让用户记住惠普，惠普要在快手用户的心里树立品牌心智。

那么，品牌方在快手想要完成这个目标该怎么做呢？答案是，需要用快手用户熟悉的语言和形式去传递信息。于是，惠普联合快手拍摄了一段品牌TVC（商业电视广告片），叫作《未来我来》。这段TVC的特殊之处在于，这是快手第一次启用原生达人为品牌拍摄TVC。

TVC是视频广告中最常见的一种形式。TVC的时间长度通常在5～60秒，优势是覆盖面大。一段优秀的TVC往往具有很强的感染力和冲击力，能在用户脑海中留下深刻的印象。

我们选择了4位代表惠普主张的达人（见图7-2），用他们的生活描述他们和惠普之间的故事，结合开屏、直播、社区活动等方式，让“惠普未来我来”的话题在快手的年轻人中持续发酵和传播。

这个项目的总曝光量有7665万次，总点击量达到了1200多万次。这些数据表明，我们用一种符合快手新市井的形式跟用户沟通，用户会更加认可。惠普不仅传递出与“未来”相关的slogan（标语），更让用户记住了这一品牌主张——惠普在帮平凡人成就未来视野。

品牌想要在快手触达更多用户，可以采取能带来大曝光量的方式，例如

图 7-2　代表惠普主张的 4 位达人

开屏、信息流广告。我们也对这些产品进行了创新，让这些广告变得更有趣味，更有互动性。因为快手用户有非常强的交互属性，他们在数字市集、社区里已经养成了点选、关注等习惯。

下面有两个小案例可以说明，对开屏广告进行创新可以有效提升广告的点击转化率。

快手与百事可乐合作了一个开屏广告，在视频播放过程中会出现文字引导“上滑打开百事”，当用户按引导上滑之后，可乐就被打开了，视频会继续播放，这给了用户很好的沉浸感。从结果来看，这个广告的点击转化率提升了3倍。

我们还跟士力架合作过一个信息流广告（见图7-3）。在这个视频播放过程中，会有一个士力架的产品弹出来，然后缩成一个小小的按钮。这种方式会激发用户点击的欲望，投放广告的CTR（点击通过率）比普通样式效果提升了40%。

图 7-3　快手与士力架合作的广告

二、加强互动：可鼓励UGC（用户原创内容）的创作

当品牌实现了用户的触达，并成功让他们记住，接下来就是要让用户产生兴趣并产生更深层次的互动。品牌与用户互动的方式有很多种，还是需要用快手用户非常熟悉的方式出现，才能让品牌与用户互动起来。

总体来说，我们可以从3个方面入手，分别是内容、达人和创新（见图7-4）。任何一方面都非常有价值。

快手有3.2亿日活跃用户，每天都在创造着海量内容。在这些内容当中，有些已经形成了有快手特点的、内容庞大的垂类。比如快手短剧，到2021年第三季度，在快手上观看短剧的日活跃用户已经达2.3亿，有850部系列短剧已经超过1亿观看量。

短剧是在快手中自发生长出来的一种内容形式，就像东北的二人转、湖南的花鼓戏。它就在用户的身边，是用户家附近的舞台，让用户有非常强的亲近感。

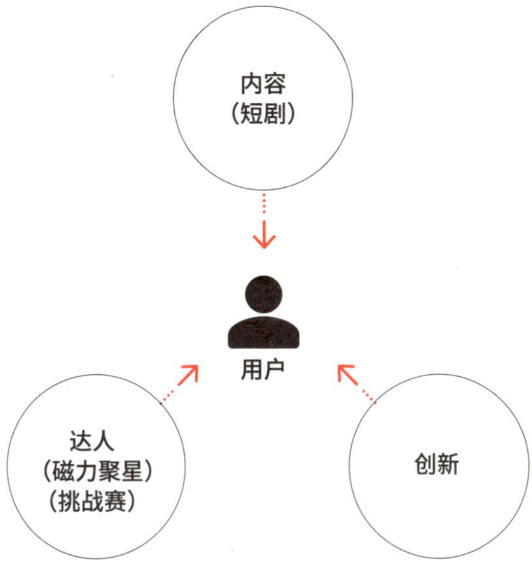

图 7-4　品牌与用户互动可以从 3 个方面入手

另一个可以很好与用户互动的方式就是与达人合作。达人是快手上非常独特的存在，他们就像活跃在用户身边、活跃在社区里的大哥大姐。他们有着非常强大的号召力和影响力。

快手有两个重要产品，可以去调动达人的力量服务品牌。

第一个是磁力聚星，目前我们有超过20万的头部达人入驻了磁力聚星，覆盖各个品类，涵盖各种风格。它可以满足品牌对各类目标人群的需要和内容制作的要求。

另外一个是挑战赛，品牌可以发起魔法表情和背景音乐挑战赛，激励用户创作和品牌相关的内容，并且通过达人把这些内容传播出去，品牌的影响力也会覆盖到更大范围。在这个过程当中，用户能够和品牌持续、深入地互动。

加多宝

加多宝在东京奥运会期间和快手合作，作为东京奥运会奖牌榜和中国夺金时刻的冠名赞助商，它首先是选择了一种奖牌页面的大曝光方式，除此之外它还用魔法表情做了一个挑战赛。

魔法表情的内容是非常喜庆的。用户可以一边举着加多宝，一边举着彩旗给中国健儿加油。这个奖牌榜页面曝光量有18.9亿次，这是非常大的体量。但还有更惊人的数据——在这个魔法表情挑战赛中我们收获了超过146万件作品，也就是说超过146万的创作者在做这个加多宝品牌的魔法表情，这背后是210多亿次的视频播放量。

这相当于有100多万的达人在几亿用户的社区里举着加多宝和彩旗说“中国队又有人夺冠了”，这个感觉是非常不一样的。当我们用平台所熟悉的方式、用用户认可的方式做品宣的时候，会给品牌带来很不一样的效果（见图7-5）。在这个案例里，我们利用UGC放大了效果。

奖牌榜　　# 中国夺金时刻 定制话题　　上线 18 天，视频播放量破 100 亿次

图 7-5　国民品牌心智抢占，强关联荣耀时刻

我们也有一些创新方法，可以实现与用户互动。比如，我们利用快手的AR（增强现实）能力，开发了一些美颜滤镜、虚拟穿戴功能，能够激发用户的创作欲望，帮助他们创作出更多有趣的内容。当我们把这些内容嫁接到虚拟商品体验上时，就能很好地将用户和品牌连接起来。我们采用虚拟穿戴、试妆的策略缩短了用户在电商购买过程中的决策链路。

2021年6月，快手尝试与完美日记、滋色两个美妆品牌合作，用沉浸式商品体验外加达人“种草”的方式做了两场活动，总共吸引到了超10万用户参与体验和传播，获得超2亿次曝光，实现了从“种草”到购买的全过程。

三、长期经营：在快手开店卖货

除了扩大声量、加强互动之外，快手还有一个非常突出的经营价值——卖货。从购买到复购的整个过程，卖货的方式有很多种。根据经营深度不同，品牌方可以选择在快手上做促销，也可以选择打爆品，再往深一些可以做一些能实现长效ROI的经营，如在快手上开货架，以周期性的方式去持续经营。再深入就是把快手作为一个长期的经营阵地，将店铺开在快手，和用户建立长期的信任关系，实现长期的复购。

品牌方来到快手后其实有非常多元的选择，可以选择任何一种方式，无论是短期卖货抑或是长期经营，磁力引擎都可以给大家提供方案。

2021年上半年快手电商GMV达到2640亿元，同比增长140.9%。其中，品牌类产品GMV增长731%。半年时间，品牌数量增长150%。高速增长的背后，其实是快手顺应了电商发展的趋势——用户在哪里，生意就应该在哪里。如果用户看到产品就想购买，这么多用户在快手就会激发出更多的用户。而快手的经营优势，就在于让品牌入驻到亿万用户的社群中，收获用户的信任。品牌方对用户更好，用户对品牌方也会更好，形成一个正向循环，让飞轮持续转动。

我们可以通过案例来看快手经营的能量。今年一汽大众在快手开通了品牌号，而且品牌不仅自己来到快手，还带动一大群经销商入驻快手。经销商方面的员工会在快手平台创作大量的内容，这让一汽大众在用户心中从遥远抽象的平面广告变成了一家家具体的门店，里面的一个个真实的人，在给不同的用户介绍着原原本本的车。

可能在东北，一汽大众的经销商在直播时会说冬天要怎么防冻、防滑，在广东要讲夏天怎么防雨、防潮。这样做让非常多的用户更加信任一汽大众。一汽大众以这样的方式在线上获取用户，用户会在线下去试驾、购车，极大地提高了品牌经销商的业绩。一个特别大的传统品牌在快手用一种新方式开辟出新的生意场。

此外，还有特别有经营意识的美妆品牌花西子。2021年，花西子跟快手有非常深度的合作，这个合作当中不仅仅有触达、不同的广告投放，花西子还在快手开店，其经营方式为日播，也就是每天都播，从早播到晚。

花西子的CMO说，他们之所以要日播，是因为要在快手上经营，就要在快手上开自己的直播旗舰店。经营为什么要日播呢？他说："因为你要一直在那里。只有一个货架在那儿是不够的，因为货是死的，人是活的。在快手市集里、商街里有无数的人路过，人们需要看店，得有人在，需要有人跟他们打招呼。可能他们昨天来的时候你在街上有产品，今天来的时候你在讲化妆的技巧，他们明天再次路过时你可能在讲品牌的故事。他们一直来你一直在，这样下去你就生长在了快手里。"

花西子就用这种慢慢来的方式在快手做经营。这种方式也带来了效果——短短4个月的时间花西子的账号就增长了343万粉丝，而且整个转化效率也得到了极大提升，最终花西子店铺的GMV提升了30倍。

第三节 品牌“种草”可用的广告资源盘点

前文讲了快手广告的产品形式，下面通过对快手磁力引擎副总裁、内容商业化中心负责人毛海峰的采访，盘点适合品牌方“种草”的一些重要广告资源。2022年，快手将会推出170多个IP项目，供品牌方参加。

一、高人气的全民活动

很多品牌在一线城市人群中的渗透率已经足够高，于是它们想“扩圈”。

恰好，快手有大量新线市场的年轻用户，他们的消费力非常可观，虽然工资可能比不上一线城市，但他们的可支配收入却很高，幸福指数也高。他们过去没有那么多接触高品质品牌的机会，但对品牌其实有大量的诉求。

快手有大量的活动，特别是大型的体育赛事和娱乐节目，可以把大量用户聚集起来。对品牌方来说，这些活动是很好的广告资源。

一是体育赛事。2021年初，快手布局了一系列体育策略，并与CBA、斯诺克、美洲杯、东京奥运会进行了合作。2021年10月18日，快手与NBA达成战略合作。截至2021年底，快手的体育内容月活跃用户超过2亿，覆盖超50个细分类目，有超过60亿次的内容曝光量。

其中，在快手体育与NBA的合作中，NBA官方及联盟的30支球队已全部入驻快手平台，有超过200位NBA授权的达人入驻。快手不仅会有1200场的NBA赛事资讯和短视频内容产出，也有很多球队、球员加入，可以满足很多品牌对NBA篮球赛这一体育IP的需求。

二是娱乐节目。此前，外界并不看好短视频平台制作IP内容。但从目前

本节作者为快手研究院研究员杨睿。

来看，喜剧类IP在快手平台非常“对路子”。

比如《岳努力越幸运》，它是快手娱乐的首档重点自制综艺节目，于2021年9月23日上线，是一档探寻众多城市的特色美食的节目，现在已经更新完毕。

快手目前正在筹备《岳努力越幸运》以及《超耐思大会》这两个IP的第二季，即将上线。《超耐思大会》是想通过对社会的洞察，用吐槽和撕掉标签的方式，让参与者自己与他人和解，向社会传递更多温暖以及正直向上的底色。

此外，还有《主播新人王》。这是2022年快手推出的首档艺能主播职业技能培养真人秀。通过快手平台的“线上直播海选”，我们会优选48位艺能主播，并让他们入驻主播培训基地，还原主播直播生态。这些主播会进行业务和艺能培训，接受阶段性任务的公演考核。最终打造一群高素质“艺能榜样主播”，并诞生一位最强的“全能主播”。

三是大型节日。如过年，快手有2022快手CNY（Chinese New Year，春节）营销项目等重要活动，也有大量人气。

利用上述聚集人气的广告资源，再配上全民挑战赛，从效果上看是很好的。过去3个多季度，快手创造了非常多挑战赛的经典案例。

蚂蚁金服在2021年搞的“相信相信的力量”活动，征集到的作品的数量为100多万，加起来播放量超过100亿次。像《王者荣耀》特效大赛也达到了30多亿次的播放量。2022年挑战赛会进一步升级：让更多的明星及达人资源进入挑战赛的案例里；加入更多好玩的表情、3D或VR（虚拟现实）技术；提升转化能力；纳入非常科学的度量模型，让品牌能从各个维度回收数据及价值。

快手平台中的活动如图7-6所示。

聚人气　　信任驱动 释放平台活力

全民体育

北京冬季奥运会
上快手畅享 NBA
杭州亚运会
卡塔尔世界杯
快手体育大事记

超级 IP

快手一千零一夜
快手直播巅峰夜
光合创作者大会
快手状元

全民挑战

娱乐生活

主播新人王
十点半睡吧
看我怎么红第二季
新年明星晚会这是我的家乡
来我家玩吧
快笑家族
喃游记
岳努力越幸运第二季
超耐思大会第二季
橙白艺能盛典

明星美食季系列 IP
《来了！更新》
《交换便当》
《没有一顿烧烤解决不了的》
《高校食堂打卡日记》
《寻味 318》

《谢小安的草本厨房》
《我的时空店铺》
《喜欢你，吃定你》
《悠游味之旅》
《解锁吧大厨》
合家欢季系列 IP
《小宝打工记》
《快来我家坐坐》
《时光照相机》
《喜剧名场面》
《蓝朋友》
《上炕吧老铁》
《我的妈呀！》
《好好笑工作日》
快手娱乐精品自制剧
《西游作妖记》
《狐系女友藏不起》

《老铁摇滚乐园》
《十三路末班车》
《壁花小姐升职记》
《大明首富在我身边》
《你是我的速效救心丸》
《鬼蛊学院》
《瑞思拜合伙人》
《男宾三位里面请》

图 7-6　快手“聚人气”的细分类

二、圈层文化连接品牌与Z世代

文化活动也能聚人气，除了一些大众文化，更多是圈层[1]文化。

Z世代人群（指1998年至2014年出生的人[2]）呈现出显著的圈层文化特征，这些年轻人不仅喜欢大众文化，而且特别喜爱小众文化。这是个体量达2.8亿的人群，大部分集中在下沉市场，于2021年开始陆续进入职业生涯，并将在未来10年成为社会中最重要的中坚力量。

快手可以帮助品牌方触达这一个个垂直的圈层吗？我们把文化简单分成以下几类（见图7-7）。

【1】“圈层”是对在阶层分化的社会背景下，自然产生的相对中高端的特定社会群体的概括。

【2】来源于《青山资本 2021 年中消费报告：Z 世代定义与特征》。

聚文化 包容万象 坚定文化自信

新潮文化	节点文化	新知文化	新次元文化
快手短剧	2022 快手 CNY	非遗江湖	快手探 [乐] 计划
《霸王花》	快手年夜饭	国货发光	仙乐国风盛典
《墨客》	快手热力计划	快手一拍成名	原唱来了
《摸金令》	# 情人节 / 女王节		《她声音》
《万渣朝凰》	# 母亲节 / 吃货节 / 暑期		《青春毕业季》
《帝王养成攻略》	# 毕业 / 职场 / 娱乐		《音乐无处不在》
《致命爱人》	# 中秋 / 跨年 / 双旦		《温暖 2022》
《坏蛋凶萌不好惹》			快手欢唱店
《甜蜜关系》			快手漫动力
快手短剧征稿大赛			快手臻国风

图 7-7 快手“聚文化”的细分类

一是中国传统节日的复兴（即图7-7中的“节点文化”）。年轻人越来越关注这些传统节日，比如春节、七夕节、端午节、中秋节，它们成为连接人们情感的纽带，人们会采用互联网手段过这种传统节日，在快手上我们会相应地做一些皮肤、魔法表情，还有各种互动、游戏或产品。从招商的角度来看，快手也打造了一些传统节日型IP，把这群喜欢传统文化、传统节日的人聚集起来。

二是新知文化，主要是泛科技、泛知识两个垂类。在快手平台，经过注册和认证的医生、律师特别多。这些创作者往往在一二线城市。而三四线城市的人群能够获得的医疗资源与法律援助相对匮乏，这些律师和医生在某种程度上可以进行知识的传递。

而在下线城市，甚至是更偏远的地区，有一些快要失传的文化，例如非物质文化遗产，包括贵州的银饰、编织等。这些文化通过快手被更多一线城市的用户知晓，产生了商业化购买。

我们看到，新知文化在快手有两种流动形式：一种是在一线城市分布较为集中的知识，可以向下线城市流动；另一种是偏远地区的文化遗产，可以向一线城市传递。

那么品牌方可以在其中做些什么呢？品牌方可以通过公益的方式做一些非物质文化遗产的传承工作，或是通过参与法律援助、医疗救助等相关活动去触达下线城市人群。通过公益的手段，品牌方把公司价值、企业文化渗透其中。例如助农、扶贫、非物质文化遗产的抢救，这是很多品牌方都愿意去做的事情。

在一线城市中，有很多用户对非物质文化遗产非常关注，他们往往是一些高知人群。很多品牌方会和我们做一些线上线下的活动。2021年在三亚我们做了《旅行奇遇记》节目。未来我们想把这种活动拉到更贫困的山区去做，让品牌方以做公益的方式去参与。

三是新潮文化。例如短剧，短剧并非长剧的简单浓缩，而是基于用户对原生内容的需求形成的一种新的短视频文化现象。它不仅打造了一种潮流，更是一个新一代IP的发源地。2021年是快手短剧的元年，未来其也会有非常强的爆发力。

而快手短剧之所以能做到业界领先，是因为快手形成了非常良好的从创作内容到变现的闭环，让创作达人能更加积极地去创作内容。有很多企业，例如蒙牛、唯品会也是看到快手短剧目前还是一块价值洼地，与快手短剧合作了多次。

四是二次元文化（即图7-7中的“新次元文化”）。快手的二次元文化日活跃用户目前已超过了1亿。其聚焦传统文化、国乐、国风、动漫IP等，是我们未来产出IP的重大方向。

三、美食、旅行、育儿、汽车内容受到偏爱

从衣食住行的覆盖范围来看，快手有超过40个大垂类，细分的话则有600多个小类。在这些内容垂类中，有几个垂类尤其值得关注（见图7-8）。

图 7-8　快手“聚生活”的细分类

一是美食。这是快手老铁最喜欢的内容，平均每分钟就会产生1000多单的美食订单。2022年，快手会围绕美食推出多档节目，比如《深夜吃点啥》《快手有名厨》等，而且一年四季会有不同内容的呈现。

二是旅行。快手第二大受关注的生活垂类是旅行。旅行对老铁来说彰显了一种生活态度。2021年，快手做了一档节目叫《旅行奇遇记》，这是快手基于文化旅游重点打造的IP项目。我们挑选了重点的旅游城市和地点，与当地政府、机构合作，打造O2O（Online to Offline，线上到线下）的文旅项目。

2021年6月，项目落地到海南的蜈支洲岛。我们在线上邀请了很多头部达人，并请他们制作了非常多与品牌相关的内容，整个页面曝光量约10亿次，通过线下和线上参与的人数超过10万。兰蔻、阿玛尼、倩碧三大品牌都是我们的合作伙伴，并且在接下来的《旅行奇遇记》之冰雪站、云南站等节目中，都预定了合作方向。

三是育儿。2021年快手母婴垂类王牌IP节目《育儿大咖说》由QQ星冠名。该节目的直播观看人数超过2100万。在育儿垂类，2100万其实是非常大的数字，很有影响力。该节目的合作挑战赛播放量超过122亿次。

育儿垂类为什么能产出这么好的项目？因为快手拥有高质量的育儿专家、达人团队，整体数量超10万。2022年，除了《育儿大咖说》，快手还会有更多的育儿IP节目。

四是汽车。这也是老铁们非常关注的一个垂类，目前在快手已经拥有3.52亿用户。针对汽车行业，快手有非常多的营销产品，比如新车上市云发布以及冰桶挑战、豪横购车季等，汽车行业的品牌客户可以重点关注。

四、超级品牌日：从内容“种草”到商品交易

通过前述的大IP、圈层文化，还有衣食住行的方方面面，品牌在快手具备了内容“种草”的能力。与此同时，快手平台还具备商品交易的能力，从而形成了一个从浏览内容到下单消费的闭环（见图7-9）。

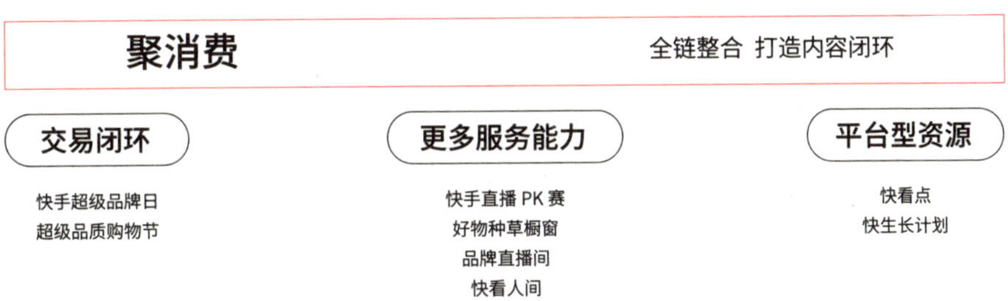

图 7-9　快手“聚消费”的细分类

快手超级品牌日就是快手连接内容“种草”到后链路交易的一个IP项目。2021年快手为品牌方打造了非常多的合作案例，如“618”“116”都有超级品牌日。2022年，快手也会每个月都推出“Big Day”，以及品牌挑战赛等，与品牌方完成从“种草”到商品交易的一系列整合营销合作。

除了丰富的项目之外，快手还提供了非常丰富的内容，如好物种草橱窗，为后续转化提供非常好的产品及基础能力保障。

第四节 快手小剧场：品牌营销的新宠儿

要点

- 品牌与快手小剧场合作的3个标志性案例。
- 快手短剧在营销方面有哪些优势？
- 品牌如何通过快手小剧场进行营销？

快手小剧场目前发展迅猛，受到越来越多品牌方的关注。

截至2021年10月，在快手上观看短剧的用户已经达到2.3亿，总有效播放量达到7700亿次；有850部短剧播放量破亿，其中，《这个男主有点冷》成为行业第一部播放量过10亿次的短剧。

一、3个标志性案例

截至2021年10月，品牌方与快手共合作了23部精品短剧。以下为3个标志性的营销案例。

1. 唯品会

2021年6月，唯品会与快手小剧场合作，选择了8部与品牌目标人群契合、有穿搭场景的高甜剧集，这8部剧累计有效播放量超过13.4亿次。其中，《CP大作战》总播放量超过2.1亿次，《甜蜜陷阱》总播放量2.5亿次。

短剧观众中有很多年轻女性，跟唯品会的目标用户非常契合。在《CP大作战》中，主角们穿上在唯品会购买的服装，再配合达人口播引导等方式，在剧情中花式植入唯品会的品牌和产品，引导用户下载或跳转至唯品会

本节作者为快手研究院研究员高珮著。

App，在上面搜索和购买主角们的同款穿搭。在快手和唯品会上搜索《CP大作战》，还能够领取粉丝福利。

在这个过程中，唯品会的品牌宣传、唯品会上售卖的服装品牌的宣传，都收到了很好的效果。于是，唯品会选择把这种合作形式常态化。截至2021年底，唯品会用类似的方式跟快手合作了10多部短剧。

2. 天猫

2021年“双十一”期间，天猫联合快手小剧场，选择符合品牌调性的现代都市高甜、职场等题材，合作定制短剧。天猫专属剧场上线14天，总播放量超过1.3亿次，互动点赞数106万。

3. 王老吉

2021年春节，王老吉在快手上推出主题为“拥抱美好吉祥年”的吉祥剧场，强化观众对王老吉红罐的记忆和认知。王老吉冠名的短剧《牛十三》和《我的契约男友》，播放量分别达到1亿次和1.2亿次，话题作品参与量超过2.9万。

除了与快手小剧场合作，品牌方还可以与优质的短剧达人合作。

例如，短剧达人逆袭丁姐的人设是“全网最霸气婆婆”，主打内容是霸道宠爱儿媳的剧情，以及美食和真实生活。她在2020年9月开号，短短两个月，全网粉丝数就突破800万。

某汽车品牌与逆袭丁姐合作，丁姐通过婆媳日常生活场景引入品牌植入，这一条视频累计播放量3066万次。

再例如，短剧达人北京小伙.羽铮拥有近1300万粉丝，他的大多数短剧以情感婚嫁为话题，用辩论对谈的形式展现，容易引起观众共情，可以很自然地植入品牌元素。某电商App找他创作的推广视频，累计播放量6473万次，累计点赞137万，评论2.8万。

二、短剧的4个优势："多快好省"

对于品牌方来说，快手短剧在营销方面的优势，可以总结为"多、快、好、省"4个字。

1."多"

"多"指短剧达人数量多，覆盖的用户多，是快手最具流量优势的垂类。目前，快手短剧达人总数已经超过10万，其中100万粉丝以上的创作者有2400多人。他们的粉丝从高线城市到低线城市都有，有不错的消费能力，而且活跃度很高，黏性很强。这意味着，品牌与短剧合作，更容易打造爆款，甚至在站外出圈，帮助品牌扩大影响力。

比如，可比克薯片与短剧《只是没确定关系而已》合作，该剧总播放量2.8亿次，登上微博热搜第二，相关话题阅读量超3亿。

2."快"

"快"指短剧制作周期短、节奏快，可以根据品牌方的需求定制，很是灵活方便。

3."好"

"好"指短剧内容好，服务好。短剧往往人设鲜明、故事情节完整、创意性强，可以很自然地把广告创意融入剧情中，方便品牌进行深度植入，而且更能够唤起用户的情感共鸣和互动欲望。

另外，短剧创作者的变现路径主要是广告商单，因此他们的配合度和服务意识往往也比较好。

4."省"

"省"指短剧合作门槛低，营销效果好。按照通常的经验，粉丝量越多、商单价格越高的达人，越容易出爆款。但在快手小剧场，即使是粉丝量较少的非头部达人，通过打磨优质内容和流量投放，也有可能打造千万级爆款视频，可以说是物美价廉。

从数据来看，短剧达人视频商单的播放量和互动量比大盘高出近80%，每1000次播放的成本则比大盘低近50%。

三、短剧做营销的两种方式：投人和投剧

品牌方通过快手短剧做营销，有两种方式：一种是投人，另一种是投剧。

1. 投短剧达人

品牌方会选择一些有流量优势的头部达人或特色达人进行日常投放。这种合作方式的特点是随买随卖，灵活多样，既可以单条投放，也可以在一段时间内打包投放多条广告。

有的品牌方会有自己心仪的达人，比如，疯狂小杨哥特别受游戏客户喜爱。也有一些品牌方不知道如何选择合适的达人，这时，快手官方达人生态营销平台磁力聚星可以根据品牌方具体的诉求，为其推荐和匹配合适的达人。

磁力聚星有一个创作者“星选体系”，可以帮助品牌方筛选达人，比如达人类型和内容风格是否匹配品牌调性，粉丝量级、画像是否满足品牌方要求，过去的商单作品数据表现如何等。

在品牌方和达人的合作过程中，平台还会对作品进行实时监测，优质内容有机会获得一定的流量扶持。如果品牌方希望进一步扩大声量，还可以发布征稿任务，面向广大的中腰部创作者进行招募。创作者认领并完成任务后，再根据效果做结算。

2. 投剧

品牌方与短剧有两种合作方式：一种是在已有的短剧中做品牌植入；另一种是IP定制，创作者根据客户诉求拍一部新剧，完全为客户量身定制。

在短剧中，品牌方既可以把自己的品牌和产品植入剧情，也可以借助贴片广告、小铃铛等产品组件，引导用户下载App或购买产品。短剧的男女主角还可以为品牌提供“微代言”服务，包括定制番外视频、在直播中引导互动，以及直播带货。

达人通过短剧塑造人设，建立和粉丝之间的黏性，可以将这种信任的流量有效转化为电商GMV。比如，爆款短剧《这个男主有点冷》的女主角“一只璐大朋友”原本只有几十万粉丝，拍完这部剧粉丝涨了500万。过去，她做电商直播的单场GMV只有几千元到一两万元，现在单场GMV可以达到几十万、上百万元。

2021年，快手小剧场探索出了一种新模式，品牌方可以同时在十几部剧中做植入或冠名，形成传播矩阵，可以实现很好的营销效果。

第五节　案例：OPPO自播、分销齐头并进

要点

- OPPO如何搭建自播团队？
- OPPO如何与达人合作？
- 为什么OPPO的短视频制作那么强？

OPPO作为最早尝试品牌自播的数码家电品牌之一，从2021年4月开始正式在快手经营，通过把握“三个抓手”，在品牌自播、达人分销与内容运营上齐头并行，为品牌在快手的发展提供了非常清晰的成长路径。

〇以下为OPPO数字营销部快手负责人罗科的讲述。

一、品牌自播从入局到单场GMV突破千万元

手机赛道包括整个3C领域，无论是营销还是渠道，各品牌对流量的争夺都已到达了瓶颈，在我们看来，拓展新领地、寻找新的市场增量刻不容缓。在2021年4月底，我们成立了自己做快手的直播团队，开始稳定自播，这也意味着OPPO内部正式开始搭建直播体系。

刚开始我们还是用传统直播方式，因为传统电商平台的用户大多有明确的购买意图，并且进入直播间也是为了对比及了解产品细节，主播在此时更多是充当客服的角色，这使得整个直播场景在快手显得比较有距离感，主播对产品的讲解也太过机械化，所以我们初期销量很惨淡，一天成交只有几台手机。

本节作者为快手研究院研究员杨睿。

我们分析发现，用户在社交电商尤其是刷快手直播时，需求是不确定的，会花大量时间浏览自己喜好的内容或感兴趣、信任的主播，这是一种完全不同的消费体验。快手的直播电商是基于“信任电商”的生态，用户更看重主播这个“人”，用户在信任的前提下可以在“闲逛”直播间的时候，将非确定性需求转化成确定需求进而下单。

认识到这点后，我们开始着手调整，主要是从“人”和“场”这两方面入手。

主播人设层面，我们首先有个比较明确的要求，快手主播需要很有激情，能带动气氛。我们也有意打造主播人设，比如其中一个男主播我们给他设定的是OPPO实验员的人设，在直播间里他很多时候像是在做产品实验，如测试Find X3的显微镜功能，介绍手机后壳材质时将水和油滴上去不会沾等。通过这样的人设强化用户对这个主播的认知，培养信任心智。

直播风格层面，我们对直播间的基础布局做了一些改变。比如，直播封面或直播间的整体装饰，我们会用一些暖色调（如红色等）、较喜庆的背景去烘托，营造卖场的氛围，更接地气，尽力去连接用户，与其建立老铁般的信任关系。

经过近一个月改革，我们直播间的销量有了明显的提升，日均GMV达到十几万元。

2021年6月初，适逢快手“616品质购物节”，我们报名参加了“品牌合伙人计划”，快手平台会给我们一些资源，包括投流方面的政策。在2021年6月16日当天，我们的单场GMV首次突破百万元大关，最终达到了200多万元。此时离我们正式开播只有一个半月的时间，这个成绩我们自己也没有预料到。

2021年8月，我们第一次尝试了快手的超级品牌日。8月8日本身就是我们的“O粉节”，其核心主题是“宠粉”。所以我们邀请了OPPO中国区总裁刘波来做这场直播。哪位明星能跟总裁碰撞出更好的火花，产生更好的话题点，同时还可以强调总裁直播、强化“宠粉”，这是我们直播团队所思考的。一定要找一个本身也有总裁气质的明星或者KOL，才能既有话题度，也和品牌调性相契合。

演员王耀庆本身就有霸道总裁这种形象，而且他本身做直播的内容也非常好，所以我们最终选定了他和OPPO中国区总裁一起直播，最终产生了1+1>2的品牌效果，同时还强化了OPPO对这场直播的主题诠释，产生了很好的话题性。内容其实本身就是做人群区分的手段，有好的内容就一定会获得好的流量。明确的核心内容表达比单纯做投放要重要得多。

8月8日当天的双总裁宠粉直播，单场GMV突破千万元，这是我们第一次在快手突破千万元大关的直播，是一个关键性节点。在整个超级品牌日活动期间，OPPO的GMV达到8000万元，累计观看人数超过6000万。

再后面的一个关键性节点就是“双十一”，我们获得了快手的资源支持，配合直播团队共同发力，当天的GMV达到300多万元。

从我们自播的整体趋势来看，从一开始一天只能卖几台手机，到现在单场GMV数百万元甚至突破千万元，整体上扬的走势是非常明显的，而且我们能看到关键里程碑都是在一些大促节点上（见图7-10）。要想实现品效合一，就必须内部整合好资源，找到方向就要不停去试、反复论证。了解平台的差异性，从品牌自身的特征和目的出发，这是非常重要的。

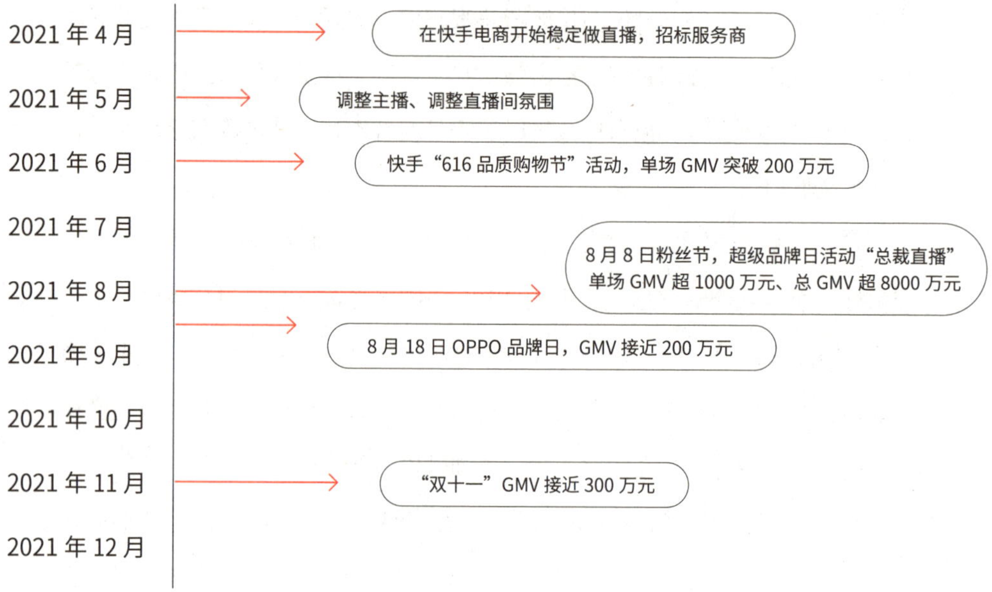

图 7-10　OPPO 在快手进行直播的 GMV 增长情况

二、品牌搭建直播团队的考量

新兴的直播电商模式对团队能力和素质的要求，跟传统电商是完全不一样的。直播电商要求你既具备营销策划能力、分销合作谈判能力，还要懂精细化的投放，又要能做好短视频内容。

第一，选的人要具备综合素质。我们现在做直播电商的团队成员全部都是做营销和内容出身，内容团队的痛点在于以前看的都是曝光量或是引流数据，不像销售那样会实时跟踪反馈的销售数据，关注全链路闭环。因此，我们在内部尝试打破传统部门的职能边界，培养团队的综合能力。

第二，团队要有精细化运营思维。精细化指的是每天直播的时候，要实时看主播跟运营、投流的相互配合，包括：什么时间推流，怎么推流；有多少人、什么人在看你的直播，你要给他们看什么内容；什么时候讲核心卖点，什么时候引导用户下单等。这是一套非常完整的配合方式。

第三，团队要有很强的学习能力。目前快手直播做得好的很多是一些小公司或者新兴品牌，因为其不像大公司一样职能部门高度分散。所以品牌做直播电商，在前期要尽可能地把所有的能力集中，这样才能提升反应速度。做直播电商每天都有新的玩法，一旦不去思考就会被淘汰。我们内部团队每周都要开会学习，思考哪里有流量，哪些内容值得学习，如何用流量变现等。

除了现有运营团队外，我们已经开始筹备在杭州搭建OPPO的官方快手直播基地，并且招募一些专职主播。我们会在2022年春节之后，从与服务商合作模式，切换到KP（服务商）代播+品牌自播双向模式，希望自己的团队与供应商团队能共同成长。既然我们把直播看作一个新的赛道，也希望能够有一些直播人才涌现出来，作为OPPO自身的人才储备。

自主搭建直播团队确实会增加固定成本。从短期内的ROI考量的话，与服务商合作为佳，因为他们的团队相对成熟且设备齐全。但我们不能为了省短期内的固定成本，而弃成长于不顾。对我们来说，长期稳定的发展才是最重要的。

此外，品牌自己做直播，可控性更强，而且可以“玩”的点会更丰富。比如，我们现在的直播间还是以绿幕或者大屏为背景。但我们在直播基地搭建了一个门店场景，1∶1复刻了OPPO门店的柜台。之后我们可以凭借柜员的人设带货，这样更能拉近主播与粉丝之间的距离。

三、与达人合作的模式：从坑位费到纯佣金

2021年6月初，我们开始探索达人分销，开辟了另一条销售路径。

前期主要是以坑位费的形式进行合作，但这种合作形式并不可控。6月初，我们找了两个大主播做了两场专场，每场也能卖几百万元。当时我们主要是以投流的形式合作——我们帮达人投流，把钱投到达人的直播间，帮他

拉场观、涨粉丝、提人气，达人卖OPPO的货，算下来整体ROI接近10。

紧接着我们发现，按照这种投流的合作模式，即使ROI再好，也很难调动达人的积极性和主动性。如果采用佣金模式，双方都会为共同目标而努力。于是从2021年8月开始，我们又改善了结算方式，采用纯佣金模式的合作。

到现在为止，我们基本上与快手的头部达人都合作了一遍。就拿2022年初半个月的成绩来看，我们跟快手达人合作的GMV已经有三四千万元了。这种达人合作分销的生态，很好地支撑了OPPO在快手的业绩。

目前来看，OPPO达人分销的占比的确会大于自播，这与快手的老铁经济是相关的。品牌号起量是一个相对较慢的过程，我们2021年4月才开始搭建，在不到一年的时间里，沉淀还是不够的，不像那些在快手深耕三四年甚至更久的主播，更得老铁的信赖。

但即使现在分销的占比更多一些，更重要的还是要做好自播。从2021年中旬开始，我们就形成了一个坚定的观点：假如将直播比喻为一棵树，自播就是我们的根基，一定要做好；分销是大树的枝干，可以延展开来，帮我们触达更多的销售渠道。但归根结底，我们要壮大自身，就得把品牌自播做起来。

四、跟达人合作的经验

一般我们会自己找达人合作，有些我们自己联系不上的，也会请快手平台帮忙。假如我们想了解哪些达人之前带过数码产品，并且适合带OPPO手机，我们也会找快手电商的同事们帮忙推荐。

除了3C数码类垂类达人是我们的基本盘之外，还有一些垂类达人，我们也在尝试与其合作，比如娱乐主播、美食主播、情感主播等。在与各类达人合作的过程中，我们也积累了一些经验。

一是找娱乐主播要看匹配性。有些娱乐主播的场观非常高，但是看他的观众更多是观看表演，突然上一款手机，用户其实并不容易接受。

二是我们发现一些美食主播带货效果不错。美食主播能带一些量，虽然不多，但作为中腰部主播也能做一些支撑。

三是我们发现一些偏剧情类的情感主播带货效果很好。我们发现，老铁对情感主播的信任感真的非常强，我们合作的几个主播，基本上只要上了品，老铁就会下单。他们的表现，刷新了我们对直播带货的认知。

五、为什么OPPO的短视频制作那么强

前面提到过，我们的直播团队是营销部门出身。因为我们对内容营销及用户运营更加了解，所以我们一直都知道，营销不单单是创造和传播有传播力的内容，而且还要去创造有价值的传播力的内容。“有价值”指的是它真的能帮助到你的品牌，而不是只为了满足某个人的需求。我们做出来的东西和内容，以及我们做的事，一定要对品牌产生正向的影响，促进用户对产品或者品牌产生认知，引发讨论，这才是有效的营销。

与平台合作，首先要更深入地了解平台，跟平台的伙伴们进行共创。比如，快手平台策划各种新活动、新玩法，OPPO都会积极参与。第二是要不断强化团队对内容的理解，加强内容制作能力。OPPO希望做的是善于跟用户沟通的、有人情味的品牌号，而不是高高在上的品牌号。这就需要不断测试什么样的内容更适合平台的用户，以及站在用户角度与用户感同身受。

快手要做信任电商。在快手，我们必须要把账号的人设或者调性先确定下来，再去积累一定的粉丝基础，才能去推动直播带货慢慢走向正轨。

在2021年6月之前，快手基本就是一个内容分发渠道，我们在快手同步发其他渠道的视频。但6月之后我们就明确了，要把快手独立出来做完全不一样的内容， 我们也分析了快手人群画像，老铁们喜欢看短剧、搞笑短视

频，或是跟游戏相关的内容。

基于这些画像，我们打造了“柜台日记”系列短视频，现在已经更新到100多期了，这是我们在各大平台上唯一能坚持做自制内容那么多期的一个系列。而且我们是第一年做，现在整体播放量已经突破2亿次了。我们想拉近跟用户的距离，让用户体验OPPO门店服务的可信赖感。

短剧系列都是我们自己做策划，拍摄、剪辑等工作由供应商执行。每期由我们负责内容的同事和供应商一起打磨脚本，脚本修改完毕后由供应商拍摄、剪辑；一些在短剧中出镜的演员，也都是我们亲自把关去面试选出来的。

从长期角度来说，我们希望与供应商一同成长。现在我们也会让供应商一起参与一些精细化运营的工作，比如整体数据的提升。之前，我们更多地是自己看数据，现在我们会让供应商试着分析总结，比如，每条视频的完播率是多少，我们做了哪些调整之后，会让整体完播率有所提升、有怎样的提升。

OPPO做短视频的心得见第一章的“短视频：好内容就是竞争力”一节。

六、用纯内容直播抢占游戏、二次元人群

我们在快手上的运营不是以销售为导向的，更多的是与用户的沟通运营。

2021年12月，OPPO Reno7系列与《英雄联盟》官方合作发布了一款限量版定制机，我们也专门做了一场发布会福利直播。

我们在直播中并不着重于讲解手机，而是结合《英雄联盟》手游做延展，比如水友开黑体验等。每隔15分钟，我们就会给粉丝开奖《英雄联盟》跟OPPO联名的一些礼品，像手办、背包等，价值感非常强。那场直播从晚上8点播到深夜12点，短短4小时，观看UV突破730万，账号涨了10万多粉丝。这算是我们纯内容直播的一个突破，也让我们内心更加坚定，2022年要策划更多的内容直播。

我们发现，快手除了因信任经济而产生购买的老铁，还有一些高价值的游戏人群。当我们发布的短视频内容与游戏相关时，往往能得到非常好的响应。对我们来说，快手不单是一个实现GMV增量的渠道，它其实也是在游戏人群中建立品牌认知的沟通平台。

OPPO Reno6新机发布时，除了主发布会外还有一场游戏直播作为一个分会场。我们在快手直播游戏，用另外一个账号OPPO有料局转播主发布会。

我们发现，直播游戏的发布会数据比主发布会好很多，甚至比游戏平台还要好。当时我们就意识到快手游戏人群的价值。在快手，游戏这个垂类的人群还是比较足量的，这是一个机会点。

第二次是在2021年7月底，我们和《名侦探柯南》官方联名推出了一款定制机，偏二次元垂类。当时我们做了一场ChinaJoy[1]的现场直播，整体的观看量比日常直播时要多很多。

这之后我们就决定，Reno7系列我们要触达游戏垂类和二次元垂类用户。Reno7的营销声量，应该是我们进入快手以来最好的一次，甚至拉平了我们在微博的认知度排名。这挺夸张的，因为我们做快手时长还不到一年。

未来的品牌营销跟销售虽然还会有一定的界限和分工，但是对每个人的综合能力要求会变得非常高。做营销的人要懂销售，也要懂产品、懂研发；做销售、做产品的人也要懂其他环节。未来的全链路不只是营销和销售的数据打通，还涉及从“种草”到购买、从线上线下销售到门店体验、从产品的研发和生产到企业的全部经营过程。所以未来的营销人一定要有更强的贯通性，对整个全链路了解更全。

【1】“ChinaJoy”指中国国际数码互动娱乐展览会，是继 E3 电子娱乐展、东京电玩展、科隆国际游戏展、台北国际电玩展之后的又一同类型互动娱乐展，以网络游戏为主。

08

第八章
销售与渠道策略

本章知识点

1. 品牌自播与达人分销各自的特点。
2. 了解快手运营团队总结的品牌自播经验和方法论。
3. 了解口水娃、高梵等达人的分销案例。
4. 了解品牌在快手成长的综合性打法：STEPS 方法论。
5. 了解帮助品牌代播的服务商（品牌服务商）。

本章出现的案例

1. 高梵与达人合作不贪大求全。（238 页）
2. 韩都衣舍：服务商可以为品牌赋能。（241 页）
3. 口水娃用达人分销起量，品牌自播提复购。（243 页）
4. 朵拉朵尚从“淘品牌”到“播”品牌。（268 页）

第一节 概述

每一次渠道变革，都有一批新品牌应运而生，这是不同商业周期都会经历的相同规律。

20世纪90年代流行这样一句话："得经销商者得天下。"一个品牌如果有好的经销商网络，就能够开拓广阔的市场。

到21世纪初，中国开始出现连锁超市、连锁商场等超强渠道。这个时期也上演了不少渠道之间的龙虎斗，比如，有国美、苏宁这两个家电零售行业巨头之间的"美苏争霸"，有沃尔玛、家乐福、大润发、永辉的"厮杀"。同时，也有很多品牌借助这些超强渠道成长起来，如霸王洗发水、妮维雅、相宜本草。

再到 2010 年前后，以淘系为代表的第一代货架电商平台出现，又诞生了非常多的"淘品牌"，比如阿芙精油、韩都衣舍。

现在的短视频、直播，已不仅仅是内容分发平台，其本身已经成长为一个非常大的渠道。对品牌方来说，这无疑又是一次新机会。

传统营销学中，渠道是指产品和服务从生产商向消费者转移过程中的所有通道。这种转移的过程可以是生产商向消费者直接销售，也可以是通过经销商、批发商、零售商等向消费者间接销售。

很多品牌方把快手看作一个重要的销售渠道。这种观点反映出快手平台中的消费者具有强大的购买力。直播是一种渠道变革，打掉了中间的层层环节。我们可以把快手平台上大大小小的主播，看作一条条分销渠道。通过他们，品牌方可以将产品直接送到消费者手中。

本节作者为快手研究院研究员杨睿。

品牌方也可以自己做自播，这相当于在传统电商平台上开了一个旗舰店。品牌自播和找达人分销没有优劣之分，都是品牌方对自身渠道结构的设计。品牌方可以根据自己是处于扩张期还是调整期，适当调整自己的渠道结构。

一、品牌自播与达人分销各自的特点

分销指的就是建立销售渠道。传统快消行业会认为没有分销就等于没有机会销售，有些快消公司的销售甚至被直接定义成分销。

我们常常说达人分销，实际上是站在品牌或者货主的角度，将达人看作销售的渠道。但与传统销售渠道不一样的是，快手的达人生态非常有活力，达人拥有私域流量，而且达人与粉丝之间的黏性非常大，这是快手独有的优势。

达人可以帮助品牌迅速提升GMV。达人自带流量，直播时能保证一定的在线人数，且粉丝与达人之间互动频繁，达人对粉丝的喜好很了解。品牌方就可以借助主播的经验、直播数据等，测试货品能否成为爆品，调整货品盘结构，甚至对粉丝群体进行定制化供货。

有些品牌方甚至会把快手上的头部主播，视为和京东、天猫同等重要的渠道，专门为其配备专业的研发、客服、物流、营销团队。

达人带货除了可以帮助品牌在短期内打造较高的GMV之外，还可以起到品牌宣传的作用——在快手这个渠道能够买到正价的产品，能够买到更高品质的产品。当用户心中对品牌形成认知后，品牌自播就有了基础，从而降低了品牌店铺冷启动的难度。

在与达人合作时，品牌方给达人的坑位费、佣金都属于渠道成本。如果品牌方想要减少这方面的成本，同时还能沉淀品牌自己的粉丝，也可以自建渠道做品牌自播。这就相当于在快手开了一家品牌旗舰店。相较于达人分销，做品牌自播时，品牌方拥有更高的主动权和利润空间，投流费用是多少、供应链如何控制、售后等环节都掌握在自己手里。

此外，品牌方通过自播，可以收集到以秒为单位的用户反馈，如产品工艺如何、包装好不好，用户可以全方位、多切面地将自己的感受反馈给品牌方，这非常有利于品牌方做研发和生产，因为这是来自市场第一线的反馈。

这也是为什么快手电商服饰行业的头部主播可以实现每天上新，他们最大化地利用了用户的及时反馈，来做研发、生产上的创新。而传统渠道往往隔着多层经销商，无法了解市场，无法回收数据，开发的产品往往无法满足用户需求。

品牌自播还扮演着一个角色——它是品牌对外形象的一个展示窗口，是品牌和厂家的代表。用户有任何关于品牌的问题，在直播间主播都能帮其解决，品牌方就可以进一步沉淀用户。此外，自播的店铺实时在线，可以为用户提供一个复购的平台，因为达人日常要运营自己的账号，忙于他自己的本职工作，不可能每天都帮品牌方带货。

二、品牌如何做达人运营

我们在调研过程中发现，品牌方在对接达人做分销时，也需要权衡，看自己的品牌是否适合找达人带货，分销渠道如何设计才更为合理。

例如，如果品牌方需要支付给达人一定的佣金，就会挤压留给品牌的利润空间。有些毛利本身就比较低的行业或品牌，需要酌情考虑。

另外，我们还发现有些需要备现货的品牌，例如羽绒服、运动鞋品牌，旗下经销商、代理商并不太愿意找达人带货，更愿意做自播。羽绒服、运动鞋由于制作流程复杂，辅料需求大，快反能力往往没有服装那么强。他们觉得，达人一旦带出爆款，会打乱工厂正常的生产节奏和周期，甚至出现断货、被迫退款等情况，严重的，则会对供应链造成冲击。

此外，品牌方与用户沟通还是需要通过主播，不能够直接触达用户。如果主播误判了用户的喜好，那么定制化生产的商品就有可能变成库存，给品牌方造成较大损失。

在传统快消行业，分销与销售收入往往成强正相关，最大化密集分销是快消品成功的不二法则，但分销商网络过分稀疏和过分拥挤都会对分销产生负作用。

直播电商也是如此。达人带货能直接推动GMV，但这是否意味着品牌方合作的达人越多越好呢？每个行业、企业都有自己的最适密度。这一点很重要，不要贪心，觉得达人越多越好。

羽绒服品牌高梵：与达人合作不贪大求全

国产羽绒服品牌高梵在入驻快手时，选择了与超级丹绑定。因而双方共同打造了超级丹联名定制专款羽绒服，这实现了在直播电商场景下，对品牌的反向定制，最终打造出直播平台特供产品。

○以下为高梵董事长吴昆明的讲述。

我们和超级丹之间的合作可以说是比较成功的典范。我们初次合作之后，觉得丹丹的价值观很正，对未来的展望也和我们的构想很匹配。她就签了我们的独家，羽绒服只带高梵。

她卖起来之后，临沂有很多达人找到我们，都想找我们带。我手下的员工当然想要达人带，因为卖得越多，可以拿到越高的提成。但这个时候我选择了放弃。

如果没有亲身体验，很难知道为什么。我们楼上原来是一家做化妆品品牌的公司，有很多达人帮着带货。但谁来都带，你会发现这个牌子，只有几个月的时间销量猛增，后来慢慢地销量就下去了。一个原因是市场饱和；另外一个原因是很多达人帮着带货很容易“翻车”，比如价格体系乱了。我们感知到那样的做法其实不对，所以一直是很谨慎地在控制。

在山东临沂，我们只跟超级丹合作，不怎么与其他达人合作。其实临沂还有很多快手头部电商主播，但这是我们经过考量之后选择的一个战略。因为在山东临沂地区，超级丹的粉丝和其他主播的粉丝会有高度重合。而在其他地区，比如广州，我们会选择真姐，河北石家庄我们会选择与蕊姐合作。

2021年，我们跟超级丹的团队碰了几次，然后开始针对她开发很多IP联名的产品，有点类似“超级丹专享”。这些产品上有很多差异化的设计。

我们内部把超级丹项目叫作“超级达人项目”，从供应链的匹配到设计师小组，有一个团队专门为她服务。团队里会有研发、客服、物流、营销人员，研发人员大约10个人，客服人员大约30个人，物流也专门划出来20个人，还有3个营销人员。

以客服为例，这30个客服是专门服务超级丹的，他们对于超级丹的粉丝以及她的各方面都很了解，而且快手平台的操作可能跟淘宝平台的操作也不一样。我们会发现，这种分工会给粉丝带来完全不一样的体验，退货、退款都特别快速。所以我们把30个客服分配到每一个小组里去了。

按照我们以前的组织架构，整个研发部门有200个人，客服部门有300个人，大家是吃“大锅饭”的。相对来说，现在的组织结构更精细化，协调配合能力更高。但对于我们公司这样的体量，接下来也只能服务3～5个像超级丹这样的达人。

我们为什么要专门拉出一个团队来服务超级达人呢？因为高梵一个天猫店一年下来也就差不多10亿元的销售额，而超级丹对我们来说就是一个同等分量的销售平台。现在，我们的销售渠道相当于是天猫、京东、唯品会再加上超级丹。

专门为超级丹服务，那超级丹不播的时候那些人干什么呢？多得是事情做。

比如说研发部门。我们光研发部门就有100个人，这100个人服务超级丹、唯品会、天猫等一堆平台，但这100个人只有一个负责人，要全盘考虑这些事情。所以他不会专门研究超级丹这个人。但如果要研究超级丹，就要研究得很深，包括快手平台的变化，包括超级丹的变化，跟超级丹去交流，不断地看数据，这才是真正的“以用户为导向”。

这里的用户指的不仅仅是超级丹。严格意义来讲，消费者是我们的第一用户，超级丹是我们的第二用户，这两个用户我们都要研究。以前那种开发了什么款就让达人卖什么的做法，叫作“以公司为导向”，这两种做法的差距很大。

再比如说，客服与物流部门在发完货、处理完售后之后，得去研究如何能提升服务的方方面面。说白了就是这些部门的KPI要和达人挂钩。如果达人卖不好，那这些部门的KPI都不好。这倒逼这些部门为达人服务，而不是像以前一样“吃大锅饭”，没有用户导向，总想着达人卖不掉，还有A平台可以卖，再卖不掉还有B平台可以清货。只有这种服务方式才能真正把达人服务好。

三、品牌自播的进阶玩法——创始人直播带货

朵拉朵尚李海珍、韩熙贞妮姐、半亩花田西梅，这些品牌创始人都是老板娘做直播，属于品牌自播的进阶玩法。这一部分内容已在主播人设章节中介绍过，这里不再赘述。详细案例见本章“案例：朵拉朵尚从‘淘品牌’到‘播’品牌”一节。

四、找熟悉渠道特点的服务商

对于品牌来说，做直播并非易事，直播间不是一个传统的广告位，而是一个更加高级的广告和流量的承载页面。相比传统营销方式，直播更加动态、具有高不确定性，甚至“主播的口红色号对转化率的影响都很大”。因此品牌从零开始组建直播团队，难免会面临着缺乏经验、缺乏人才、店铺冷启动较难，甚至短期内ROI无法打正等困难。

一些品牌所处的城市，由于人才结构问题，不太容易招到短视频制作相关的人才，主播就更不用说了。虽然品牌方也可以尝试和当地的艺术类院校建联，但培养成本及对应的淘汰率还是挺高的。

有些品类对主播的要求还很高。比如服装这个赛道，特别讲究穿搭，对主播的形象、气质、身材、口齿、穿搭能力，尤其是对服装、款式的理解有着很高的要求。

当面临这些困境时，品牌方就可以找快手的品牌服务商合作，因为服务商很懂快手的生态模式。

服务商可以帮品牌方做哪些事？我们可以参考韩都衣舍的案例。

韩都衣舍：服务商可以为品牌赋能

我们在杭州打造了一个直播基地，来解决公司人才匮乏的问题。我们在杭州租了1000多平方米的场地，打造了4个直播间。更重要的是优化团队里的人才，快速做人才引进，包括主播、场控、短视频人才，甚至是脚本策划。

因为快手需要个人风格很强、接地气、能够融入那种亲切的老铁文化中的主播。这对主播的配合能力和个人素养都提出了很高的要求。

其他平台对主播做强人设的要求没有这么高，而要求的是形象、气质、穿搭能力与口才。快手的主播不一定要漂亮，而追求的是那种亲切感。我们在杭州招了一批新的主播，也在做筛选。希望无论是从形象气质还是转化能力方面，他们都能从高级售卖员的角色里走出来，能更加落地。

我们在杭州选择与上海国象这家服务商合作，因为其很懂快手的生态模式。国象的创始人豪哥（本名：彭琛豪）之前孵化过母婴类账号，卖过童装、童鞋，做过一些服饰品类，对快手的算法也很了解。国象的人才储备池子也比较大，可以用大量主播做测试。比如国象的主播贝贝，她的高转化能力就是一个可供复制的标杆。

在与国象合作的过程中，我们发现其员工的业务能力很强，也在不断地向他们学习。不过论对服装和穿搭的理解，我们自己的主播团队可能更强一些。所以我们也希望两边能够结合一下，产生出一种新的人设，并且可以不断做人设的延伸。

同时也希望有更多的专业快手服务商（KP）加入这个市场，一起做大快手的销售规模。

品牌方自己去组建直播团队，成本确实比较高，而且做内部教育的周期比较长，成本也比较高。但服务商是可以从中赋能的，例如其在销售单量、销售规模上可以做赋能，甚至直播时长上也可以做赋能。因为服务商的团队可以24小时去播，无论是效率还是承接力度，都比品牌方自己做直播更加好。

未来如果有很好的快手服务商，能力强、懂快手，并且主播的数量很多，质量也都很高的话，我们非常愿意与他们合作。

第二节 案例：口水娃分销月GMV突破6000万元

要点

- 入驻快手前，口水娃的线下渠道和传统电商渠道都遇到了增长瓶颈。
- 目前口水娃有一半的产品只在快手上销售；其有专门的数据团队收集数据和市场信息，引导研发和生产团队打造爆款产品。
- 2021年8月起，口水娃开始尝试品牌自播。

在尝试直播带货前，食品品牌口水娃和众多国内品牌一样，面临着线下渠道销量下滑，线上渠道（传统电商）红利消失的境况，年销售额多年徘徊在3亿元上下。

为了寻找业绩增长点，口水娃在新冠肺炎疫情期间开始尝试在快手上直播带货。口水娃依托快分销，结合品牌价格定位，准确拓展和品牌匹配的达人资源；使用数据引导研发和生产团队快速响应粉丝需求，打造直播定制爆款；试水品牌自播为粉丝提供复购平台。通过这些措施，口水娃在快手上的销售快速起量。

在过去一年多的时间里，口水娃先后和超过1200个快手主播合作，每月平均拓展100个新主播。2021年口水娃达人分销月度直播频次如图8-1所示。借力达人分销积少成多，口水娃2021年上半年月GMV超过6000万元，全年GMV有望超过10亿元。口水娃在快手上走出了一条适合自身品牌成长的直播路径。

〇以下为口水娃直播业务负责人谢一凡的讲述。

本节作者为谷永强。

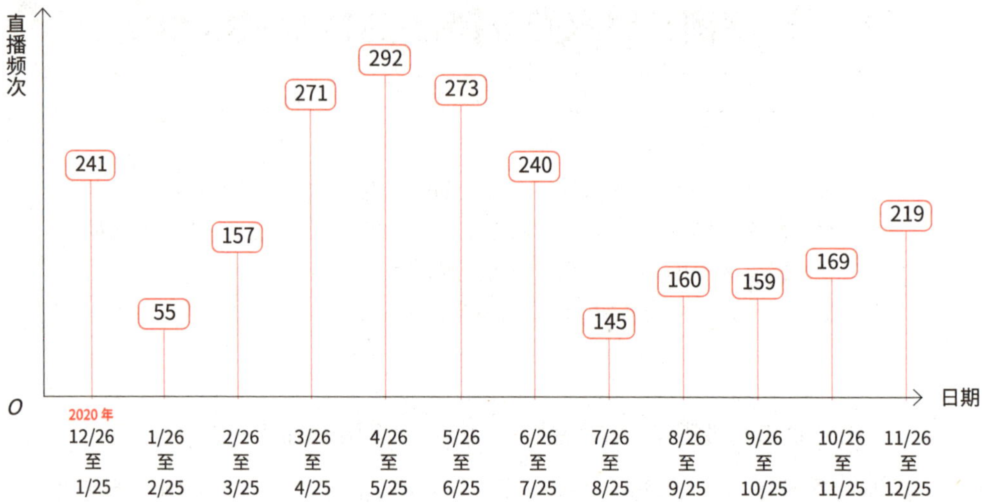

图 8-1　2021 年口水娃达人分销月度直播频次

一、一场直播的销量相当于线下经销商一个月的销量

我们公司是2003年在上海成立的，最初一直为外资食品品牌做代工，2007年因为上海的各项成本太高，所以公司搬到了苏州太仓，之后总部一直在这边。

我们主要是以坚果炒货类产品起家、比如兰花豆、花生、瓜子，然后逐渐往零食大玩家的方向发展，覆盖各个零食细分垂类，比如炒货、面包、豆制品（素肉）、卤制品（鸭脖、鸡爪）、果冻、膨化食品。这些品类我们内部都有自己的研发和生产团队。

我们的品牌取名口水娃，其寓意非常简单，因为我们做的是零食，所以我们的目标用户就是流着口水的娃娃。

在做快手直播之前，我们的产品都是通过两个渠道销售。首先就是线下渠道，通过传统的省、市、区/县3级经销商模式，主要覆盖南方市场；其次是线上渠道，以淘系的天猫超市、京东超市、拼多多三大平台为主。

2019年前我们遇到了增长瓶颈，因为两个主要的渠道都面临一些问题。首先线下的市场在逐年萎缩，这一点是无论哪个品牌都面临的问题。我们的品牌当时能够尽量地维持线下渠道销售额不下滑，团队已经是非常努力了。

其次就是传统电商的红利正在逐渐消失。无论是三大电商的哪一个平台，其实都不像之前那样快速增长。所以说我们线下、线上两大团队都遇到了瓶颈，导致我们公司也经历了两三年的发展瓶颈，销售增长比较困难。

那个时候我们一直想拓展北方市场，但所做的尝试都不算很成功。因为我们不太熟悉北方市场，毕竟我们自己是从南方发展起来的，整个管理层也主要来自南方，更加熟悉南方的市场和消费者的口味需求，北方的市场一直没有找到一个合适的突破口。

在2020年初，疫情期间我们听说直播可以带货，就计划切入这个市场，但是一开始我们不知道如何去做，所以我们就在各个渠道寻找主播。

直到2020年6月初，我通过一个高中同学的朋友，了解到一个河北主播在快手上有30万的粉丝。当时这个主播正好在常熟寻找家纺的货源，我们就问他能不能帮我们直播带货，他就星夜赶往了我们这边。

第二天早上这个主播就来到太仓我们厂这里。这个主播之前也没播过食品，他到了后绕着工厂转了一圈，看到我们所有的产品以后，决定晚上开播。

当时我们连快手都没有下载过，就先下载快手，注册账号开店，上传产品去审核资质，布置整个直播间。布置直播间的时候我们才知道需要打光灯，我们连这个灯都没有。最后还是去太仓市一个做秀场的MCN机构借了一个灯过来。

经过6小时的准备，终于当晚7点28分我们开始了在快手上的第一场直播。直播的时候主播就和我们说你们品牌在快手上要火，那晚他直播间粉丝实时在线1000多人，比平时多了一倍。

这一场播到晚上10点多，3小时16款产品卖了17万元，当时线下渠道我们一个市一个月也就只能卖十几万元。我们想如果一个月有100个主播给我们带货，积少成多一个月就是1000万元的GMV，一年就是一两亿元，就觉得直播带货绝对是这个时代最好的机会之一，没有任何质疑。我们第二天就从各部门抽调了精英，开始专项做直播带货这件事。

二、从零开始组建直播团队

此前我们对直播带货了解很少。第一场直播开始前，主播问我们能不能提供个助播，帮主播介绍产品。我们当时连助播是做什么的都不知道，只好让我们一个电商经理顶上去。决定做直播带货后我们慢慢摸索，随着经验的积累，我们建立了自己的品牌直播团队。

目前我们整个直播团队分为前端和后端两个部分，前端包括BD（商务拓展）团队、直播运营团队，后端主要是客户服务中心和物流团队。

BD团队主要是负责招商，发掘新的主播和对接有合作意向的主播。目前我们有两个招商的负责人，各自带领一个BD团队。BD团队会通过快分销和壁虎看看这两个平台寻找适合我们品牌的主播，达成合作意向后根据主播档期安排直播场次。

直播运营团队是我们专门和主播进行直播配合的团队。和我们合作的主播，特别是首次合作的主播，不可能像我们自己团队一样了解我们家的产品。直播时介绍好产品，配合主播控制直播节奏，和直播间粉丝产生一个良好的互动，这些都是我们直播运营团队能产生价值的地方。

每场直播无论主播粉丝体量大小，我们都会提供4个人左右的直播运营团队，一般包括一个助播、一个运营、两个场控，去帮助主播直播。主播直播时只要安安心心地坐在位子上介绍产品，剩下的事情我们团队来帮他解决；如果主播自带团队的话，那更好，我们可以相互学习。

具体职责分工上，助播负责帮助主播介绍产品，回答粉丝问题；运营负责在直播后台修改价格，上产品链接和更新库存数据；场控主要负责带动直播现场气氛，在主播身后举举牌子，跟主播互动，产生一些呼应。

后端的客户服务中心主要是负责售后服务。我们发现直播是一个很重视和粉丝互动的销售方式，注重互动就意味着售后的重要性被无限放大。主播的粉丝买到产品以后，如果发现有哪些方面不喜欢，就会直接找到主播的客服。

如何减小主播的售后服务压力，解决主播对售后服务的后顾之忧，是我们品牌做好直播专场需要解决的非常重要的问题。一个专场直播结束以后尽量做到没有粉丝因售后服务不好去找主播，这是我们要为主播提供的一个保障。帮助主播把所有的客服问题都解决掉，直播结束后主播就很轻松，这样品牌跟主播的合作才会持久。

专属的物流团队是我们直播团队的第四个组成部门。每个做直播的品牌方在直播销量爆炸式增长的阶段都会遇到物流问题。解决物流难题我们有两个大的原则：一是组建专门的直播物流团队负责直播发货；二是引入专业的物流平台和第三方云仓公司，承接直播带来的物流增长压力。

现在物流方面，我们合作的物流平台和第三方云仓公司比较多，通过合作伙伴可以快速地分散承接我们的直播订单，这样物流压力就会小很多，效率也很高。现在，除了少数预售的产品以外，现货直播后72小时内我们可以做到全部发货。

三、依托快分销和数据平台寻找合适的主播

有了专门的直播团队，接下来就要找到适合播食品的主播。如果一个主播不适合播食品的话，我们盲目地请对方过来，主播花费了自己的时间，但直播间播不出量，双方以后也没有太好的合作机会，这样对大家都是一个损失。

怎么找到适合自己的主播呢？我们主要是通过快手快分销与壁虎看看两个平台和主播对接。

快分销上主播的主页都会留自己的联系方式或者招商信息，我们的招商团队通过快分销跟主播取得联系后，会沟通要播哪些产品，佣金多少，还有专场的一些服务，比如需不需要助播，怎么进行直播预热，大家达成了共识以后，我们就会安排档期准备直播了。

在寻找主播的时候，我们优先寻求专业的电商主播。因为娱乐主播我们很难确定对方是否适合带货，或者对方带货的潜力有多大，但是电商主播有成熟的团队。我们会通过主播小店的评分，包括对方小店的产品质量、客服、售后体验，加上壁虎看看上的带货数据，来判定一个主播大概的带货能力。

因为品牌方和主播是相互选择的，我们也希望主播在我们这里能播出量，能赚到钱，这样品牌方和主播做分销才有长久合作的基础。品牌方要结合自己的产品品类和价格定位选择适合自己的主播。

根据我们的经验，有3项指标可以帮助我们预测一个主播是否和我们的品牌匹配。

第一项是主播直播间实时在线人数，特别是实时在线峰值人数。经过分析我们之前直播的数据，我们发现直播间在线人数直接反映了一个主播现阶段直播带货的水平。如果一个主播在每次开播时有一个稳定的在线人数，这个主播的带货能力肯定是有保证的。

其次是主播直播带货的历史销售额，特别是食品品类的销售额。通过壁虎看看上的历史数据，我们可以了解一个主播以前带过哪些品类，和我们的产品是否类似，以及对方一场直播大约能带多少的销量。

再加上主播粉丝数量，通过这3项指标我们可以对主播的带货能力做一个合理的评估。

从2020年6月到现在，我们陆续在广州、杭州、临沂、石家庄4个地方设立了直播基地，每个基地都有多个直播间，主要是方便当地的主播，让他们不用出远门就可以完成口水娃的专场直播；如果主播要在家里播我们的个别产品，从我们的直播基地送样品过去也很方便。

我们也经常邀请主播来我们太仓的工厂做直播。因为在工厂直播，主播的预热视频的质量也可以有明显的提升。通过在车间和仓库拍预热视频，我们可以告诉粉丝这些主播播的品牌有一个有实力的工厂，这是在主播自己家里面没法达到的一个效果。

到目前为止，和我们合作的主播中，头部主播（250万粉丝以上）可能占10%～20%，小主播（50万粉丝以下）占10%～20%，然后剩下的都是中腰部主播（有50万～250万粉丝）（见图8-2）。

之所以出现这样的局面，是因为中腰部主播和我们这样的品牌更匹配。因为我们的产品定价集中在10～80元，这样的价格和中腰部主播的定位比较合适。大主播可能需要一些高客单价的产品，小主播的话可能需要低客单价的产品，我们的价格维持在一个中间水平，所以可能跟中腰部主播更匹配一些。

目前我们和大主播的合作以新品测试为主。很多新品开发出来，我们觉得有爆款的潜质，就会通过大主播直播间测试一下粉丝的接受度。如果销量不错就可以大规模地铺开生产，如果销量不好也会果断调整。

也有很多中小主播通过快分销找到我们，特别是刚开始做直播带货的小

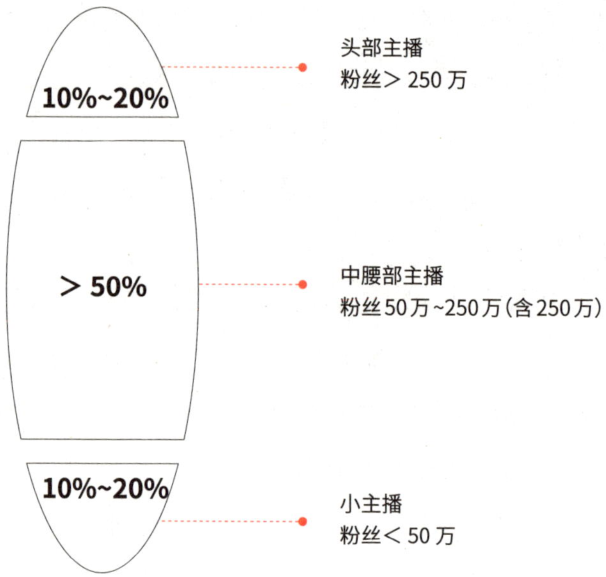

图 8-2　与口水娃合作的不同主播的占比

主播，手上缺乏货源，靠自己去联系厂家也不科学。他们可以通过快分销找到销量好的产品，直接挂到自己小店里面开播。

我们的直播运营团队也会教这些小主播怎么播我们的产品，主要介绍产品实际的成分、产地、保质期等。随着时间的积累，越来越多的素人主播愿意帮我们带货，这也确实帮助我们公司成长很多。

现在我们的品牌在合作过的主播中形成了很好的口碑，一个主播一般一个月就会做一次返场，一年平均有10次返场。在过去的一年里我们品牌合作过的主播大概有1200个，同时每个月会开拓100个左右的新主播。

四、数据引导研发和生产快速反应，为直播打造定制爆款

我们清晰地认识到快手直播是一个很大的风口，所以目前我们有一半的产品只在快手上销售，这些产品只会出现在快手的直播间里，其他渠道是完

全找不到的。

之所以为快手直播定制了很多适合老铁的产品，是因为不同的渠道适合不同的产品。每个品牌方都会为一个大的渠道定制一部分产品，这是每个品牌方和厂家应该都会去做的事。

和传统电商用户相比，我们发现快手老铁追求的不是低价，而是性价比。传统电商因为流量和费用问题，需要较高的毛利去承担各种中间费用，食品行业在传统电商渠道很难做到极致性价比。

在为快手开发直播定制产品的时候，我们特别重视数据的引导作用。在进入直播行业前，我们就有专门的数据团队分析食品市场的销售趋势。目前，我们从3个渠道收集数据和市场信息，来引导我们的研发和生产团队打造爆款产品（见图8-3）。

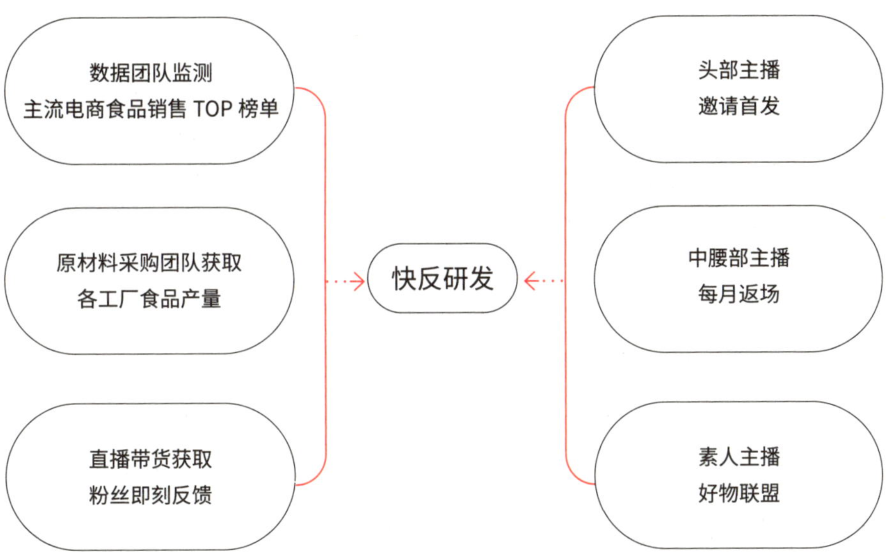

图 8-3 研发和生产快速反应的表现

首先是通过传统电商渠道收集市场信息。现在每周我们的数据团队都会监测主流电商平台上哪些食品品类和产品比较火爆。然后我们会评估这些爆品和快手的人群是否匹配。如果合适我们就会协调自己的研发和生产团队开发高性价比的类似产品。

其次是原材料采购渠道。食品行业的圈子其实不大，原材料采购圈每天都会分享一些信息，哪个工厂最近生产的某款产品卖爆了，最近大量采购哪些原材料，类似这样的信息日常我们都会注意在自己的人脉圈子里收集和利用。

第三个信息收集渠道是快手直播间粉丝的即刻反馈和直播数据，比如粉丝画像和地域分布。

在传统线下市场，从开发一个产品到收到用户大批量的反馈，可能要花一两个月的时间。但是通过直播，新产品上市后一周就能收到第一批用户的反馈，生产部门马上能够根据用户的反馈去调整产品。

同时通过直播带货，我们可以依据粉丝画像、地域分布等数据精准地了解目标用户的需求。我们发现口水娃在快手上主要的消费人群以宝妈和年轻小姑娘为主，地域分布上主要以北方城市人群为主，我们就会为她们定制一些她们需要的产品。

我们有很多根据粉丝画像和用户反馈开发新产品的例子。比如说我们原来卖的普通火腿肠主要是以猪肉为原料，粉丝里面很多宝妈担心孩子只吃猪肉火腿肠营养不够，所以我们就研发了鱼肠，添加深海鱼糜这种原料，满足了宝妈给小孩吃需要营养均衡的需求，成为直播间的爆款产品。

再比如说原来做手撕面包，就是普通的面包，但是年轻女性追求低脂低卡，我们就开发了低脂低卡的黑麦全麦面包。类似这样不断地通过用户反馈和粉丝画像数据开发新产品，是我们的优势，也是老铁喜欢我们的地方。粉丝需要什么，隔段时间我们就能做出什么，这点很关键。

直播给我们的新品研发带来了很大的挑战，但确实也有很大的正向推动作用。原来我们3个月才能开发一款新品，现在直播要求研发和生产团队每个月都有新品上线。品牌如果想在直播的风口跟着一起发展的话，研发和生产团队就必须更快速地响应市场需求，所以说我们也算是在老铁的推动下，不停地推着我们的团队成长。

快反研发也让主播每个月来返场时，我们都有新品供主播选择，这是我们口水娃能在快手立足的一个重要原因。这样老铁每个月在直播间时都会发现口水娃有不一样的产品，就会有耳目一新的感觉，粉丝也会不断产生新的购买动力。

为了及时响应直播的需求变化，我们的工厂安排了专门的直播生产线。也正是因为供应链比较灵活，响应速度快，我们的直播才能做得比较好。如果供应链能力不强，可能在直播的过程中就会出现经常性的断档缺货的情况，这样对老铁和主播来说都是一个很大的损失。

五、自播品牌为粉丝提供复购平台，达人带货仍是直播销售跑量基本盘

除了达人分销之外，从2021年8月初起我们也开始尝试品牌自播。现在品牌自播还处在磨合团队的阶段，每天的销售额在5万元左右，一个月的GMV为150万～200万元。

品牌自播不可能像主播直播一样，具有太强的个性人设。所以我们品牌唯一的人设，就是我们的主播对自己产品与行业的了解足够深入和足够专业。品牌自播的直播间是品牌和厂家的代表，粉丝有任何关于口水娃的问题，在品牌自播的直播间主播都能帮粉丝解决。这就是我们现在正在打造的一个人设。

像口水娃这样的食品品牌，在快手上想靠销售跑量，还是要靠达人带货。因为品牌自播直播间的人数不大可能像大主播的直播间一样，每次开播都有上万人甚至十几万人同时在线，对品牌来说这是很难的。通过达人带货积少成多，品牌每月的GMV也会达到非常可观的水平。

我们对品牌自播的定位首先是为粉丝提供一个复购的平台，因为达人日常要运营自己的账号，忙于他自己的本职工作，不可能每天都帮口水娃带货。老铁有时候想购买零食，一下子找不到人购买，品牌自播每天直播间都有人在，可以帮助老铁解决复购的问题。

同时品牌自播是品牌对外形象的一个窗口。我们的想法是自播直播间的重点不在于卖出多少货，而是老铁有什么问题在这里可以得到及时解决，能够拉近品牌和老铁之间的距离，沉淀一些口水娃自己的粉丝；未来有潜在合作伙伴想找我们的话，也可以通过这个窗口联系我们。

现在我们的自播账号每天都开播，有一个5个人组成的自播团队（见图8-4），基本上是每天从上午10点播到晚上10点，每天直播12小时。我们公司现在规模已经比较大，创始人或高管没有时间亲自做直播，所以我们自播的团队都是自己孵化的。

图 8-4　口水娃的自播团队

我们招募的培养对象都是在直播方面没有任何经验的年轻人。选人的时候，首先看这个人对直播是不是有热情，这是一个首要的条件。其次培养时我们会把他们人尽其用，循序渐进地培养：一开始从场控做起，然后尝试做运营，做完后看能不能帮主播做助播，如果助播表现得好，就可以尝试做自播主播。

这样一个职位上培训2个月，经过至少8个月的现场摸爬滚打以后，他们对口水娃的每一个产品都会非常了解，同时也经历过直播的各个环节，虽然他们还很年轻，但是直播经验都非常丰富。这样培训出来的自播团队成员每一个人都是多面手，可以轮流做自播主播、运营和场控。

虽然现在我们自播的销售额还不高，但是我们要确保自播团队的成员能拿到一个不错的收入。直播这个工作比较辛苦，需要长时间工作以及不停地复盘来进步，所以要在保证他们收入的情况下，让团队的每个人把直播的所有环节都学会，这样万一某个同事身体不舒服时，其他人可以灵活地顶上。

我们自己团队的每一个主播都非常专业，就像我之前说的一样，粉丝的所有问题我们的主播都能帮助解决。这样的话我觉得才是达到了理想中一个主播应有的能力。

对于口水娃来说，未来达人分销依旧是我们直播带货最重要的基本盘。快手上每个月都能涌现出非常优秀的新主播，他们能带货，也有很好的视频内容，我们每个月都会去找这些优秀的新主播，想办法实现合作，这方面我们依旧是抱有很高的希望，会成为未来我们直播带货销量增长的主要来源；同时，在品牌自播方面，我们希望每个月都有进步，不断地提升自播的GMV。这是未来我们要在快手上进一步发力的两个方向。

第三节　案例：品牌自播在快手月入千万的方法论

要点

- 在前期冷启动阶段，以涨粉为主要目标，积累私域流量。
- 建议根据流量结构定选品策略，用爆品吸引新粉，用新品提升复购率。
- 培养适合快手的主播很重要，要去测试不同主播的流量承载能力。
- 在品牌发展的不同阶段，流量投放策略要有所侧重。

2021年6月举办的快手“616品质购物节”，百大品牌在快手自播中的成绩冲刺新高，自播GMV环比增长达151%。其中，韩熙贞、中国珠宝、海澜之家等品牌的自播GMV名列前茅。

国民男装品牌海澜之家2021年5月31日在快手的单日自播GMV突破100万元，成为快手首个日播突破100万元的服饰品牌客户；6月，海澜之家的自播GMV突破1000万元。短短3个月时间，海澜之家就实现了月自播GMV从百万级到千万级的飞跃。

韩熙贞是一个创立于2012年的国产彩妆品牌，目前在线下约有6000个专柜。2021年2月，在认识到快手社区的强大黏性后，韩熙贞的品牌创始人王妮决定亲自上阵，用账号“韩熙贞妮姐”开启自播。目前，韩熙贞在快手的自播月销已超过1200万元。

如今，越来越多的品牌官方账号在快手交出了优秀的成绩单。最近，雅鹿的品牌账号0粉开播，开店一周粉丝量就破10万，日GMV突破100万元，16天自播GMV累计突破1000万元。

品牌成功的背后，也有快手电商、商业化等多部门建立的协同机制在发

本节作者为快手研究院研究员杨睿、研究助理冯荦枫。

挥作用。它们组成联动小组，为一些品牌客户提供精细化运营服务。

我们对话快手相关运营团队，多维度总结了一些在快手做品牌自播的经验和方法论，希望能给计划在快手做自播的品牌方提供参考。其他商家和达人也可以借鉴运营团队给出的建议，进一步从人、货、场的维度优化自己的直播间。

○以下为快手运营团队的讲述。

不少品牌方都是自己摸索着在快手做自播。快手运营团队从 2021 年上半年开始密集接触一些品牌方，覆盖了鞋服、美妆、珠宝、数码等多个类目。同时，快手电商、商业化等多部门形成了一个个联动小组，一起为品牌自播提供精细化运营服务。

简单来说，我们的工作就是协助品牌方做几件事：结合快手高粉丝价值和高复购率的特色，针对直播间运营、主播运营、货品结构和投放策略给出一系列优化建议，帮助品牌账号顺利度过冷启动期，进入快速发展阶段。

前期，我们会结合每个品牌在快手的发展情况，做一个有针对性的自播进度规划。品牌方可以依照这个模板去调整， 无论是短视频的优化，还是主播和选品的调整，大致都是这些方向。每个品牌方在初期都要做出自己的规划，这样才能把整体流程规范起来，不会有遗漏。

有的品牌方做规划，甚至会细化到以天为单位，流量端、内容端和货盘端分别由谁来负责，做哪些事情，每天推进的进度如何。这样做会让整个流程非常清晰，哪个环节的结果不理想，就到哪个环节中去找问题。

品牌成功的自播经验，可以总结成一个公式：好的产品 + 好的直播间运营 + 好的主播承接 + 好的投放策略 = 优秀的直播间带货成绩单。

一、在冷启动期关注涨粉

其实在我们介入前，一些品牌往往已经有了10万到几十万不等的粉丝，是花了比较长的时间通过各种方式涨起来的。但我们也发现，这些粉丝并不怎么活跃，有些品牌方也没有意识到在快手经营、维护老粉的重要性。

在快手，我们更强调粉丝，而非流量。韩熙贞是目前在快手上卖得很火的一个护肤品牌，它的创始人有句话让我们印象特别深刻："从前，大家把人当流量。在快手，一定要把流量当人。"

在和这么多品牌方合作之后，我们对此也有了很深的感受。有的时候，公屏上会有粉丝询问，比如150斤（合75千克）可以穿多大码的T恤。主播如果没来得及回复，直播间里的老粉甚至会替主播回答。品牌开直播的时候，有些粉丝还会在直播间问："你们家的这个主播今天怎么没来，那个主播去哪里了？"这些很简单的例子其实说明了，快手的老粉是很温情的人，他们真的是把主播当作自己的朋友。

来到快手的品牌方应该能很明显地感受到，我们的粉丝黏性很大，私域的优势很明显。所以对于一个全新加入的品牌来说，前期冷启动阶段一定要重视涨粉。品牌方应先去做内容，然后积累粉丝。有了一定的粉丝基础，再加上主播、货盘都准备好之后，就可以开展一些大促活动了，我们称为"Big Day"。

我们也是根据这个逻辑，为品牌制订了它们在前期冷启动阶段的计划：以涨粉为主要目标，积累私域流量。

品牌方可以利用快手提供的商业化工具——磁力金牛来给生意加速。磁力金牛有很多优化目标，包括涨粉、订单支付、ROI、直播间观看，等等。我们给品牌方的建议是，前期一定要先去做涨粉工作，尤其是新起的品牌账号，要先“蓄水”。

现在我们通常会建议鞋服类的商家在冷启动期将80%的预算用来投涨粉，20%的预算用来投订单支付；增长期可以把60%的预算投涨粉，剩下的投订单支付。

经过前面的积累，有了一定的粉丝基础之后，Big Day是品牌进一步获取粉丝的重要渠道。通过Big Day，品牌可以打出一些声量，在快手上有更多的曝光，让越来越多的老粉了解品牌的存在。

在快手，我们一直强调私域的重要性。快手账号的粉丝会比其他平台的粉丝更有价值。他们在带来GMV的同时，也会带来直播间的场观，以及绵绵不断的复购。这些粉丝严格意义上是真正属于品牌的资产。

我们是短视频+直播平台，想要涨粉还是得靠优质的内容去吸引人。但我们在跟不同品牌合作时，发现了一个普遍存在的问题：品牌方的短视频制作能力并不是很强。

首先是短视频数量不够，其次是质量也参差不齐。尽管很多品牌方都是从线下转到线上，是从图文时代走过来的企业， 可能做平面内容是它们的强项，但制作短视频内容的能力还需要提升。

所以我们建议处在前期和成长期的品牌，在人力充足的情况下，保证每天发5～10条短视频，目的是引流至直播间和私域运营。我们有个形象的比喻，直播间相当于一个水池， 而短视频则相当于往水池里灌水的水管，水管越多，水池里的水才能聚集得越多。

而作品的质量往往决定了涨粉的成本。我们知道，曝光涨粉率是一项比较重要的指标，数据的多少其实主要取决于素材的优劣。如果我们的短视频做得足够好，封面足够精良，视频曝光所带来的粉丝就会更多，也就能节省涨粉成本。

二、货品策略：“爆款 + 新品”

除了粉丝，货品结构也是品牌需要关注的重点。品牌来到快手，首先需要进行货品定位，确定好货品面向的人群。

但我们也发现，还有一些品牌方的货品存在较多问题，比如价格过高、款式不多、实用性不强、库存深度较浅等。我们建议在货品定位上，根据快手的特性与其他平台进行区别， 可以卖一些性价比高的货品，扩充货品的品类和 SKU，解决库存深度过浅问题。

有些品牌方一开始采取的货品策略是爆款模式。爆款是指对人群的吸引力比较大、很多人会迅速下单购买的产品，它的特点是转化率极高。品牌方想要知道自己货盘中的哪些货是爆品，可以通过各方面的数据综合判断。比如，可以参考线下门店及其他线上渠道的数据，也可以在冷启动期通过不断测试货品得出每个货品相应的转化率。

用这种爆款逻辑去做自播，能够帮助品牌快速吸引从公域来的新客。新客进入直播间后会果断下单，并且有极大概率成为店铺的粉丝。点了关注成为粉丝之后，他们下一次就有可能进直播间来看直播。爆款其实是品牌方与新客建立信任关系的一种途径，在有了信任之后，他们会买更多的产品。

但要注意的是，我们在维护老粉时，要配合着上一些新品，否则可能会导致老粉在直播间里“买无可买”。品牌方在对货品结构进行调整后，复购率又会有一定的提升。有一个我们参与运营的女装品牌，由于把快手私域维护得特别好，即使每天的投入不多，日播也可以做到突破10 万元的好成绩。

所以我们给品牌方的建议，就是在大场活动时通过爆款拉动整体的 GMV，日常自播时可以拿出特定的时间或时长去播一些新品（见图8-5）。这些货品不一定是当季的新款，也可以是在直播间出现频次不高的产品，去推一推，提升整体的粉丝黏性和复购率。

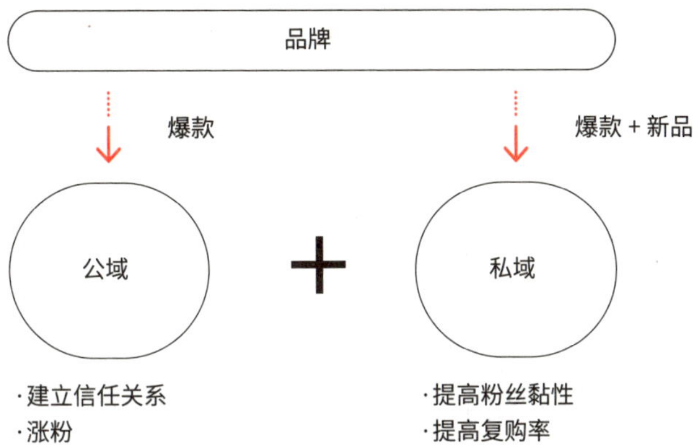

图 8-5 根据流量结构制定货品策略

三、统计主播分时 GMV

我们常常会说，直播间是粉丝点击后进入的第一个落地页， 而且是动态的、交互的。直播间的视觉效果显得尤为重要。在快手要打造一个优质的直播间（见图8-6），需要有好的场地布置以及配套的直播设备。

图 8-6 好直播间具备的能力

在配备良好的硬件条件的同时，直播间还需要有相应的人力进行支持，包括主播、副播、场控等。一些自播做得比较好的品牌，直播间通常会配备一个主播、一个副播、两个场控、两个投放，每天的直播采取轮班机制，主播轮番上场。

一个品牌在快手做自播，一定要有成熟的、适合快手的主播。因为主播是直播的核心，快手主播需要不停与粉丝互动、拉近距离，这对主播也提出了更高的要求。

很多品牌方都是多条腿走路，但为不同的渠道准备一样的货品、标一样的价格，主播甚至也是共用的。我们其实不太建议主播共用，因为每个平台的特点不一样。比如淘宝主播， 要把货品、优惠券使用方法等讲解得很细致，节奏相对会慢， 而快手、抖音的节奏很快，随时都像在做促销。相比较而言，快手的节奏更快，对主播的流量承接能力要求更高。

有些品牌的总部不在杭州、广州这样主播较为密集的地方，从外地引进成熟的主播难度比较大，而本地主播成长到一定阶段后又有流失的风险。那么，如何在有限的条件下培养出好的主播呢？

首先，前期可以通过记录不同主播在直播间的流量承接能力来发现高潜力主播。主播的流量承接能力对直播间的转化起到至关重要的作用，即使是相同的直播计划、直播时间段和货品，通过不同主播来播，产生的GMV和ROI也是不同的。

我们会建议品牌方对不同主播在不同时间段的流量承接能力进行记录，筛选出表现不错的主播，进行重点扶持，也给其他能力稍微弱一点的主播树立一个标杆，让他们学习。

此外，磁力金牛是配合直播间的节奏进行投放的。主播在直播时，我们可以逐渐放量，并在磁力金牛的后台观察这段时间ROI的增长。如果ROI持续提升，说明这个主播的流量承接能力还可以，留得住人。一旦ROI开始下降，就说明主播流量承接能力到上限了。

一个主播的流量承接能力在短期内是有限的，但也可以通过培养获得不断提升。Big Day就是一个培养主播的好机会。我们发现，有些品牌在举办了Big Day活动之后，几个主播的直播能力明显变强，在互动上也更接地气，直播间的人均观看时长同比增长了30%。

与服务商开展合作也能帮助品牌方在快手快速上手自播。服务商拥有丰富的直播经验，能够为品牌方提供优质的主播以及一系列的运营策略。

上海国象就与多家服饰品牌合作过自播专场，自己也有签约主播，比如贝贝。我们以某一场品牌方的Big Day为例，当天品牌方自己的主播直播12小时，GMV为60万元，而国象的主播贝贝直播3小时，GMV达到近50万元。而且从快手生意通后台可以看到主播的流量承接能力（见图8-7），贝贝的爆发力特别强，这是快手直播独有的节奏感。

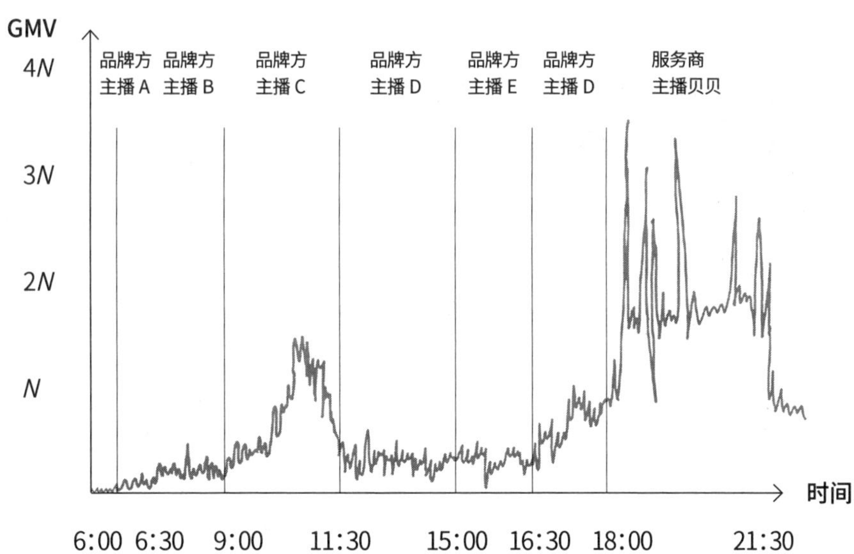

图 8-7　快手生意通后台可看到主播的流量承接能力

（注：图中的 N 指代数值，“2N”“3N”“4N”代表 N 的相应倍数）

类似贝贝这样的主播，协助品牌方完成了销售目标，同时主播还可以形成一种鲇鱼效应。贝贝曾是一位快手童装主播的副播，已经有两三年的快手直播经验，而且对快手的直播节奏、转化都很有想法。贝贝给品牌方做的几场直播，效果非常好，这刺激了品牌方自己的主播去竞争学习，从而提升了他们的积极性和主动性，也提高了直播的效率。

四、流量投放“三步曲”

品牌进入快手一般会经历3个阶段：冷启动阶段、测试/转化阶段和增量阶段（见图8-8）。在不同阶段，我们的投放策略会有不同的侧重点。

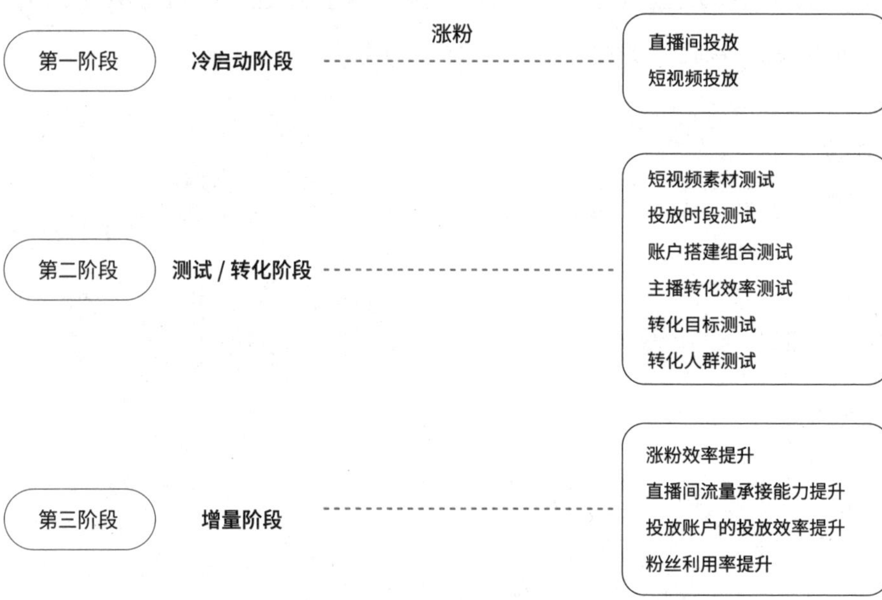

图 8-8　品牌进入快手经历的 3 个阶段

在前期冷启动阶段，涨粉是最重要的环节，具体的流量投放策略是进行直播间和短视频的投放。

投放直播间，是直接向粉丝投放直播间，并搭配直播间策略玩法，比如海澜之家在直播间不定期开展的免单、抽奖活动等。而投放短视频是通过账号优质视频内容的推送得到更多公域流量，并带动粉丝分享到站外，从而获得更多非账户粉丝的关注。我们建议品牌账号每天有5～10条视频的更新，视频的类型可以包括创意视频、商品讲解视频和品宣视频。

投放的第二个阶段是进行测试和转化，也就是要求品牌方找到更合适的投放频率、更精准的目标人群以及更适合的转化出价。

测试短视频素材，具体而言，就是对不同类型的短视频素材进行投放测试。如果某一类型的短视频素材的产出和投放效果好，就进行复制。测试投放时段是指根据不同时段的转化效率，向不同的人群进行投放，并分配投放占比。

一些品牌方在前期与我们的投放团队合作，反复进行多维度的投放测试，在一段时间之后初步得到了一个适合品牌自播的投放模型，后续也在做进一步的优化。

品牌在经历冷启动和测试/转化阶段之后，已经能满足日常流量投放的需求。后续我们建议通过精细化运营，稳步提升流量的利用效率和直播间的转化率，特别是涨粉的效率一定要匹配品牌自播的增长率。

如果把时间具体到品牌的单场Big Day活动，我们将投放方法论划分为活动前和活动中。

在活动前，品牌方可以使用磁力金牛做充分的粉丝积累，并运用粉条唤醒账号的粉丝。发布视频素材，还可以增加粉丝黏性，并获得自然流量。

在活动中，品牌方可以从投流工具、货品和直播间3个角度去细化具体的策略。在投流工具上，磁力金牛与粉条应结合使用，通过磁力金牛触达公域，利用粉条激活私域，并挑选出高互动数据表现的短视频，去做投放引流。

在货品上，丰富直播间货品的SKU非常关键。不同款式的货品投流方法也会有所差别，在介绍爆款及利润款时，通常需要加大流量投放，促进粉丝转化，以提升整体的销售额。

此外，在Big Day活动开始时，我们通常会要求品牌方使用优秀主播进行直播间的开场，这有利于在开场获得更多流量，为后续转化打好基础。在直播间内，主播的状态和能力也会影响到整体的投放效果，有激情、亲和力强、会与粉丝互动的主播流量承接能力更强，转化率也会更高。

其实精细化运营需要对每场直播进行复盘，然后去优化各项指标。我们也为大家提供了一些重要的指标，可供复盘时参考（见表8-1）。

表8-1　复盘时可参考的数据指标

类型	数据指标	
人 流量结构	粉丝购买率	=有购买行为的粉丝数 / 粉丝总数
	粉丝激活率	=激活的粉丝数 / 粉丝总数
	30天复购率	=在30天内复购的粉丝数 / 购买的粉丝总数
货 货品结构	货品SKU	是指货品的属性，包括颜色、尺码等
	货品价格	货品的单价
	平均货品客单价	=所销售货品的标签价格之和 / 货品的数量
	平均客单价	=货品实际销售额 / 购买的粉丝总数
	货品过款速度	=单场直播总时长 / 单场直播的货品数量
场 直播间 留人能力	平均素材CTR	是指账户素材的平均点击通过率
	单场直播ACU	单场直播的直播间内平均在线观看人数
	近7天ACU	近7天的直播间内平均在线观看人数
	停留大于1分钟的观看粉丝占比	=在直播间停留大于1分钟的观看粉丝数量 / 观看粉丝总数
	人均直播间停留时长	=直播间内观看粉丝停留时间总和 / 观看粉丝总数
	UV（独立访客）价值	=单场直播的总成交金额 / 单场直播的直播间观看人数总和
	主播单小时GMV产出	是指主播每小时产出的成交金额

第四节 案例：朵拉朵尚从“淘品牌”到“播”品牌

要点

- 李海珍在做主播前做了10年电商，只会闷头研究数据。进了直播间之后，她才发现竟然可以与消费者有如此近距离的沟通。
- 创始人做品牌自播有什么好处？
- 产品线和产品结构如何做出调整？

护肤品品牌朵拉朵尚一度被称为“淘品牌”，是淘宝时期成长起来的手工皂品牌。2020年4月中旬朵拉朵尚才开始在快手上直播带货，但短短半年就积累了300多万粉丝，到2021年12月26日已经拥有2351万粉丝，月GMV也逐渐提升（见图8-9）。朵拉朵尚在快手的成长速度令人惊叹。

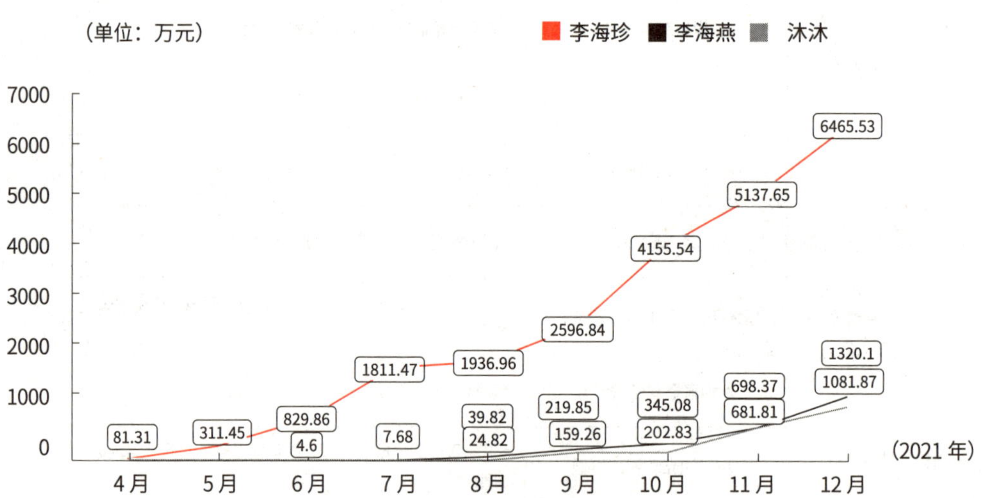

图 8-9 朵拉朵尚直播矩阵月 GMV

本节作者为快手研究院研究员杨睿。

朵拉朵尚在快手崛起的秘诀是什么？创始人李海珍为我们进行了详细解读（见图8-10）。

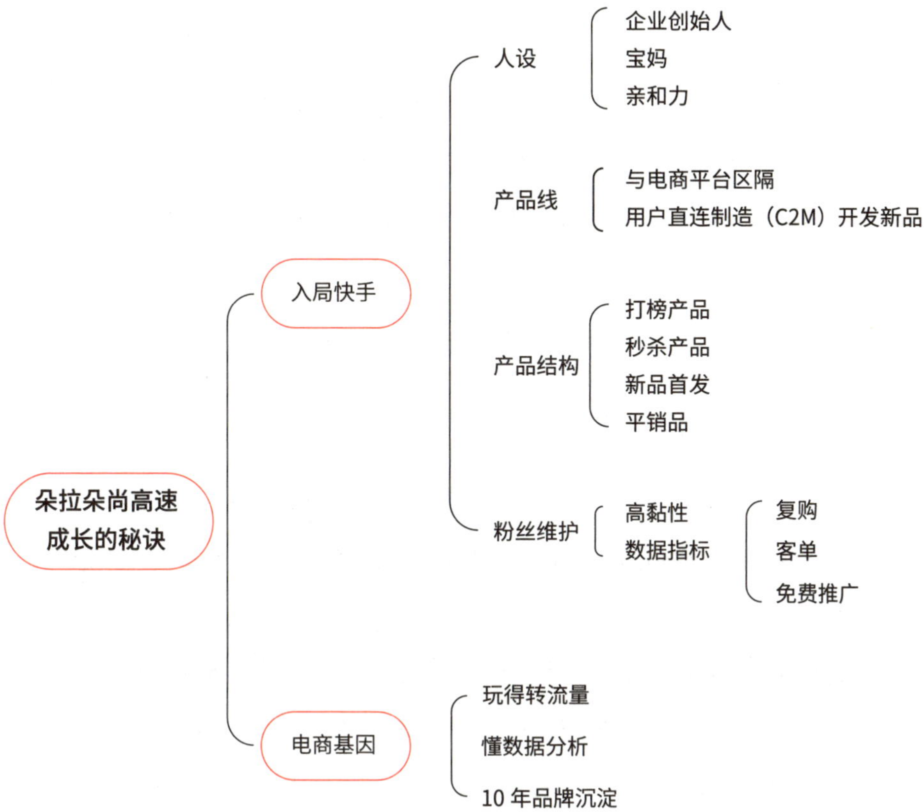

图 8-10　朵拉朵尚高速成长的秘诀

○以下为李海珍的讲述。

我们和快手是深度合作伙伴。我自己没做主播时，在快手上一年的投入也很大。我们做信息流广告，把流量跳转到天猫。从 2020 年夏天开始，我们也给快手等平台的大主播供货，结果发现，利润点都给了主播，品牌方自己剩下的利润特别少，而且卖得好的产品爆单了要备货，卖得不好的又留下一堆库存。

后来我们就想，要是把产品的利润做高了，消费者可能不买单；要是利润低了，找主播带货又不可能。想要利润还不错，又能自控，粉丝还在自己手里，肯定要自建渠道。其实从电商的发展历程来看，开始也都是代理商，后来才有品牌商直营。

我们判断，未来三到五年的主流，一定是品牌自建渠道，粉丝直连工厂、品牌。而我们的电商业务做了这么多年，已经发展成熟了，于是我们决定尝试新的领域。一开始做直播的时候，直播间里只有二三十个人，慢慢地，我们就这样干起来了。

为什么朵拉朵尚在快手上成长得那么快？我总结了几个原因。

一、品牌创始人做直播

我们当时分析了快手上的好几位主播——倚后传奇、77 英姐、猫七七、贺冬冬等，把她们都精准地分析了一遍，然后就拿一块黑板，给她们打标签。

打完标签后我们做减法，比较出我自己的标签——我是谁。往高了说，我是朵拉朵尚这个10年品牌的创始人；往接地气的方面说，我是3个孩子的宝妈。这是她们几位主播都没有打的标签。在直播间的状态呢？我的亲和力足够强，这也是根据我自己真实的性格来定的，不是有意为之。这样，3个标签就出来了。

这3个标签都有助于粉丝迅速对我建立信任感。我们是10年国货品牌，而且创始人进场，带给粉丝的信任感是一般的职业主播比不了的。对职业主播来说，这就是她的一份工作。但对老板来说，我不能毁了我的牌子，我是发自内心地想告诉大家我为什么要做这个牌子、能提供什么样的好产品，就差凑到粉丝耳朵边上去说了（笑）。

我有3个孩子，他们偶尔会在直播间露面。前几天我家老二和老三在直播间打起来了，粉丝看热闹不嫌事大，说李总太不容易了，我们家也有这样的熊孩子。这不是策划出来的脚本，是生活中非常真实的一面，粉丝会觉得即使你亿万身家也和我们是一样的，也是个妈，这能够迅速激起女性的同理心。

标签有了，流量投放的区域也就圈出来了。猫七七是上海的，贺冬冬是北京的，77英姐是义乌、广东来回跑。我们划定目标人群其实就跟画圈一样，要错开、有差异性。年龄阶段也不一样，倚后传奇的人群年龄偏大一些；77英姐的人群更加高端一些，同样一个年龄段，她的粉丝消费能力更强。

我们的短视频团队也会围绕我身上的这几个标签去规划内容。比如老板创业侧的，家庭生活、亲情、感恩的点，都会通过短视频体现出来。

当然，现在我们也有些“幸福”的烦恼。有些快手主播，包括我们自己的朋友，也在模仿我们的3个标签——创始人、宝妈、亲和力。等过一阵儿她看见另一个主播的人设也挺好，又想着取这家的精华。这也抄抄，那也抄抄，结果抄成了四不像。我也跟我的一个朋友交流过，跟她说上来先别这么猛，前期还是要慢一点、稳一点，不要一上来就把人设弄砸了。

二、为快手开发产品线

我是 2020年4月18日那天开始直播的，4月底就开始尝试开发新产品，5月、6月开始慢慢进入状态，前期赔了好几个月的钱。

我们原来在天猫上卖的主要是身体周边类的护理产品，比如磨砂膏、护手霜、除螨皂。做快手直播后我们发现，在天猫上和在快手直播间里卖的量跟我们预想的不一样。

为什么会这样呢？因为我们的粉丝以北方人居多，皮肤干燥是常见情况，她们都希望皮肤润润的，这是大需求。于是我们有针对性地开发了包含化妆水、乳液、护肤霜在内的大套装。像周边类的产品，比如磨砂膏不一定天天用，但大套装是要天天用的，基本上出门前都要抹一下化妆水和乳液。

原来朵拉朵尚做电商，服务的是18～30岁的年轻人，她们一般不需要淡斑、抗衰，能做到补水、保湿、滋润就行了。但在快手上，我的粉丝群中年龄30岁以上的有很多，她们的痛点就是干、黄、皱纹，尤其是三四线城市的粉丝。那我就要去开发美白类的产品。

我跟粉丝连麦，做调研之后，会让工作人员联系粉丝，给她们寄一份小礼品。虽然只有几十块钱，也不是很贵，但对她们来说有一种被尊重的感觉。有了她们的联系方式，我们再开发新品时会第一时间发给她们，邀请她们做产品的体验官。如果她们反馈不好，那产品就要调整，甚至直接淘汰。

我们前几个月没有盈利，因为一直在测试直播间里那些我们看不见的粉丝，了解这些潜在消费者的需求点。现在我可以非常自信地说，我们开发产品的成功率越来越高了。

我们做了10年电商，2012年电商品牌刚起来的时候，从线下看，天猫都不能做，怕把整个传统体系打乱。刚开始我们也是形势所迫，后来主动开发了天猫版产品，再接着是唯品会、京东版产品。为什么我们刚进驻快手时会拿天猫版产品去卖？当时我们没想到会在这么短的时间周期内就要开发新品，原计划是到当年6月或7 月再开发，后来也是抓住了时机，效率比较高。

调整产品线还有一层原因——我们不想让快手用户到天猫去比价。按说比价是好事，但如果同样的产品在快手卖168元，在天猫我挂368元是卖不出去的。这也会影响我在天猫的上架动销率。这是天猫考核店铺是否健康的一项指标，不是说产品挂上去就行了，而是要能卖得动。

这一年我们为快手开发了200款产品，我在天猫上做了这么多年，都没开发那么多。它的玩法不一样，在天猫上通常就是那么两三个款，而在快手上，你需要像走流水一样，这个款卖一段时间以后需要有一段消化周期，等粉丝把产品消耗得差不多了以后再继续。

三、产品结构按直播需求分层

我们会对产品做分层规划。比如说打榜产品，肯定要性价比高，因为打榜实际就是买对方的流量，要在很短的时间内做转化、成交。那就要让粉丝一眼就能看到实惠，要快速成交。所以打榜的时候没法把产品讲得很透很细，因为没有那个时间。

打榜的产品件数要多，要有超高的性价比。不少主播打榜的产品都要求利润很高，但我跟别人不一样，我打榜的产品利润点是很低的。因为我的目标很清楚，就是要吸粉。我要尽快成交，放低利润额，只要有用户资料留存就行。当她们来到我的直播间，给我点了关注，就是我的粉丝了。我再慢慢向她们讲解，有针对性地卖一些高毛利、高客单价、有溢价的产品。

比如，套盒、精华液、眼霜是我经常用来打榜的产品，因为好讲解，也都是粉丝需要的。打榜的时候，对方直播间里的人群你是看不见的，这时候就不用再细分人群了，用大品类、性价比高、好讲、刚需的产品就可以了。

我经常会拿沐浴露、身体乳做秒杀品，这样不会影响面部护理品类。秒杀品的特点，第一是性价比高，因为目的很简单，就是为了获取新客户。放秒杀品的时间也很明确，推流来的流量，我就放秒杀品。来了流量，第一成本不是很贵，可能几元钱一个人，但是人多就获取了客户信息，只要她在我这儿买过一次，下次肯定还来买。

总之，秒杀品就是讲究单一、低价、福利。比如，我店铺里几十元钱的福利品，不能影响到我打榜的品类，也不能影响到我正常平销的品类。

每个产品线的目的都不同。实际上，我们在开发产品时就做好了产品定位，这个产品怎么卖、成本是多少、怎么定位，都事先设计好了。从结果倒推，这个产品我要订10万单，为什么要订10万单，而不是1万单？从一开始产品做规划时我就很清楚这类问题，这就比主播去市场拿货可控多了。

四、加速引擎：老板亲力亲为

我们之前也考虑过让公司的人上直播，也找过好几个人，但是仔细琢磨后发现创始人亲自做直播有4点好处。

第一，你自己不懂，更没法指导他们。老板都怵这个，是不可能干好的。

第二，员工很难在现场直接做决策。比如，这个决策会让我一个月亏500万元，他们能做主吗？他们即使能做决策，最终是不是得由我来承担这个成本？刚开始我一个月亏好几百万元，前3个月亏了将近1000万元，到第四个月才盈亏平衡，到第五个月才稍微有点合理的利润。老板不亲自上，推得不可能这么快。

老板自己上，可以及时、灵活地拍板、决策。比如，今天你临时一看人气不行，好！送10部手机、1万元钱，或者送20万元的红包。老板得打个样，下面的人才知道怎么干。你都没经历过这些事，就让他们发20万元的红包，亏了怎么办？

第三，你当过老板，这个行业你懂吧？市场你懂吧？选品你懂吧？推广你也懂吧？直播现场能懂，销售也能懂，这种综合性的身份，换作另外一个人很难做到。

第四，前面说过，我们仔细分析了同行，要做差异化人设，其中一个标签就是创始人入场，所以我上更合适。

当然，比较难的是，你又得当主播，又得当老板，累！光做主播也行，你不用操心管理的事、不用操心供应链的事、不用操心团队的事。

五、充分利用平台，多渠道获流量

快手有多个流量入口，每个渠道我们都要获取。

前期我们是靠打榜涨粉，打情感主播的榜，一直到粉丝量100多万时都是打榜，后来是打榜+推流。现在快手有了磁力金牛，不同的营销场景要结合不同的投放方式。

现在我们再来看打榜和推广。推广是市场化、正规化的。打榜很容易被别人带着节奏走，对方脾气好与不好、当天的状态好与不好，都很影响那一瞬间的转化，而推广在这个方面就完全可控了。

我们打榜也打了很多，但有时候就是转化不过来。我给他刷了5万元的榜费，一共才帮我卖了七八万元的货，那我的成本回不来啊！这次我给他刷个5万元的榜，他可能卖个10万、20万元；同样一个人，下次打榜可能只能卖几万元。所以说打榜就是“一脚高一脚低”，不好做规划和推算。

现在我们推广和打榜基本上是一半一半，下一步就是六四分，往后就是七三分了。而且随着我们的粉丝量越来越多，现在也基本上没榜可打了。

快手所有的流量我们都在获取。随着平台越来越成熟，我们可以获取流量的渠道也越来越多。作为专业玩家，我们最怕的就是钱花不出去，只要给我们花钱的口子，我们能很快把销售额拉起来。

我们还会应用快手站内的工具，包括粉丝的裂变分享。我们一般都会让粉丝帮忙去分享，比如你觉得这个产品好、觉得我讲得还不错，就帮我分享，有些粉丝能一个人帮我分享给二三十个人。

如果不做活动，让人家给分享也很难。比如说我经常发幸运星、经常挂手机，挂了手机你想中就要分享啊。有的主播一部手机挂一天，我们一般5部手机就挂3～4小时，中的概率高很多，所以粉丝们愿意分享。而且我要亲自和她们互动，告诉她们怎么分享，比如，先分享到你的朋友圈，要分享我的直播间，有一个分享二维码，分享得越多，中奖的概率越大，得不断引导她们。

幸运星、红包、粉丝团……只要是快手的工具，我都要研究、了解得透透的。我们的运营团队会专门去做研究，还有裂变分享机制，我都让他们去研究。传统电商转型做快手，在这方面相对来说简单些。

六、数据驱动营销

这十几年，我一直在做电商、数据、推广、销售。我对数据很敏感，每个月给自己定的业绩目标上下浮动不会超过10%，搞活动定的营业额上下浮动不会超过5%。我脑子里是有一套逻辑算法的。

我们有一个市场部，会专门跟进数据分析。比如，今天早晨我带这个产品时直播间多少人、卖了多少单，会统计出单笔的转化数据。还有第一次转化数据、第二次转化数据。这个品我带了7天之后，我就能知道大概的转化率。再搞活动时，直播间人数比如是10万人，按单品转化率，其实就能测出活动的营业额了。

我现在几乎不用看具体数据，脑子里就有一个大体的认知，知道直播间人数最多时应该带什么品。GMV= 单品 A 转化率×流量×单价 + 单品 B 转化率×流量×单价 + …… 像这些基本的数据模型，已经内化在我的脑子里了。

很多主播说想来学，我会给他们看我的数据统计维度：当天花费、当天销售额、全天涨粉、推广涨粉、其他涨粉、当天营业额、观看人数、直播时长、小火苗、小店通、智能推广的投产比、主号的粉丝团、竞争对手数据，等等；再看我的产品数据，我带的每一款产品都有转化率、退款率、单价，有了转化率我就知道每个产品大约能卖多少。

随便拿一款护手霜举例，因为直播间里的人是流动的，我每过2～3小时会再带一波。那我就要计算第一波的转化率和第二波的转化率。这些市场部能实时统计出来，但其实我脑子里也有。

我每次要上某个品，会预估一下要上1000单还是2000单，而直播结果几乎跟我的预期差不多。我打榜的投产比也很高，因为我事先就会算得比较清楚。比如，我自己直播间里有1万人，对方直播间给我引流了1万人，我的直播间转化率为5%，我就能卖500单左右；他的直播间转化率为15%，我就能卖1500单左右；加起来一场大概能卖2000单。那我第一次应该上30%，第二次60%，第三次10%。

以前我是天天跟员工打交道，我的员工再跟粉丝打交道，我跟粉丝之间隔了一层。现在我直接连接粉丝，离粉丝更近了。以前我们的数据靠统计，是后知的；做直播以后，数据随时都在我的脑子里。

你还得看大盘数据，驱动自己的成长。比如行业的增粉数据，假如美妆是 15%，你是 8%，那你就拖后腿了。行业的美妆营业额增长数据是 12%，那我一定要超过 12%，我要做到 30% 才相对安全。比如复购率，如果同行是 60%，你只做到 10%，你永远增长不过别人，这就像一个漏斗，来得多漏得也多。我虽然毛利低，但是我老客户的复购多，我总有一天能超过你。

数据团队我自己亲自带，两三个人就够了，能满足我的需求就行。

从流量到留存再到深耕，我们有个营销漏斗模型。我给自己设置了成长“三步曲”：第一步是要在前 6 个月搞定流量，这和做淘宝是一样的，没有流量我肯定要先搞定流量；第二步，中间 6 个月搞定转化，流量进来了，就要去优化内容、人设、产品线和评价；第三步，也就是第三个 6 个月，流量有了，转化有了，粉丝基数也上来了，就要搞定客单价。

09

第九章 产品与创新策略

本章知识点

1. 品牌为什么要专门为快手定制产品？
2. 品牌怎么为快手人群研发新品？
3. 新品牌冰泉是怎么利用快手做起来的？
4. 老品牌荣事达是怎么利用快手机遇的？

本章出现的案例

第一节 概述

我们在调研过程中发现，有越来越多的品牌方专门为快手开设了生产线，或是专门为快手研发新品。在这一章中，我们会着重探讨几个大家都很关心的问题。

一、品牌方为什么要专门为快手定制产品

这背后有很多原因。从很多品牌方尝试的结果来看，即使是同一个品牌，在不同渠道能成为爆款的产品也是不一样的。这里，我们会举几个例子来说明。

1. 维度1：用户不同，需求不同

第一个例子是护肤品品牌朵拉朵尚。“80后”“90后”的读者可能听到这个名字会觉得耳熟，朵拉朵尚是在淘宝卖精油皂起家的，后来慢慢将自己的产品聚焦在身体护理与周边产品上，比如磨砂膏、护手霜、除螨皂。

朵拉朵尚最开始在快手开直播时，也是把天猫上的产品拿到快手上卖，结果发现卖不动。于是李海珍就在直播间随机抽取粉丝，问她们来自哪里，多大年龄，现在有什么样的皮肤问题，希望买到什么样的产品。

就这样连麦连了半个月，他们才发现卖不动货的原因：朵拉朵尚在快手上的粉丝以北方人居多，年龄大多在30岁以上，她们对于身体护理的需求不高，但对于每天要使用的化妆水、乳液却有很强烈的需求，希望解决自己皮肤干燥、发黄等问题。于是，朵拉朵尚才开始为快手用户开发包含了化妆水、乳液、精华液在内的套盒。

本节作者为快手研究院研究员杨睿。

讲述这个案例是想告诉品牌方，如果真的想在快手上实现生意增长，最好是结合快手用户的需求，为他们量身定制产品，而不是复用其他渠道的思路、打法，觉得不过是换个地方卖货。

有读者一定会接着问，为什么不同渠道适合不同的产品呢？其实我们刚才已经解释了其中一个最为重要的原因，那就是用户不一样了，他们的需求也会随之变化。而品牌方始终要围绕着用户的需求做产品研发、设计。

我们在调研时，还有很多品牌方谈到了另外一些原因，我们可以从这些维度做些补充。

2. 维度2：不同渠道的成本不一样，品牌方对产品的定位、利润规划自然也不一样

口水娃是一个休闲零食品牌。据口水娃负责人廖一凡介绍，目前他们有一半的产品只在快手上销售，在其他渠道是完全找不到的，消费者如果想买，只能来快手直播间买。

他认为，和传统电商用户相比，快手老铁追求的不是低价，而是性价比。传统电商因为流量和费用问题，需要较高的毛利去承担各种中间费用，食品行业在传统电商渠道很难做到极致性价比。但直播电商的渠道成本相对低，因此可以提供性价比更高的产品。

我们来看中心化电商平台获客成本的高低。根据国泰君安数据，淘宝、京东和拼多多三大主流电商平台，其获客成本由2017年的310元、225元及7元人民币持续上升至2019年的405元、298元及180元。

如果这个例子不过瘾，我们再来看荣事达的案例。

这里先补充一个背景知识。1992年广东珠江频道开播了国内第一个电视购物节目。4年后，也就是在1996年，第一个专业购物频道在北京电视台开播。后来，电视购物越来越流行，逐渐成为一种新的销售渠道，把握住这

波风口的商家就像现在的直播电商一样，几乎天天能爆单。

荣事达当时也尝试了电视购物这种形式。从表现上看电视购物与直播电商有些类似，但因为渠道受众不同，电视购物的目标客户以老年人为主。因为需要给电视台缴纳佣金和购买播放时段，通过电视购物销售的产品，利润率要求非常高，一般价格是成本的两倍以上。为了卖货，电视购物节目往往采用恐怖营销的方式，比如在节目里测试家用水龙头里隐藏了多少水锈，潜在的健康危险有多大，刺激观众下单购买。

为了覆盖渠道成本，品牌对产品的定位、利润规划也会有所不同。而直播可以减少很多不必要的中间环节，主要成本是主播佣金、产品成本、公司利润和快递费用，价格方面能给用户带来比较大的实惠。

3. 维度3：直播、短视频的场景化内容形式，决定了“新、奇、特”的产品更好卖

我们以小家电产品为例。根据第三方报告，小家电的成熟品类有10～15个，包括电饭煲、微波炉、电烤箱等，线下大部分份额都被美的、苏泊尔、九阳等大品牌占领。

而在直播带货中表现好的小家电品类，往往兼具实用功能、美学设计和网红时尚等元素，例如空气炸锅、电烤箱、三明治机，它们正在成为年轻人的新宠。

出现这种结果，其中一个重要原因就是直播、短视频的场景化营销方式能够激发用户的半确定，甚至不确定需求，他们不需要太多思考时间就会下单购买。

小家电的营销更多的是放在创新性上与产品的使用场景上，这类产品对于演示的需求比较强烈，所以短视频的营销手段会使小家电比其他品类具备一些额外的优势。

一个新锐小家电品牌为了吸引用户，拍了很多很有意思的视频，比如把打火石之类的奇怪东西丢进料理机里面，再用高速摄像机拍摄，呈现出来的慢动作效果非常炫酷，由此“不小心”火出圈外。据这个品牌的负责人介绍，这个关于料理机的视频，全网总播放量有近1000万次，但是成本却只有3万元。

某小家电品牌的联合创始人曾介绍，新冠肺炎疫情期间他们曾借助某个网红大主播单场卖出数千台产品。在直播时，低单价高颜值的小家电，完全能刺激起用户的冲动型购买行为。

4. 维度4：便于品牌做渠道管理，不乱价不窜货

为了刺激直播间里的用户下单，往往需要性价比高的货，如果把线下的货、其他平台的货拿到快手直播间，再以较低的折扣或极大的优惠力度来卖，容易引起经销商的不满。

因此，第一个是做到产品差异化，这样可以很好地维护价格体系，避免破价。以荣事达为例，这家公司建立了系统的价格监督体系，并通过前期的顶层设计实现不同渠道的产品差异化。传统电商、礼品渠道、直播渠道，不同的平台和渠道产品线都有区分。

第二个是价格管理，从制度上管理不同终端渠道产品的价格。终端一次性破价要申请，如果没有经过同意就破价，会严厉处罚，同一种产品要求线上统一零售价。

第三个是建立价格巡视制度。荣事达会有一批人在后台在线跟踪，特别是对二类电商和一些非主流的电商平台，避免有人违反价格体系的规定。

二、品牌方怎么为快手人群研发新品

传统电商会利用可沉淀的数据进行分析、洞察。在快手也是如此。但不

一样的是，在快手，品牌可以直接与用户发生互动。例如，朵拉朵尚利用直播间与粉丝连麦，进行调研，就是在直播间里直接与用户沟通。这样的品牌还有很多。

直播与货架电商最大的差异在于，直播中是有互动的。在快手的商家后台我们可以看到，用户说得最多的词、问得最多的问题是什么，这些都是特别宝贵的资源。一些品牌方在货架电商平台开网店时，需要一个个去扒卖家的评价，然后去总结，甚至还会开发数据系统，专门去“摘”里边的关键词。

直播不一样。一个产品研发的负责人要开发产品时，直接看两场直播就知道情况了。它是一个即时的、现场的互动，跟线下店的逻辑是一样的。线下店的导购能立刻知道顾客嫌衣服哪里不好，主播也是这样。直播与传统电商最大的差异就在这里，它比过去的效率要高很多。

新锐品牌冰泉有一款冰激凌牙膏，就是与快手主播赵梦澈一起研发的。

赵梦澈最初带的产品是冰泉的一款奶茶香牙膏，合作慢慢深入之后，他提出粉丝想要冰激凌口味的牙膏，后来又提出他的粉丝们喜欢儿童益生菌牙膏。赵梦澈先提出需求，冰泉随之做出设计和配方，赵梦澈再根据配方和设计提出修改意见，最后冰泉根据修改意见做出成品给赵梦澈专供。

“其实最了解粉丝的不是数据，而是这些达人，赵梦澈就特别了解粉丝。包装和配方都是他自己选的，我们会给他几个方案让他来挑，然后让他提出修改意见。”冰泉创始人程英奇说。当然，这种定制的做法也需要主播有一定的粉丝规模，冰泉则需要两到三个月时间做配方研发和设计。

品牌方为用户研发出新品之后，要善于利用各种方法来测试市场反馈。

例如，有些羽绒服的品牌方会在严冬到来之前就选择与大主播进行战略合作，让大主播做一场羽绒服专场，把前期已经选好的100个款快速过完。品牌方不追求主播对产品进行非常细致的讲解，而是希望提高过品速度。由于大主播的粉丝基数大，一场直播下来就能得到大概的数据。然后，大主播再有针对性地做第二场、第三场……一直到第十场直播，就能沉淀下来品牌方需要的所有销售数据。

前期通过达人测出爆款之后，品牌方会有信心对某些款进行深度下单，避免库存积压。这种测爆款方式，也可以在品牌自播时使用。

此外，品牌方还可以多拍产品“种草”短视频，通过播放数据来看哪些产品更受用户欢迎。

三、为什么快手对品牌供应链响应的速度要求更高

首先是因为直播的爆发力强，因此对品牌来说，供应链要足够灵活，库存深度要足够。

这里举一个荣事达的例子。2020年4月24日，快手的一个主播到荣事达的广州基地做了第一场快手专场直播。当时品牌方对那场直播的 GMV 能达到多少，事先没有底。主播之前也没怎么带过家电，就想到直播间先试一试，结果当天下午开播以后气氛很好，两小时就把品牌方前期准备的1000万元库存卖完了。

但主播之前发的预热视频说，晚上6点直播不见不散，现在货都卖完了，晚上直播时怎么办呢？

于是品牌方把公司供应链的灵活性利用起来，现场办公，按照产品线统计15天之内能生产多少产品，临时组织生产预售产品。比如说电饭煲15天之内能生产多少台，热水壶多少台，破壁机多少台。考虑到整个采购和生产环节，品牌方对15天之内一共能生产多少产品列了一个清单，同时落实采购和生产责任，就这样通过快速组货，在晚上6点之前荣事达组织了价值 2000万元的产品做预售。最终当天的GMV达到3500多万元。

其次，快手的复购率高，所以要不断满足老粉的新需求，不能出现老粉“买无可买”的情况。因此，品牌方需要不断研发出新的产品，以满足粉丝需求。

现在的消费者对于产品的个性化需求与以往非常不同。从平台的角度来讲，所有平台都开始千人千面，不同的消费者对应不同的人。对于品牌方来说，核心就是要能提供更加丰富的产品，以满足不同消费者的需求。

羽绒服品牌高梵在2021年提出“千品”计划，光是羽绒服，就要开发出几千款产品供消费者选择，因为不同的达人肯定需要不同的产品。

羽绒服品牌高梵的本土进阶之路

从20世纪90年代到现在，高梵董事长吴昆明经历了好几个商业周期。1994年，他开始做服装品牌代理，用了10年时间成为安徽、湖北、江西三省的总代理，旺的时候每年有七八亿元的销售额。2004年他决定创立高梵这个品牌，做线下生意，最高峰时在全国有700多家门店。2011年，他又毅然决定关掉所有门店，转型线上。

转型的过程并非一帆风顺，从做品牌代理到经营自有品牌，由于不擅长供应链管理，高梵在2005年前后一度面临破产。2015年淘宝直播开始内测，高梵也开始试水直播电商，却一直没能突破。

转机出现在2020年。新冠肺炎疫情出现后，高梵的业绩下滑了90%，因为大家都待在家里，不需要穿羽绒服。当年4月，吴昆明带着核心高管到杭州转了一圈，发现了高梵做直播电商一直没有起色的原因。

“其实很简单。我发现当我们从线下转型到线上时，从传统渠道走过来的那一批人没有一个能把线上干起来。那时候线下基本以‘70后’为主，后来我们电商团队的人都是‘80后’，而做直播电商起来的都是‘90后’，而且基本是‘95后’，相差十几年。后来我们到杭州组建新的团队，我们开始从‘95后’里招人。”

“我们公司从90年代到现在，可以讲穿越了不同周期。我发现，不同周期对一家企业的组织、能力、人才的要求是完全不一样的。”高梵的董事长吴昆明总结道。

2020年下半年高梵品牌直播专场的数据显示，高梵的10场专场直播中，有6场的单场GMV达到千万级别，这6场均是与快手主播超级丹合作。2021年5月，高梵宣布将在超级丹的快手直播间完成全年10亿元GMV的战略目标。

品牌与头部电商主播的合作既有创新，也有挑战。

在不同的商业周期里，什么变了，什么始终没变？我们与吴昆明展开了一场对话。讲述中，他始终在强调供应链管理的重要性。在他看来，摔过跤的人和没摔过跤的人对这一点的感受是不一样的。

〇以下为吴昆明的讲述。

我们公司从90年代到现在，可以讲穿越了不同周期。我发现，不同周期对一个企业的组织和能力要求是完全不一样的。比如说我们从做贸易转型到做自有品牌的时候，也就是2005年、2006年时公司差点破产了。

我在那之前的10年里积累了资本，有资金、渠道、团队。但是当进入一个新的领域，我发现这些都不是我的核心优势。做贸易的人，最早要管理的其实是供应链，这才是核心。

我们在2005年、2006年遇到的最大问题，包括现在很多快手主播遇到的问题，就是供应链。从最早简单粗暴获取流量的阶段，到竞争激烈了以后要品牌化，消费者要更好的产品、更优质的产品、更好的服务的时候，光有一端的能力是不行的。我们那时候只有销售的能力，没有供应链的管理能力，

“坑”就很大了。

具体有什么坑呢？比如说，因为涉及了生产，和我打交道的人完全不一样了。以前我们的客户或者我们的供应商要么就是品牌商，要么就是商场。我们转型做自有品牌的时候，我们的客户变成什么了呢？变成了在四五线城市里，甚至是农村卖原材料的个体户、加工厂。

以前我们只需要考核一个品牌商的质量就可以了，现在我们要考核不同供应商的不同资质，把这些不同的供应商在同一时间整合到一起。如果衣服面料到了，纽扣却没到，纽扣到了拉链却没到，生产材料都到了，加工厂却选择错了，就全完了，最终就是没法按时交货。比如羽绒服，10月份就应该把货交完了，过完年3月份再交货就成了库存，客户也就不要了。

为什么卖完货，货却发不出去？这背后都是有原因的，最核心的原因是供应链没管理好。

当时我们出了很多问题。分销商、客户会找你要索赔，供应商会找你打官司。另外还剩下一堆的辅料。成品已经亏掉很多了，辅料那就更厉害了。比如说剩了一堆拉链，是没办法卖的。一下子我们亏掉了一两个亿。

为什么我们后来能做好直播，是因为我们有了很扎实的供应链。比如达人一天卖一亿多元的货，我们能给他准备两三亿元的货。能这么备货的企业，本身就没几家。

2004年以后我们将大部分精力放在了研究供应链上。因为我们跌得太惨了，所以特别注重整个供应链的能力。因而不管是在淘宝电商时代，还是移动电商时代，一直以来我们的货都很好，能做到极致性价比，快反供应链基本上15天就能把一款产品做出来，所以说这才是我们一直以来打造的核心能力。

我们对于供应链重视的程度很高，可以打个比方，你摔过跤跟没有摔过跤，那种感受是不一样的。

从组织团队的变革上看，我们要去看一家公司，而不要听对方宣传了什么，要看其组织。以前我们的团队，从顶层老板往下，主要的精力基本上放在了前端的销售上。后来我太太直接去管研发和供应链。

另外一个就是我们的整个组织在持续进化。到2014年，其实那时候我们能意识到，整个供应链有一次大的变革。我不知道你们有没有这样的感知，2014年以后“淘品牌”开始没落，每年没落一批。淘宝上的“淘品牌”，所有的供应链都出现了很多的问题。

原因是什么？消费者为什么原来买你的东西，后来不买你的东西了？本质上是产品。当消费者发现线下品牌的产品质量、售后等方面更好时，就会转去买线下的产品。这是供应链出现了问题，包括研发、制造、发货、人力上都出现了问题，这些环节是原来传统品牌很强的方面。这时候我们也看到再往上走就遇到瓶颈了，就开始学习。

于是我们开始寻找行业内做供应链管理最牛的咨询公司，最后找到了那时候还在麦肯锡任职的赵传书。

我们整个供应链以前没有一套方法论。赵传书来到公司之后，把我们标准化、体系化、数字化的体系建立起来了。他原来是造船的。他来了之后，把造船、造车的技术融入做服装里来。刚开始我们在想做服装怎么跟造船挂钩呢？因为船属于标准化、模块化的东西，每一块都是标准的东西，服装基本上很难标准化、模块化。

他来了以后，指出了哪些可以标准化，哪些可以模块化，哪些是非标准化的。一旦将这些东西都标准化了，效率提升就快得不得了，而且发货速度、仓库配货速度跟以前比完全不一样，出错率、误差率也很低。

所以说，2007年我们有一次供应链的变革，2014年又有一次。我们较强的供应链能力，直接决定了我们能够很好地适应直播电商。

第二节　案例：传统品牌荣事达的新机遇

要点

- 荣事达是如何做到直播带货销量占总销量1/4的？
- 对于品牌来说，什么样的产品适合直播带货？
- 如何用直播思维打造新国货？

2016年以来，家电行业线下商超渠道客流逐渐萎缩，家电生产商荣事达开始寻找新的业绩增长点。

荣事达隶属于合肥荣事达电子电器集团（简称荣电集团），是荣电集团旗下的品牌之一。经过 2017年直播萌芽期的探索，荣事达在 2018年尝到了直播带货的甜头，并在2020年新冠肺炎疫情来临后加快了转型的步伐。2020年荣事达在9个月内直播带货GMV超过7亿元（见图9-1），打造了空气炸锅、破壁机、折叠式洗衣机等多个爆款。

本节作者为谷永强。

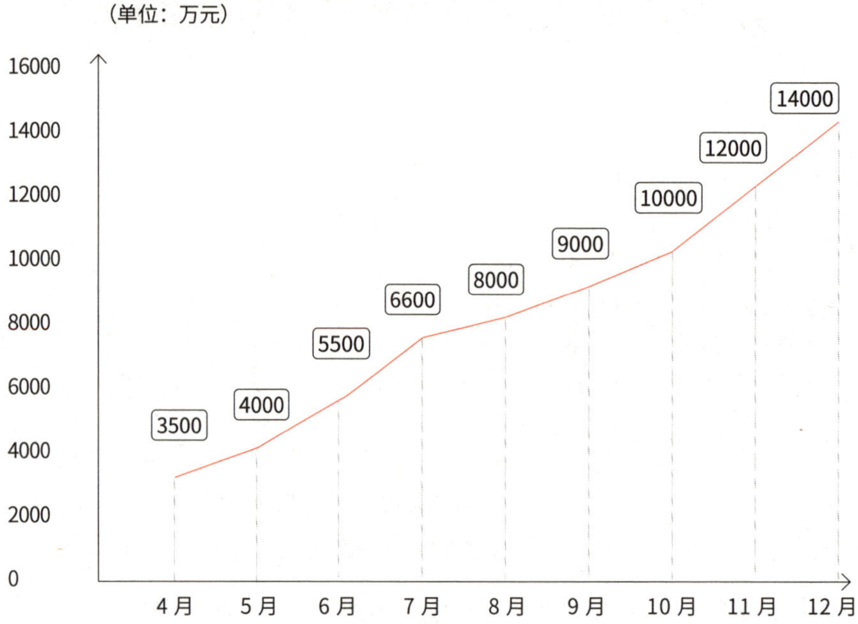

图 9-1　荣电集团（主要品牌为荣事达）2020 年直播带货月度 GMV

2021年5月，荣电集团总裁夏俊生分享了他们的品牌直播心得。

〇以下为夏俊生的讲述。

一、直播探索：从“李佳琦火锅”到第一场快手专场直播

如果不是抓住直播带货这个风口，2020年我们的销售额会哗哗地下降，因为疫情期间线下渠道基本没有人了。

荣事达很早就进入电器行业，1993年公司生产了第一台洗衣机，2004年进入小家电行业，在行业内和美的、九阳、苏泊尔一起被称为“国内小家电四强”。原来我们主要是通过线下商场和超市销售产品，2012年开始在电商平台上卖货，2016年第一次接触直播。

当时我们希望对公司进行互联网改造，于是在合肥总部成立了中国（肥东）互联网生态产业园。之前做传统电商期间，店铺都是静态图片的展示，客户和品牌方之间的沟通不太顺畅。后来我们尝试让客服人员在线上直播，给客户做一对一的解答，那时候直播还不是以卖货为目的。

2017年直播带货开始萌芽。当时合肥没有达人，杭州的直播也没有成形。我们上海的一个合作伙伴做天猫代运营，他觉得直播是一个风口，就在上海建了一个直播间。我们把产品运过去做直播，但当时直播家电卖得很少，因为家电的溢价空间小，满足不了达人的要求，家电直播还在摸索阶段，销量很少。

2018年李佳琦给我们带货，让我们第一次尝到直播的甜头。当年“双十一”后李佳琦给我们带一款智鸯火锅。我们是以做品牌宣传的目的请的李佳琦，直播时5分钟不到就卖了12000 多台，但所有费用加在一起，最后有所亏损，公司很多人都不理解。

我们有个销售渠道是礼品定制，那时候李佳琦在淘宝直播已经很有名。李佳琦把这款火锅带火之后，我们觉得可以通过礼品定制渠道的销量把直播卖货的亏损补回来，就把那款智鸯火锅命名为“李佳琦火锅”，通过礼品定制渠道卖了十几万台，所有亏损全部回本了。

李佳琦的那场直播，我们觉得很神奇，直播怎么这么厉害？！当时我们就想之后要做直播。2019年开始，我们在合肥建了网红直播城。当时国内线下终端卖场客户的生意下滑，我们想通过直播给终端卖场客户做产品卖点培训。

2020年的新冠肺炎疫情加速了我们直播的步伐。当时线下渠道，如门店和商超里基本没有人了，公司的销售思路发生变化，对直播有了新的认识。以往我们每年3月在合肥召开全国性的经销商大会，新冠肺炎疫情之后线下大会没法召开，就开了3场线上经销商大会。最大的一场有20多万人参加，人数远远超过以往的线下经销商大会（见图9-2）。

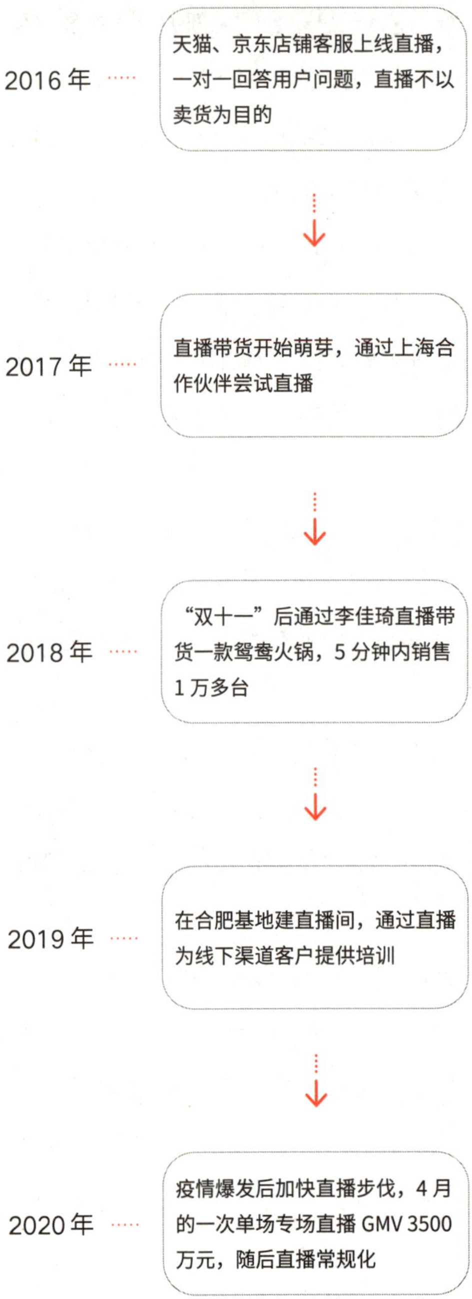

图 9-2 荣事达的直播探索历程

我们感受到这种直播大会的效果，能触达更多人，就觉得可以做直播卖货了。

当时直播卖货基本上是以服装、食品、化妆品为主，很少涉及家电，很多直播机构想拓展品类，找家电品牌合作。双方就在这个时间点遇上了。

2020年开始流行做品牌专场直播，但很多小家电品牌产品线不长，品类不多，没有足够的产品做专场直播。而荣电集团旗下有荣事达、亚摩斯和好帅3个主力品牌，70多个品类，3000多款单品，我们能够满足专场直播的要求。

2020年4月24日，快手的一个主播到我们的广州基地做了第一场快手专场直播。我们对那场直播的GMV

能达到多少事先没有底。主播也说之前没带过家电，想到直播间先试一试，结果当天下午开播以后气氛很好，两小时就把我们前期准备的1000万元库存卖完了。

货卖完了以后晚上直播怎么办？当时我觉得一场直播卖1000多万元已经不少了，但是主播之前发的预热视频说，晚上6点直播不见不散。

我们把公司供应链的灵活性利用起来，现场办公，按照产品线统计15天之内能生产多少产品，临时组织生产预售产品。比如说电饭煲15天之内能生产多少台，热水壶多少台，破壁机多少台，压力锅多少台，挂烫机多少台，除螨仪多少台。考虑到整个采购和生产环节，15天之内一共能生产多少产品，我们罗列了一个清单出来，同时落实采购和生产责任，就这样快速组货，在晚上6点之前组织了价值 2000万元的产品做预售。最终我们当天的GMV达到3500多万元，当时我们就觉得直播大有可为。

2020年4月的那场直播之后，我们一头扎进了这个新的风口，直播带货呈常态化，传统电商渠道反而做得少了。这两年我们一直在快手上通过达人直播带货，目前直播销量已经占我们总销量的1/4，成为我们业务的一个新的增长引擎。

二、渠道变迁：开发适合直播渠道的产品线

2020年4月的那场直播后，我们复盘了后台的数据，发现一些平时不是为线下卖场准备的产品，在直播间卖得异常火爆。我们在线下终端里面卖得比较好的是电磁炉、电饭煲和电压力锅，而直播间火爆的产品是破壁机、空气炸锅和挂烫机。我们意识到直播和传统渠道是不一样的。

2004年我们荣事达小家电有限公司刚成立时，主要依靠大润发和沃尔玛这些线下商场和超市（简称商超）卖货。线下商超寸土寸金，空间有限，

品牌方只能展示有限的几款产品。一个月租金 3000 元的展位，展示一款产品，月销量100 件的话每件产品承担 30 元的租金成本，但如果能卖1000件，每件产品租金成本就降到3元，所以线下渠道只能销售容易出售的大路货。而且一个商场要卖多个品牌，每个品牌分到的展位有限，小众产品很难在线下渠道获得盈利。

到了 2006年，电视购物非常流行，成为新的销售渠道，那时几乎天天都能爆单。表面上电视购物和现在的网络直播有些类似，但二者渠道受众不同，电视购物的目标客户以老年人为主。因为需要给电视台缴纳佣金和购买播放时段，通过电视购物销售的产品，利润率要求非常高，一般价格是成本的两倍以上。

2008年我们成立了礼品业务事业部，为企业客户提供礼品定制服务。到2013年，我们开始进入电商渠道。传统电商时代，产品以图片的形式静态展示，用户和品牌方之间缺乏互动。现在传统电商已经是一片红海，产品利润很低。

2017年以后，线下渠道客流萎缩，电视购物这个渠道的市场份额也越来越小，直播成为新的风口。和其他渠道相比，我们发现直播渠道有一些新特点。

第一，直播不存在空间限制的问题，品牌可以最大限度地把产品展示给用户。通过直播，更多的产品有了和用户见面的机会，一些相对小众的产品也有机会接触到用户，所以直播能给用户带来更丰富的产品。

第二，在直播间品牌方可以和用户实时互动，主播讲解产品时能动态地展示产品，这种体验式的讲解，更容易打动用户。

第三，直播可以减少很多不必要的中间环节，主要成本是主播佣金、产品成本、公司利润和快递费用，价格方面能给用户带来比较大的实惠。

但很多品牌方发现，线下渠道销售的产品并不适合用来直播。线下产品价格很高，因为线下终端有很多费用，如导购的人力成本、商场的展位租金，等等，它们最终都会反映在产品的价格中。但直播间要求产品的价格有吸引力，如果品牌方用线下的产品在直播间低价销售，线下渠道的销售就会崩溃；如果维持线下价格，则满足不了主播的让利要求。

如果用传统电商渠道销售的产品做直播，会面临价格和利润“天花板”的问题。短视频用户喜欢比价，同样的产品如果传统电商上价格 199 元，直播间最多也只能卖199元。而传统电商上销售的产品竞争激烈，利润已经很低，通过直播难以利润最大化。

与此相反，礼品跟电视购物两个渠道里的产品，很适合用来直播。礼品产品以定制为主，强调差异化和“新、奇、特”，而且礼品渠道的产品在传统电商渠道挂价很高，也不通过线下商超销售，这样强调差异化的产品在直播间销售，对线下没有冲击，同时利润率比较高。而电视购物产品和线下产品相比，本身毛利率就高，原来挂价199 元，直播间可以卖 99 元，很快就能把产品切入直播，对线上和线下渠道都没有不利影响。

三、产品差异化：从保温杯到温显杯

我们在产品差异化方面有很多经验。2012年，我们开始做针对企业客户的礼品定制服务，这些企业客户购买产品主要是为了商业馈赠，或者做企业福利，甚至用来做促销。他们的产品要求和批发客户不一样，要求和常规产品有差异化，达到“新、奇、特”的效果。

礼品渠道产品都要通过定制和差异化来满足客户的需求。举个例子，2012年某银行的沈阳支行，当年的存款储蓄在全国所有支行中最高，总行决定奖励这个支行，准备用6万元采购一批纪念礼品奖励给当地员工。

当时美的、九阳、苏泊尔和我们都去竞标。根据客户的需求，经过调研分析我们最终提出一个方案，用景德镇陶瓷做一个陶瓷纪念品，把员工生活照、工号和职位印在上面，既能作为日常工牌使用，还有终身纪念意义，客户非常满意。

这种产品定制和差异化的基因，到了直播时代可以大展身手。现在我们直播的产品线，和传统的电商产品线、礼品定制产品线、线下批发零售产品线，都是互相独立的，直播产品线里围绕不同主播再做差异化，做到每个产品都有不同的款式供不同的主播挑选。

能做到充分的产品差异化，是因为我们有大量的模具和经验丰富的研发人员。不同外观样式的家电，在制造过程中要用不同的模具，把模具重新组合，又能制造一个新样式的产品。温显杯的研发过程就是一个很好的范例。传统的保温杯有时温度太高，喝水容易烫伤。为解决这个问题，我们的研发人员把电热水器上的温度显示器模具应用在保温杯瓶盖上，人们只要用手一碰保温杯，瓶盖就会显示水温，这样可以避免无意中喝水烫伤。我们把这款新的保温杯命名为温显杯，成为又一个直播爆款。

在模具方面我们平均每年投入3亿多元，经过这么多年积累，如今模具库里有价值将近 50 亿元的库存。所以我们的组货能力和产品差异化能力很强，这也是我们小家电的两个核心竞争力。除了产品款式之外，我们也通过价格差异在不同主播之间做到产品区隔，因为不同主播的粉丝价格接受度也不一样。我们给主播推荐产品，也会基于粉丝画像和直播历史数据。根据数据分析，我们发现一些主播，像山东临沂的徐小米在逐步往高端上走，其他一些主播还是以亲民产品为主。通过产品差异化和价格区隔之后，不同级别的主播都有各自的生存空间。

产品差异化对应的是不同产品有不同的价格。为了维护价格体系，避免破价，首先我们建立了系统的价格监督体系，并通过前期的顶层设计实现不同渠道的产品差异化。传统电商、礼品渠道、直播渠道，不同的平台和渠道产品线都有区分。

第二个是价格管理，通过制度管理不同终端渠道的价格。终端一次性破价要申请，如果没有经过同意就破价，我们会严厉处罚，同一个产品要求线上统一零售价。

第三个是后台跟踪，建立价格巡视制度。我们有一批人整天在线上“执法”，特别是二类电商和一些非主流的平台，避免有人违反我们价格体系的规定。

四、品牌定位：新国货满足粉丝需求

直播时代的消费，是需求引导供给的新消费，这就要求品牌准确了解粉丝需求。我们通过对粉丝画像的数据分析，发现我们的粉丝以三四线城市为主，其中女性消费者居多，男性消费者较少；而粉丝地域分布上又以北方为主。

粉丝有确定性需求的产品，要靠个性化和差异化来打动粉丝；而对于粉丝的半确定性和不确定性需求，就需要我们精准开发新产品，打动粉丝，从而创造需求。

所以我们开发直播产品时，会用不同的标签把粉丝细分为不同的人群，因为不同的主播粉丝群体不太一样，每个粉丝需要的品类也是五花八门，对价格的敏感度也不同。要针对每个细分粉丝人群的特点和具体需求，精准开发针对性的产品。

比如说年轻粉丝，通过数据分析和市场调研我们发现，他们追求时尚的东西，但这个群体大部分居住空间受限，买家电时特别注重是否占据空间，是否便捷和有性价比。传统的滚筒洗衣机洗一次衣服要半小时以上，不同的衣物混合洗又有不卫生的问题，同时传统洗衣机价格相对偏高，占据空间较大，不太符合年轻人的需求。

之前我们公司针对出差人群开发了一款折叠水壶，解决了人们在出差时觉得酒店的热水壶不卫生这个痛点，又非常容易携带，不占据空间，卖得非常火爆。受此启发，我们针对传统洗衣机的缺点和年轻群体，开发了折叠式洗衣机。这款洗衣机洗一次衣服几分钟就可以完成，而且比较小巧，不用时可以折叠起来，不占空间，定价也才 200 多元，和传统洗衣机相比非常有竞争优势。目前我们已经在直播间小规模测试了一下，非常受年轻人欢迎。

还有一个例子是 2020年我们最火爆的产品：空气炸锅。我们之前卖微波炉和烤箱时发现，部分用户担心辐射，同时很多人觉得油炸食物不够健康。我们的研发人员联想到用空气加热制作爆米花的原理，通过调研分析，发现用空气炸锅制作美食能够吸引一部分消费群体。疫情期间很多人不方便外出，有在家烹饪美食的需求，加上直播间的引导，空气炸锅成为直播的一款爆品。

现在粉丝有很多半确定和不确定性需求，现有的产品不能满足，需要品牌方创造新产品打动他们。这些需求虽然是非确定性需求，但也是实实在在的真需求，当你不去占领，就损失了一块潜在市场。

了解粉丝需求后，要有合适的产品去打动粉丝。以前我们有一句广告语叫“不用东奔西走，荣事达样样都有”，但现在产品宽度太宽了不行，就要求品牌定位发生改变，我们现在对荣事达的定位是“新国货”。

新国货有4个方面的内涵。第一是产品品质要有保障，包括产品寿命、可靠性和安全性，品质是品牌的生命力；第二是外观设计上，产品颜值要能够满足用户的精神消费需求；第三是产品内容要和目标用户需求精准匹配；第四，要做到极致的性价比。

新国货前两个内涵比较好理解。产品内容要精准是指产品功能和某一个群体的需求精确吻合。这个产品是为宝妈群体设计的，是为年轻的大学生设计的，还是为老年群体设计的？它解决了目标用户的什么需求和痛点？确保产品设计要解决的需求很明确，只有能解决用户痛点的产品才会有市场。

这方面我们有很多产品开发的例子。比如，我们对宝妈夜里泡奶用的保温水壶进行了调研，发现很多宝妈夜里起来给孩子泡奶时水温很难控制，水温太高要等水凉，婴儿容易哭闹，温度太低对孩子又不好。我们就设计了一款保温水壶，它主要的卖点就是能让水温稳定地保持在 55 摄氏度左右，这样夜里起来泡奶时可以直接用水，不用担心水温太高或太低，刚好解决需求。这款产品出来后在直播间里很受宝妈的欢迎。

极致性价比也是新国货的一个核心竞争力。荣事达为什么能做到极致性价比？第一个原因是我们强大的供应链能做到柔性定制；第二个是我们的产品是多渠道销售，不同渠道之间可以交叉补贴，就像李佳琦给我们卖的火锅一样，直播间亏损，但礼品渠道盈利；第三个就是数字化分析，做到产品功能和用户需求精准匹配，同时严格控制产品成本。

极致性价比除了价格之外还包括优质的服务。现在我们产品的价格确实便宜，同时我们在产品售后方面做到了用户无忧，提供一年保修、终身质保和7天无理由退货服务，这都让用户买了放心。用户收到货之后觉得我们的产品确实比预期要好，基本上就会留下不会退货。目前我们直播的退货率远低于家电行业平均水平。

五、直播思维：扁平化、跨界、注重体验

我们整个直播团队有 40～50 个人，分为7个小组，每个小组有七八个人。每个小组都是一个独立的团队，能够独立负责开发、对接主播、选品、上链接、助播等一系列任务。除此之外我们还有200个人左右的用户运营中

心团队，负责直播后台服务工作。

直播团队内部开发对接主播要遵循几个原则。第一个是就近原则，小组按直播平台和地域划分，比如广州的小组就负责开发华南地区的主播和机构。第二个是报备制度和信息共享，小组和主播对接过程中实行报备制度，因为和主播对接需要快速整合各方面资源，报备之后其他人就不要再对接同一个主播，做到小组之间信息共享，避免资源浪费。第三个是注重和机构合作，提高对接效率，比如在杭州我们主要与俏范儿和遥望合作。

供应链上，和直播初期相比，现在我们进一步提升了柔性供应链的快速响应能力，安排了专门的直播流水线。浙江、广东、河南和安徽的生产基地，都围绕着直播做了大量的货源储备。

这些生产线专门全天候地生产直播产品，同时上游将近 700 家的供应链商家能够快速响应我们的需求。每次直播之前我们会集中品类，提前做好产品的储备。柔性供应链模式下平均生产周期由原来的15 天缩短为3天，能够满足直播间 48 小时发货的要求，发货速度越来越快。整个直播供应链从传统的订单制转为柔性供应链后，快速接单能力有了很大的提升。

除了组织和生产调整，品牌直播成功的关键是将直播思维应用到整个公司的工作中去，直播并不只是直播部门的事情。根据我的理解，直播思维就是扁平化、跨界和注重体验。

扁平化是指未来品牌可以通过直播直接触达用户，不再需要中间渠道商。未来品牌之间的竞争是对粉丝心智的争夺，企业要通过粉丝建立自己的私域流量。私域流量能够指引品牌的研发方向，同时影响粉丝心智，加速产品上市后的销售转化速度。

跨界要求品牌之间形成联盟，共同满足粉丝的需求。因为粉丝的需求多种多样，一个品牌不可能满足粉丝的所有需求，品牌合作可以达到优势互补。直播兴起后我们和迪士尼达成战略合作，共同开发了迪士尼烤箱、迪士尼电饭煲等多款联名家电，很好地满足了粉丝对家电颜值的需求，在直播平台上很受欢迎。

同时直播注重体验式消费。主播在直播间通过讲解产品的使用场景，让粉丝对产品功能有亲身的体验，从而打动粉丝下单。而下单并不意味着购物体验的结束，直播需要品牌方承接所有的客服，直接服务粉丝。如果粉丝下单后物流和产品使用体验不好，就会有大量退单，一旦退货品牌方要承担物流费用，产品在运输途中也有变成次品的风险。这些都对品牌方的后台客服能力提出了更高的要求。

为了提升粉丝体验， 我们成立了用户运营中心，做几方面的工作。第一是尽量避免粉丝下单后退单。粉丝下单后如果对产品不是特别了解，意味着属于冲动下单，在直播的过程中和直播结束后，用户运营中心都会通过视频和电话的形式给粉丝答疑解惑，帮助他们解决问题，尽量降低退单率。

第二是解决粉丝使用产品过程中遇到的一些问题。粉丝收到货以后，如果觉得主播演示产品的过程中自己有很多细节没看清楚，也有一些答疑解惑的需求，可以通过用户运营中心去解决。

第三个工作是，有时粉丝收到货后觉得产品与自己的期望有一定的差距，我们的用户运营中心会通过现金或提供小礼品等方式去弥补，提升粉丝的满意度。

简单来说，用户运营中心主要是来解决主播跟粉丝之间可能出现的信息不对称问题的，避免粉丝对主播的误解，提升粉丝的购物体验。如果没有强大的后台服务保障，品牌在粉丝面前往往也就是昙花一现。

第三节 案例：看新锐品牌冰泉如何起盘

要点

- 冰泉创始人自述起盘历程。
- 新消费赛道巨头很多，新锐品牌如何突围？
- 冰泉在快手下了几步棋？

在如今这个新消费品牌不断崛起的时代，20世纪70年代出生的程英奇已经算是个护日化行业的“老前辈”了。从业20多年来，他经历过多次渠道变革，先后操盘过蓝月亮、索芙特、拉芳、环亚集团的滋源和法兰琳卡等品牌。

2019年6月，他从一个职业经理人转变为创业者，创立了口腔护理品牌“冰泉”。用他自己的话说，“运气一直很好，做的每一个品牌都成功了”。

冰泉是近期各大直播、短视频平台上非常火爆的口腔护理品牌。冰泉旗下现有SKU 的数量约为80个。它早期从牙膏品类切入，一款爆款产品——口香糖牙膏在天猫旗舰店上线不到半年，就成为天猫牙膏单品销售 TOP1。之后冰泉不断扩充品类和 SKU，包括奶茶香牙膏、巧克力香牙膏、冰激凌牙膏、漱口水、口香喷雾、牙刷、电动牙刷等。冰泉品牌成长速度飞快，销售额也节节升高，2021年，销售额相比2020年增长了300%。

信息和渠道的变革，为新锐品牌带来了成长红利。除了投资界，很多新锐品牌的主理人也在关注着冰泉的打法。

本节作者为快手研究院研究员杨睿。

〇以下为程英奇的讲述。

一、如何发掘“红海”里的机会

有不少人问，牙膏市场已经有很多头部玩家了，你为什么还要选择这条赛道？的确，一提到牙膏，我们能想到的就有云南白药、黑人（今更名为“好来”）、佳洁士、高露洁、舒适达等，前7名的零售额已经超过整个大盘的一半。面对一片“红海”，我们要不要进去？我主要看3点。

第一，市场是不是足够大？如果足够大，我们就有机会。比如，如果只做牙线，市场就太小了。但人人都要刷牙，人人都要用到牙膏、牙刷，而且刷牙的频率、人数也明显增加了。以前一些偏远地区的人是不习惯早晚刷牙的，现在刷牙已经全面普及，而且每日次数也达到了2～3次。所以，即使是存量市场，也是存在增量的。市场够大，我们就有做出规模的空间。

第二，品类是否在扩充？我们看到，目前整个口腔赛道的新品类成长性都非常好，包括漱口水、电动牙刷（见图9-3）。品类的拓宽，意味着我们拥有更多的机会。

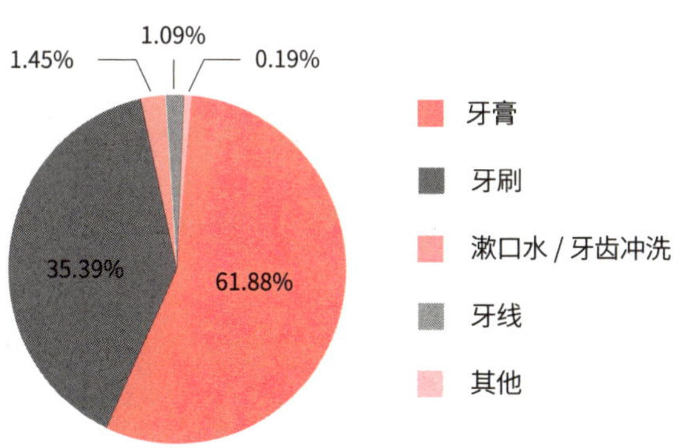

图 9-3　2020 年中国口腔护理行业产业结构

来源：前瞻产业研究院

第三，消费是否在升级？我们发现，现在年轻人在口腔护理方面的消费发生了很大的变化。一旦发生消费升级，就意味着我们有可能在变革中对传统品牌进行颠覆。消费升级意味着消费变化，消费变化意味着消费者追求更多的创新，而我们的口香型牙膏正好符合这种趋势。

现在市面上有太多主打美白、护龈、抗敏功能的牙膏，我又没有办法取代别家的美白牙膏、抗敏牙膏、护龈牙膏，这个时候怎么办？要在基础功效之上做价值差异化。也就是说，美白、护龈、抗敏这些基础功效都要有，同时还要做出口香的独特个性价值。

现在的年轻人喜欢各种各样的口味，甚至喜欢现在特别流行的螺蛳粉的那种“臭味”。他们对味觉和嗅觉的体验特别多，喜欢尝试。我们要在基础功效之上，把各种各样的香味融入他们的口腔用品当中。所以我们研发了各种口香牙膏，比如口香糖的、奶茶香的，还有巧克力牙膏、冰激凌牙膏、潮流饮品香牙膏等。

基础功效只是第一步，在这之上还要塑造价值差异化，再升级就是掌握年轻人的情感。我觉得现在年轻人的消费有两个特征：一是宅经济，二是社交经济。简单来说就是，要不就特别疯，要不就特别宅。宅在家久了，因为食物、熬夜等因素，口腔会有很重的异味；而在社交和生活场景下，人们需要相互交流，彼此需要口气清新的感觉，会更喜欢有口香的牙膏。所以我们的口香牙膏定位的情感价值是“让生活更亲近、让社交更自信”，这是有消费共鸣的。

有个朋友告诉我，他儿子特别喜欢冰泉的牙膏，一天能刷好几次牙。我很好奇，问他为什么。他说是因为儿子最近谈恋爱了，以前约会前会嚼口香糖，现在就用冰泉刷一下牙，确保口腔的清香，他自己也会更加自信。这个例子其实很好地说明了冰泉牙膏的口香社交价值。

二、起点：1个灵感和200个人的刷牙队

2019年3月，我到国外开会，路过阿尔卑斯山脚下一个叫阿讷西的小镇。我一直有个习惯，无论到哪里都要调研一下当地的日化市场。我相信一个简单的道理，国内有，而国外没有的，往往可能是炒作；国外有，国内还没有的，很可能是趋势。

我在这个小镇上看到一款法国人做的香水牙膏，试了一下，很不好用，因为香水的化学味很浓，一个好卖点的产品却没有好的体验。当时我就想，有没有其他化学味不浓的香味可以在口腔里持久呢？我想到了一些食品级的香料。到了巴黎，我就跟一个研究中心商量，当时我提出了“口香糖”这个概念，他们就做出了口香糖牙膏。

说起研发这款口香糖牙膏，还有一些故事。市面上有那么多种口香糖，哪一种的香味在口腔里的感觉最好呢？我通过资讯和大数据找到了口香糖里最受欢迎的TOP10，然后根据这10款口香糖的味道去做香料（口味）研发。

因为我们的目标消费者是“95后”的Z世代，之后我又找了200个“95后”的年轻人，组成一支“刷牙队”，每天通过盲刷选出他们最喜欢的口味。我们楼下就有自己的实验室，是与法国那个研究中心共创的，可以随时打样、随时做，实时根据年轻消费者的反馈做出样品并进行调整。所以在盲测期间，我们的口香配方也在不断迭代。“刷牙队”做了3个多月的盲测，最后选出了最终版的口香糖牙膏。

我们公司现在在广州荔湾区的动感小西关，这一带有很多创业公司。光冰泉所在的这栋楼里就有很多年轻人是我们的试刷员，而且我们还要不断更新试刷队伍，以保证他们对口香牙膏的新鲜度和敏感度。

直到现在我们仍然保持着200个人的试刷队伍，但凡出新品都会找他们进行试刷、盲测。因为冰泉要开发的是年轻人最喜爱的产品，而不能按老板

喜欢的口味去做产品。

2019年6月，冰泉牙膏正式面世。8月开始入驻沃尔玛、永辉、华润、联华这些线下渠道。10月进入天猫旗舰店，上线半年后就成为天猫牙膏单品销售 TOP1、天猫旗舰店口腔类目排行榜TOP3。2020年，冰泉陆续开始进入屈臣氏、京东、苏宁等其他主流渠道，并全力展开对快手等新渠道的拓展，在屈臣氏我们做到了口腔类前三，在快手上冰泉一直排名口腔类第一。

通过口香糖牙膏，我们打出了冰泉口香牙膏的口碑，然后再通过奶茶香、巧克力香、潮流饮品香等口味去强化这个品牌的口香价值。

三、起盘：从单品打爆到扩SKU

当时我们制订了冰泉品牌的3年计划，预计3年要做到10亿元的回款。第一年我们做了1亿多元；第二年，也就是2021年，我们增长了300%，做到了4亿多元；按照目前的节奏，2022年我们争取做到10亿元。

第一年，出奇造势。总的来说，就是一个单品要在几个单点打透。这个单品就是我们最开始推出的口香糖牙膏，几个单点指的是天猫、快手、抖音这3个平台，再加上线下的屈臣氏，聚焦资源就可以形成极大的势能。

所谓出奇造势，就是要使用别人意想不到的一些方法。比如，我们当时就聚焦在快手和抖音上。我们冠名综艺节目《看见快生活》的时候，很多人都不理解，问我突然把几千万元投在快手上干什么。其实声量打出来以后，很多人就会顺势来推广，声量自然就转化为了销量。

我们还在快手上做信息流广告，2021年我们在快手上的月销量超过了1000万元，而且天猫上的月销量也是超过了1000万元的。在这3个平台上每月都有超过1000万元的销售额，我们的品牌地位和价值就站稳了。

势能形成之后，就相当于雨来了，这时候就要用多个盆子去接。这就进入了第二个阶段，要展开来开拓各种各样的重点渠道了。第二年，重点精耕。针对几个重点渠道，如天猫、快手、屈臣氏，还有社区团购、社群电商，包括线下的大润发、永辉、省级连锁大卖场等，我们都做了。另外，我们为了搞快手自播，还专门为快手装修了直播场地。我有一个观点：做得好，不如做得巧；做得巧，不如做得早。所以我就想去尝试做快手自播，这也是我们重点精耕的一部分。

要重点打透，就需要开发多种产品，因此我们的SKU也在慢慢扩张，在2021年上半年已经出现了专供快手平台的款。重点精耕能够实现销量的翻番，也能够让品牌夯实基础，提升品牌价值，形成持续的销售能力。

第三年，全面开花。也就是在所有的目标渠道全面开花，无论是线上还是线下，只要是年轻人的渠道，我们都会全面进入。全面进入就意味着大量的渠道，也就需要大量的新品类和新产品来适应各个渠道。这也意味着品牌进入进攻期，遍地开花起量，从而让冰泉站到一个全新的高点，形成品牌势能和动能的双丰收，达成声量和销量的共赢。

我们现在处于品牌发展的第二阶段，在天猫的口腔类目下稳居第五，牙膏单品销售额位居第二。同时经过一年半的运作，冰泉目前在快手的细分类目下排名第一、日化大类下排名第二。对于这个成绩，我和团队还是比较满意的，这也是符合我们品牌发展规划的。

冰泉的口香糖牙膏、奶茶香牙膏，都是这些平台上的爆品。关于爆品与品牌，我的理解是，爆品思维只是手段，品牌思维才能长远。我们不能今天打一个品、明天打一个品，因为不停地去打爆品最后并不能形成积累和沉淀，也无法形成持续的品牌认知。就像游击队，没有根据地，没有自己的港湾，品牌是无法成长的。

所以我觉得营销要做品牌，而不是做爆品。爆品是为了成就品牌，而做成品牌才能够产生更多的爆品。但根基一定是品牌，绝不是爆品，单做爆品一定是不长久的。

我不会因为今天在快手直播间洗衣凝珠卖得特别好，就去卖冰泉的洗衣凝珠。也不会像有的品牌那样，今天做这个产品，明天做那个产品。我只会围绕我的口香价值去做爆品，这就是冰泉的价值定位和价值差异化。

我们要根据消费行为的变化对产品做更细分的组合，而不能再像以前那样笼统地全部归之为商品。我们一般把消费分为4种——习惯性消费、间歇性消费、刚需消费和冲动型消费。因此，产品的结构要根据这4种不同的消费做设计。

牙膏就是习惯性消费产品，如果早上发现牙膏用完了没法刷牙，你可能一整天都浑身不自在。但如果早上发现没有了漱口水，你会不自在吗？不会，即使过一两个星期再买它也没事，这就叫作间歇性消费产品。

如果牙齿过敏，就只能用抗敏牙膏，因为其他牙膏你刷了都难受，这就叫刚需消费。就像有的女孩子需要祛斑、抗痘，有这种刚需就不需要讲产品有多么温和，有效才是硬道理。

还有冲动型消费。你平时会用口香喷雾吗？不会，但是偶然看到后，冲动之下你就购买了，买来后也会用几次，但新鲜感消失后，你可能就会忘记再用。冲动型消费是无法形成回流的，很难沉淀下来，不要幻想它会带来很多、很大的复购。针对这一类消费，我们要做的是不断搞花样，做出特色来吸引消费者，刺激冲动型消费。而对于品牌来说，如果没有几个冲动消费型产品来“搅和”消费者，品牌就没有活跃度。品牌里总要有一两个有个性的“坏”孩子，不能死气沉沉的。

总结下来就是：刚需消费做功效，间歇性消费做特色，习惯性消费做长线，冲动型消费玩特色。习惯性消费是品牌的主线，刚需消费是品牌的利润，因为要靠它们赚钱。

间歇性消费是什么？是创新的源泉，需要你去创造趋势、引领趋势，而这往往是下一个习惯性消费的开始。就像漱口水一样，可能三五年以后就形成主流了，也许没那么快，但它是趋势，所以现在不能丢掉不做。就像洗衣液刚起来的时候，也属于间歇性的消费，而那时洗衣粉才是习惯性的消费，后来随着消费习惯的养成，洗衣粉就被替代了，洗衣液成了习惯性消费。

我们现在既有OEM 工厂，也有联合工厂。在联合工厂里，我们的研发、生产都是专有的。我们在苏州的工厂有实验室，其中有几条线专供生产冰泉的产品。

我们的价格策略是“不降价格，多送赠品”，喜欢牙刷的就赠牙刷，喜欢漱口水的就赠漱口水，喜欢口香喷雾的就赠口香喷雾。消费者其实喜欢的还是高品质、高价值的商品，但是往往更喜欢“占便宜”，而不是“买便宜货”。乱降价就会乱套，主播不喜欢，消费者也不喜欢。我们要让消费者占更多的便宜，而不是让他们去买更便宜的。

如何了解消费者的需求？第一是看大数据。我们有购买行业的数据；还有天猫的数据，比如生意参谋；也有快手、抖音的数据，比如，我们会去分析壁虎、飞瓜上的数据。

第二是看跨类目的变化。比如食品行业，我们做口香、口味，不就跟食品相关吗？最简单的例子，夏天来了，冰激凌很火，我们就猛推冰激凌口味的牙膏；秋天来了，奶茶很受追捧，我们就热推奶茶香牙膏。

第三是做消费者调研。调研时一定要找对冰泉没有什么品牌认知的潜在消费者，因为老客户已经对冰泉产生了很强的认知感和依赖感，会影响调研结果的客观性。

我们不会委托第三方调研公司做填个问卷之类的调研。扪心自问，在大街上或者是网上填一份调研问卷时，你会很认真吗？大多数人可能是胡乱填填而已。我们会到北上广深这些大城市、到屈臣氏之类不同的卖场去自己找样本、做访谈、现场问。自己亲自去做调研，才会更有体会，结果才更真实，才更会在经营价值方面受到启发。

四、田忌赛马：新渠道超越，老渠道追赶

当时我们假定的竞争对手是整个口腔行业的前5名，只有它们才算是我们的标杆。但它们并不是我们真正的竞争对手，我们要做的是价值差异化，目标是重塑口腔定位和口腔新消费理念，成为最好、最成功的自己，因此自己才是自己最大的对手。

做差异化不是根据别人去做差异化，而是根据市场的状况去塑造一个全新的价值，所以说我们的口香价值跟它们是完全区隔的。未来只有两种牙膏，一种是口香牙膏，另一种是非口香牙膏。别人做了美白，我就没必要去做得比它更美白，我们的切入点是美白加口香，从而实现了价值叠加，站到了价值的新高度上。

怎么超越传统品牌？先在新渠道上超越，再在老渠道上追赶。渠道结构是会变化的，我们在新渠道，比如快手上已经比它们强了，天猫上我们也已经排第五了，在屈臣氏我们也排到了第三。我们的战略就是先局部超越，最后再全面赶超；先在它们不行的地方成为老大，再在它们行的地方去颠覆。

现在传统品牌也开始做奶茶牙膏、口香牙膏了，但我们不怕。我们有3个壁垒。第一个是我们对口香牙膏的价值定位。它们是做爆品，而我们是做整个品牌的定位，逐渐强化消费者这样的认知——冰泉等于口香牙膏，这就是品牌壁垒。第二个，消费者只认两种品牌，一种是最大的，另一种是最专业的。消费者相信专业的，而我们只做口香产品，这就是聚焦，我们就是最专业的。第三个，打价格战是不可避免的，但我们坚持价值战和局部价格战相结合，主要以内容、情感、沟通去塑造品牌的价值，而不是完全依靠价格战去做消耗。

目前传统牙膏品牌的渠道结构在我看来是不太合理的，未来会有很大的变化。目前它们的渠道 30% 在线上，70% 在线下，线下渠道中又有一半在中小型超市，另一半则在大卖场。而现在很多行业线上、线下的渠道比例都已经五五开甚至六四开了，这说明口腔传统品牌的渠道意识还没有转变过来，渠道结构还处于落后阶段。

而我们冰泉的渠道布局是新渠道为主、老渠道站位、小渠道不做。新渠道包括了电商的三大板块：传统电商（天猫、京东、唯品会、苏宁易购、拼多多等），内容电商（快手小店等），社群、社区电商（嗨团、肉团、多多买菜等）。

我们的新渠道占到了 70%，但老渠道还不太够。不过我们在新渠道上都是第一，我们就是要在别人还没进入的地方形成强势地位。同时在线下做屈臣氏、潮流店、化妆品店，也是在打造我们的优势，力求在新的领域成为老大。

但是我们跟传统品牌的渠道有一个交汇点，那就是大卖场。我们肯定不跟它们比拼销量，但是我们要占位，要坐在那里，要在主流大卖场形成认知、形成品牌影响力，等到机会来了再反击冲锋。我们的品牌对小超市渠道的渗透率还不高，所以就先不做这一块。

这就是我的“田忌赛马”。所谓营销，其实就是竞争的应对。我们在新渠道做老大，在传统渠道占位，在传统的有量的小渠道暂时蛰伏等待时机，这就是我们的战略。

任何品牌都一样，“线上买得到，线下看得到”，消费才能有循环。消费者对一个品牌的认识是多点接触的，才会有转化。也许是在线下看到后，在快手买到了；也许是在天猫看到后，在快手买到了。渠道虽然不同，但只有多点接触，线上、线下才能形成心智的循环。因此一定要搭建起全方位、立体的渠道架构，打造出强大的线上和线下的互动能力。线上迭代很快，不停地在变化，不停地在拉新；线下很稳定，有持续的复购，有持续的沉淀，二者相辅相成，品牌就势必成功。

五、“度渠定制”：快手专供款

我们的消费人群主要是Z世代、精致妈妈、新锐白领、小镇青年，我们要结合这4类人群、不同的商品以及不同的渠道进行“人、货、场”的精准重构，打出特色。

我常常会讲“度渠定制”。在线上，我把它总结为4个字：“人、货、场、术”。线上是以人群作为赛道的起点，根据人群来决定给其做什么样的货品设计、用什么样的场景去触达，然后不同的人、不同的货、不同的场景又需要不同的流量战术，即用流量的方法去引流，做转化。

在线下，我同样总结了4个字：“场、货、人、促”。线下是以卖场为起点，要看这个卖场适合卖什么样的货。线下的主导不是人，而是场。一个商场一开业，你就会知道它的定位是什么、卖中高端的还是低端的商品。所以场是起点，什么样的场决定了卖什么样的货，而场和货又决定了什么样的人会去。人是被场所吸引、被场和货所带动的。什么样的场、什么样的货、什么样的人，决定了你要用什么样的促销方式。

其实就是要“度渠定制”。线上、线下要根据前面总结的这8个字来做出不同的特色。这样的管理评价起来就是两个字——“精准”。其实我们所做的就是按消费者的兴趣和商品进行精准的匹配与触达，这样才能实现营销的转化，这就是“度渠定制”的思维。

冰泉做直播的起点是快手，虽然之前我们也在淘宝上做过直播，但真正开始规模化直播是在2020年3月与快手主播合作后。

我总结冰泉在快手经历了6个阶段。

第一个阶段是在2020年3月到4月，当时我们看到快手直播能起量，就一股脑儿扎了进去。但由于当时的团队没那么专业，吃了不少亏。

第二个阶段是在2020年5月到7月，我们逐渐走向专业。从那个时候起，我们开始做专业的分析、研究和管理。怎么去做达人矩阵、产品组合、价格体系，怎么才能合作共赢，这些都是我们当时重点思考的问题。

第三个阶段是从2020年8月开始，因为快手可以做品牌推广，所以我们就从简单的做直播转向了品牌推广和直播销售相结合的整合营销，比如冠名了综艺节目《看见快生活》，每天投入大量的信息流广告。这种做法让我们的直播量和规模插上了腾飞的翅膀。

第四个阶段是在2020年12月到2021年4月，我们进入了精选达人阶段——我们开始思考怎么跟重点达人合作做专项产品研发，怎么跟部分重点达人做年框、做专项合作，从此迈入了精细化运营阶段。

我们的冰激凌牙膏，就是快手主播赵梦澈跟我们一起研发的。

赵梦澈最初带的货是奶茶香牙膏，合作慢慢深入之后，他提出粉丝想要冰激凌口味的牙膏，后来又提出他的粉丝们喜欢儿童益生菌牙膏。赵梦澈先提出需求，我们做出设计和配方，他再根据配方和设计提出修改意见，最后我们根据修改意见做出成品给他专供。

其实最了解粉丝的不是数据，而是达人，赵梦澈就特别了解粉丝。包装和配方都是他选的，我们会给他几个方案让他来挑，然后让他提出修改意见。

当然，这种定制也需要主播有一定的粉丝规模，而我们则需要两到三个月时间做配方研发和设计。另外，产品也要符合我们的品牌价值，比如现在我们是不会做小苏打牙膏的，再火那也是别人的概念，我们只做属于冰泉价值聚焦的口香牙膏。品牌是有灵魂的，一定要坚守，要围绕着灵魂去精耕。

从2021年5月开始是第五个阶段，我们启动了快手自播，从此进入与快手的合作升级阶段。专业达人管理、重点达人合作、品牌推广与直播相结合、自播启动，在我的版图里这才是一个完整、立体的系统化管理模式。

我一直跟我的团队强调要去做快手自播，因为我有个观点是“做得好，不如做得巧；做得巧，不如做得早”。其实我们做营销就是要占位，千万不能等位，等到别人都做好了再去弄肯定来不及。这是一个快鱼吃慢鱼的时代，我想做什么就会竭尽全力去做，绝不等待。

2021年11月后我们开始了在快手的第六个阶段，整个直播和自播市场又发生了很多变化，比如头部达人在分散，更多腰尾部达人崛起，快手自播也进一步升级，我们在快手的营销管理开始进入电商、直播、自播和内容多维度的精细化运营阶段。在这个阶段，所有的管理都开始进入深水区，需要我们以人群标签为重点，以号店布局为重点，以精准的推广和运营为核心去展开更加深入的运营管理。产品一直是我们在快手发展的重要保障，我们冰泉始终认为好产品、好渠道才能够成就好品牌。

我们现在的SKU是80多个，其实不算多。有的牙膏品牌可以做到1000多SKU，只要哪个东西卖得好，立马就能做出来，不断开发新品。我们开发新品的原动力有三：第一是渠道的需求，第二是消费的需求，第三是口味的趋势。

比如，这个渠道、这类人群有对这一类产品的需求。渠道本身会有自身的需求，需要产品来补充组合。比如，我们的漱口水就是屈臣氏要求我们专向开发的，他们要袋装漱口水，而我们是屈臣氏唯一的袋装漱口水品牌商。

他们觉得条状、袋装漱口水是一个趋势，觉得我们有创新能力，就提出了需求。于是我们就给屈臣氏定制了一种袋装漱口水，像奶茶杯一样，撕开时有喝奶茶的感觉，倒进嘴里也不像以前那种漱口水那样辣得要命，而是比较香甜，而且还能达到清洁和杀菌的效果。这是完全不同的感觉和体验。

我觉得C2M（Customer-to-Manufacturer，用户直连制造）目前在中国还是个虚命题，因为很难汇聚千千万万个消费者（C端）的意见，很难把C端的诉求规模化、具象化，也就无从整合他们的需求。我认为C端的意见只能作为参考，我更重视C2B2M，B就是中间的渠道商、平台商。我讲的屈臣氏定制的袋装漱口水、赵梦澈定制的冰激凌口味牙膏，都属于C2B2M。

不同的渠道适合卖不同的产品，就是因为渠道对应的人群不同，但是最终都会形成一个对口香价值的认知。屈臣氏的客群有很多是年轻的大学生或是刚入职场的白领，他们平时就喜欢喝各种各样的饮品。小女孩喜欢嚼口香糖，时尚白领可能更喜欢奶茶香，而精致妈妈可能有口腔过敏问题，需要药香抗敏牙膏。恋爱的人则喜欢巧克力牙膏那种甜甜的味道。时尚白领可能还喜欢香水，因此他们会喜欢调香师牙膏。

不同的人群从不同的渠道买到不同的冰泉产品，但他们都会在心智中形成对口香牙膏的同一个认知。

（注：图9-4所示为冰泉的新锐品牌作战图。）

六、每个时代都有每个时代的品牌

从读书到参加工作，我的生活一直都很简单，时间安排也很有规律，甚至有点儿强迫症。从做品牌的历程也能看出来，我喜欢把很多事情规划好，按规划去行动，再按照行动去修正，最终到达我设定的目的地。

20多年前，我那时候还在负责蓝月亮的全国营销，后来操盘了索芙特、拉芳等几个品牌。之后我去读了两年在职博士，毕业后加入环亚集团并开创了“滋源”这个品牌。那时候我是职业经理人，还不是老板。2019年我开始自己创业，开创了“冰泉”这个口腔护理品牌。基本上每个品牌的成功都是有逻辑的，我喜欢按照逻辑去思考、行动。

这么多年过去了，我发现每一个时代都会成就一批人，也会没落一批人。从20 世纪 90年代到2000年初，我在蓝月亮负责全国的销售。那个时代靠什么？靠经销商，我们有句话叫“得经销商者得天下”。其实就是说，如果你能有好的客户，经销商就能够给你开展好的市场，你就能成功。

我操盘索芙特是在两千零几年的时候，那个时候保健品特别火，流行造概

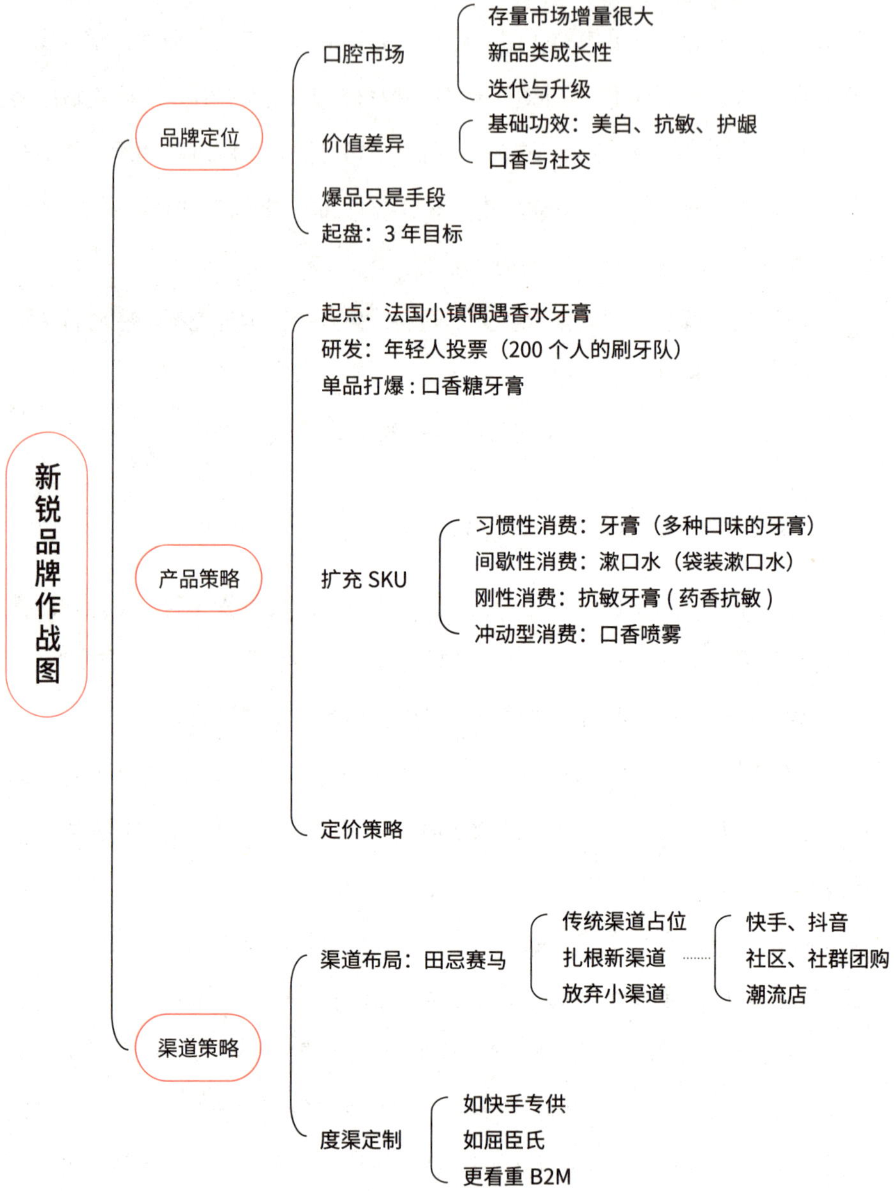

图9-4　冰泉新锐品牌作战图

念、打卖点、打广告。所以我们利用保健品的营销手法，抓住全国卫视广告风起云涌的起步期，用“好产品+好概念+好卖点+好广告”，全面推动了索芙特防脱洗发水、瘦身香皂和瘦脸洗面奶的成功。那时候广告的效果非常好。

后来我到了拉芳，2007年到二零一几年，那个时候你会发现乡镇、村里的超市都在高速发展。那时细分市场特别发达，我们在全国迅速建立了30多万个网店。我们走乡串村去看市场，了解市场的变化，全国基本上每个地级市包括下面的很多县我都去过。你只要掌握了这些遍及乡、村一级的超市，你的生意就能好。我到现在还记得某个县里有个超市叫沃尔牛，我问一个老乡你们怎么叫这个名字，老乡跟我说，大城市有沃尔“马”，我们这里有沃尔“牛”。

从2013年开始，乡村一级的超市就不行了，因为中国的交通和物流发达了，电商起来了。电商越发达，乡村的超市就越没有未来，因为物流可以直接把商品送到乡里、村里了。举个例子，我父亲是开建筑公司的，手下有很多农民工，以前他们最远也就是到乡里买东西，或是就只在村里买。现在哪个农民没有摩托，或者没有长安、比亚迪、宝骏小汽车？他们可以去县城、去市里，交通很便捷。这种变化也导致了细分渠道品牌的没落。

2013年，除了电商在高速成长，综艺节目也非常火热，比如《爸爸去哪儿》《中国好声音》。这就是我操盘滋源洗发水的方式——靠综艺去打品牌，靠电商去做销量，线下就靠大卖场。2016年之后，我在环亚集团又操盘了法兰琳卡，用的同样是“综艺+电商”的模式，当然，在屈臣氏同样也是一个发力点。

蓝月亮的持续成功是因为它跟上了每一个时代，但有的品牌没有跟上时代。品牌的变革有两种结果，一种是变死了，另一种是越变越好，但不变，肯定会死。当然，变革也有可能会死，比如早期的很多传统化妆品品牌，就是变错了把自己折腾死了。

2018年以后，新媒体开始兴起。现在的生意主要靠什么？在新时代如何做品牌？我总结了5个“新”：要牢牢抓住“新媒体、新平台、新渠道、新消费和新流量”来打造新未来。

第一是新媒体，品牌要通过新媒体去触达消费者，与他们沟通。以前是靠电视广告，比如中央电视台、地方卫视；现在靠小红书、B站、快手“种草”，因为年轻人愿意看这些新媒体。

第二是新平台，我指的是新的交易平台，比如快手小店等。而以前做生意只能靠那些传统的电商。

第三是新渠道，线下的比如WOW COLOUR、调色师、HARMAY（话梅）以及新型便利店，你会看到很多新的生态产生了。原来的购物是僵硬的，现在的购物则越来越好玩。

这种新渠道会越来越多，你会发现购物中心甚至超市都升级了，原来那种很陈旧的超市形式正在被一些小资情调、体验更好的卖场所替代，比如BHG。现在还出现了一些特色渠道，如多多买菜、美团优选等，直接到家门口自提，这也是一种新渠道。

第四是新消费，也就是消费方式发生了各种各样的变化。现在年轻人的消费不再只是为了满足物质的需求。我是“70后”，饿了可能会去吃一个馒头。而现在的年轻人饿了不仅要去吃个饭，可能还会先听会儿音乐，或者在现场体验食品制作的过程，然后再去吃。他是在享受这个过程，讲究的不仅仅是感官的满足，还有情感的满足。

最后一个是新流量。短视频的时代实际上是一个彰显自我的时代，为什么短视频受欢迎？并不一定是因为短视频好，而可能是因为每一个人都希望彰显自我，希望找到另外一个自我。为什么过去有很多人喜欢看武侠小说、爱情小说？因为他们可以把自己幻想成那个主角，每一个人都可以是主角。以前人们通过看小说，后来通过看电影、电视剧，现在通过看短视频，都是为了找到那个幻想中的自己。

这“五新”的背后，其实是老的在创新、新的在推新。在这样一个时代，你要做品牌，就必须围绕这几个“新”去做，过去那套方法在今天是没有用的。

你看我好像运气很好，做的每一个品牌都成功了，但其实原因在于我抓住了每一个品牌在每一个时代的脉搏。只有符合这个时代的营销策略，才能取得成功。

我们看到新国货在崛起，我总结有3个原因。第一是中国人的消费自信提高了，我们原来没有那么自信，我们60、70年代这一代人跟“90后”“00后”不同，我们曾经生活在一个物资比较短缺的年代，而“90后”“00后”的消费者对于国货的消费自信心更强，现在好看、好玩、好用的新国货能够深深吸引他们，他们有消费自信。

第二个原因是这几年中国经济高速发展，消费不断升级，产生了更多前沿的东西，甚至在国际领先，已经有了商品消费引领者的姿态，更灵动、更有趣、更具备冲击力。

第三个原因是我们的国货拥有这样一个渠道变革的机会，从而也给很多国货带来了更多的新机遇，而国外渠道变革的驱动力就没有中国这么强。

我们有民族的自尊心，也有大国的包容。所以未来中国的化妆品会有两个方向，第一是国货会持续崛起，第二是国际品牌一定会有更多的创新。因为中国是内外兼容的国家，品牌也有内外兼容的要素和文化基因。

第三部分

平台基础设施

10

第十章 如何用好磁力金牛服务体系

本章知识点

1. 磁力金牛负责人阿稳介绍 2022 年服务体系建设的两个重点。
2. 2022 年，磁力金牛会完成“三合一”，真正成为一站式电商营销平台。
3. 2022 年，磁力金牛服务体系将向规模化、精细化、立体化升级。
4. 介绍一家业绩突出、能力全面的磁力金牛服务商——广州天迹如何服务主播和品牌。

本章出现的案例

第一节　磁力金牛2022年的两个建设重点

阿稳　快手磁力引擎磁力金牛营销运营副总裁

2021年，磁力金牛最重要的一件事是平台“三合一”，2022年会进一步完成这个工作。

2022年，磁力金牛另一件大事是服务体系升级。

这里面的变化，值得商家和服务商关注。

一、电商营销平台“三合一”

我们先来说2021年做的这件事。2021年5月18日，磁力金牛一站式电商营销平台上线。在此之前，小店通、粉条和金牛电商都能做电商营销的生意，现在全部都在磁力金牛上实现（见图10-1）。

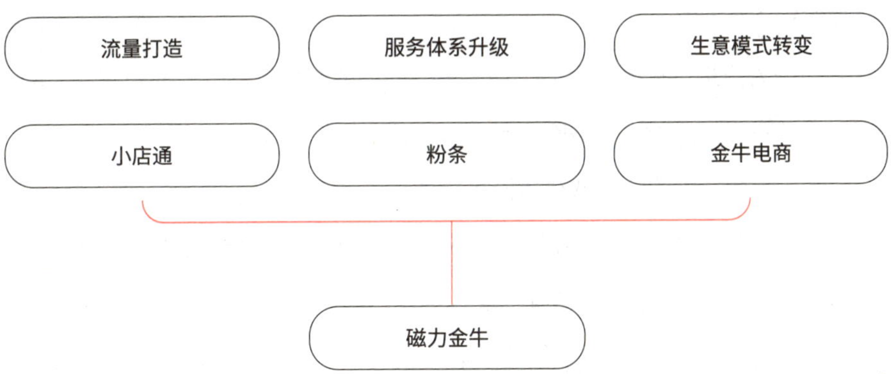

图 10-1　电商营销平台“三合一”

2021年到2022年有4个重要的时间节点，或者说里程碑事件。

2021年5月18日，磁力金牛正式上线。9月16日，小店通完全整合进磁力金牛，此后再也没有小店通。2022年元旦之后，金牛电商的投放端全部整合进磁力金牛。2022年2月底，粉条的电商相关功能会下线，全部进入磁力金牛移动端。

平台“三合一”不仅是简单的入口整合，其底层逻辑也发生了变化。

小店通整合进磁力金牛，底层逻辑的变化是流量打通了。小店通原来用的是硬广流量，只出现在公域，而私域则只有软广。现在，磁力金牛软硬广流量皆有。我们可以理解为公私域实现了真正的打通。

粉条进入磁力金牛，则意味着体系上的打通。原来粉条是用户自助投放，而磁力金牛采用的是渠道体系。粉条与磁力金牛合并之后，这两个体系也会打通并流转。当然，粉条不会消失，只是粉条内与电商营销相关的目标全部下线，转移至磁力金牛移动端。

举个例子，当一个用户进入快手之后，当他没有电商营销相关的诉求时，只需要在App中自助购买粉条，就可以实现短视频和直播“加热”。当他开始有电商营销相关的诉求时，就可以在磁力金牛的移动版中做投放，他会拥有一个个人户。

当个人户进行一定的投放之后，一旦我们的服务体系发现他是有潜力的客户，就会去触达他，并将其引导到我们的渠道户里来。这样，就会有快手的团队，有生态中的合作伙伴来一起服务他。

相当于原先只是你自己在投，接下来会有人从货的层面、直播运营层面、投流层面、内容制作层面，全方位教你。举个例子，直播运营层面会有人教你怎么做人设，在直播间用什么样的话术，怎么组品、排品。我们会告诉你怎样实现一步一步的成长。所以相对来说我们的整个服务能力都会得到提升。

粉条与磁力金牛合一，意味着商家的成长路径被打通——从个体自己成长到有服务体系来支持（见图10-2）。

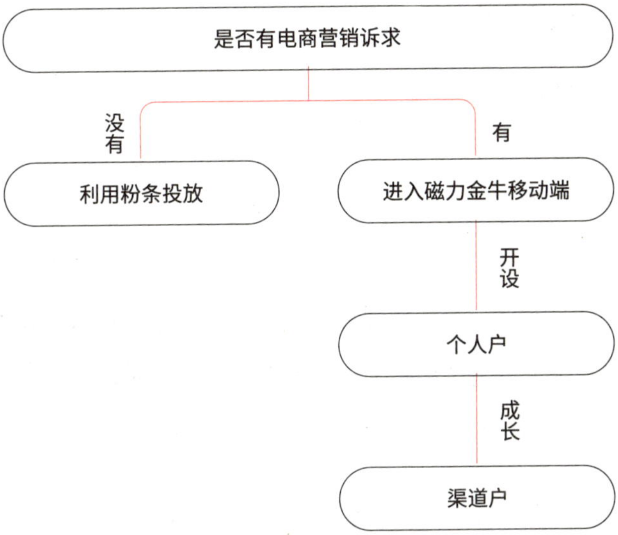

图 10-2 商家成长路径被打通

至于金牛电商平台，这是快手商业化为二类电商做的投放平台。现在金牛平台切进磁力金牛，是指它的投放侧会进入磁力金牛平台，而它的品控侧（包括售后服务等考核）会进入快手小店体系。原来金牛电商的投放和品控都是自己独立做的，现在实现了功能上的整合。

更深层次的整合是我们在逐渐引导二类电商模式走向信任电商。

因为原来二类电商是做单次生意的，基本上靠打爆品、买流量、算ROI、算成本，做单次博弈。当二类电商进入小店体系后，我们就会考核整个DSR（Detailed Seller Ratings，卖家服务评级系统），引导商家做长效生意。这是整个生意模式上的转变。

磁力金牛是为整个电商营销打造的平台，所以无论是流量底层逻辑，还是在投放的功能性上都会比金牛电商要完备，相当于我们从投放端和品控端对二类电商模式做了升级。

二、服务体系升级

2022年，我们磁力金牛还有一件大事是服务体系升级。

在现在的商业化体系中，代理商为客户提供的核心服务就是投流能力。但我们发现，传统代理商的核心能力目前可能已经不够用了。一个代理商光会投流还不够，必须要有更核心、更强的能力做支撑。比如，得教客户怎么去制作短视频内容，怎么做直播，怎么选货排品，这涉及电商营销的全链条。我们认为，磁力金牛服务体系的核心能力体现为3点：会投流、精内容、懂营销（见图10-3）。

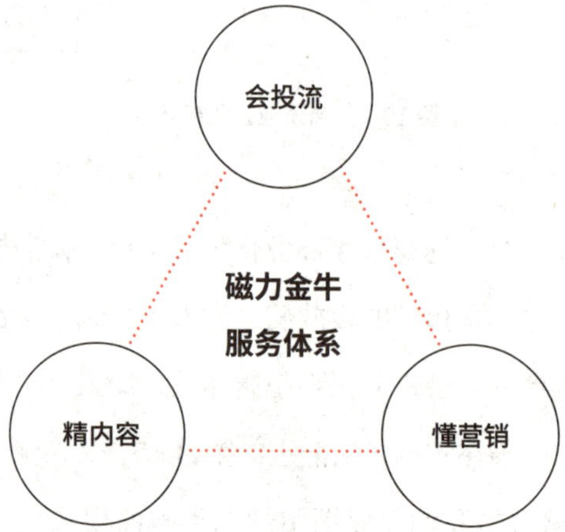

图 10-3　磁力金牛服务体系的 3 项能力

首先，会投流是必需的。合作伙伴要具备丰富的广告投放经验，熟悉磁力金牛的产品，让客户的投放更高效。

精内容是指能把内容层面的事做好，包含广告素材制作、短视频内容运营、直播内容运营等。

至于懂营销，是指具备整合营销的能力，不只是为效果投流，还要有整合包括品宣、整个活动场、超级品牌日等中的各类资源的能力。

在商业化体系中，代理商建构起这些能力后，未来是可以向客户收费的。

随着整个平台能力的升级，对代理商的要求就是提升服务，通过服务能力赚钱，因为提供服务更能得到客户认可。唯有用服务能力连接客户，大家才能真正绑定在一起。

三、服务体系升级的新方向

服务体系升级有3个新方向——规模化、精细化、立体化。

首先，我们希望有更多的代理商或服务商入局，把服务带宽先做起来。因为在我们实现了平台“三合一”之后，粉条侧会有大量的客户进来，我们需要大量合作伙伴去服务这些客户。

此外是精细化。比如金牛此前是相对粗糙的单次生意模式，变成长效生意之后需要服务能力、经营能力的整体提升。

第三是立体化。合作伙伴提供服务的项目可以越来越多，例如投流、制作内容素材、做整合营销，未来的盈利点会更多、更立体，可以从商家那里获取服务费。

未来我们希望代理商的数量能够扩充，并且整个代理商的分类和分层能够比较清晰。按照服务的客户来看，有偏重服务达人的，有偏重服务品牌的，也有偏重服务短视频卖货的。客户类型不一样，操作模式、盈利模式和业务属性也会有所不同。

为了帮助代理商实现转型，我们也会提供很多政策支持和相关权益。我们还会提供给优质合作伙伴客户推荐、培训机会以及政策激励等资源。

第二节 案例：广州天迹如何服务主播和品牌

要点

- 作为头部磁力金牛代理商，广州天迹如何转型？
- 广州天迹服务主播77英姐、夏微微和品牌妙飞有哪些经验？

广州天迹是业绩突出、能力全面的磁力金牛代理商，2021年度磁力金牛消耗突破13亿元，并获得快手2021年度生态贡献奖。

广州天迹经历过业务转型的阵痛，从纯粹的投流代理商，发展到“会投流”“精内容”“懂营销”，能够提供多元化业务，具有较强的操盘能力。

本文详细介绍了广州天迹服务的3个代表性案例，有头部主播代表77英姐、中腰部主播代表夏微微和品牌代表妙飞的店播。

〇以下为广州天迹董事长曾煌成、项目总经理邹杰麟和相关业务小组负责人的讲述。

早在2019年，我们就开始为快手商家提供流量服务，从二类电商开始，然后到小店通，再到磁力金牛。我们从单纯的投流业务开始，不断进行业务转型，现在已经成为一家全方位的代理商。

有人把磁力金牛代理商分为两类：一类是“充值代理商”，就是单纯帮商家流量投放垫款充值的；另外一类叫“代运营代理商”，除了会投流，还会做内容，懂运营。我们是后者，我们有“代运营”能力。

我们的核心能力包括以下几个方面。

本节作者为快手研究院高级研究员李召、研究员陈凯君。

第一，我们整体的配套非常全。天迹有独立的直播基地，也签约孵化主播，提供全品类供应链。我们也有自己的货盘，短视频带货做得还不错；还有自己独立的视频团队，可以帮服务的主播制作素材；我们有自己的主播，一些品牌的店播的主播就是我们提供的。

第二，我们服务了大量的主播和品牌，积累了丰富的经验。据我们统计，一年下来有两三百场活动，是广州天迹团队参与操盘的。

一、服务大主播：77英姐从300多万到3600万粉丝

我们是2020年7月开始服务主播77英姐的，当时她有300多万粉丝，现在已经是3600多万粉丝（截至2022年1月9日）。

刚开始的时候，我们这边投流也不是特别完善，前期提供的服务基本是，客户要求做涨粉，我们就给他做段子投放，然后涨粉就行。

1. 从单纯投流到探索新的服务方向

2020年9月7日是一个转折点，我们第一次给几百万粉丝的主播做大活动。但那次活动，77英姐不算特别满意，因为那一场扣除人工开支、广告，整个流程核算下来，77英姐应该是不赚钱的。

当时77英姐做入局快手两周年的活动，目标是GMV破亿，请了很多明星过来帮她做宣传，是一个阵仗比较大的活动，但最终卖货效果不是很好，投流也没有达到预期，人气最高的时候只有5.5万人同时在线。

具体的原因，我们分析：首先是我们投流本身不成熟，没有很好地把控直播节奏；其次我们不了解主播的性格、直播风格是怎么样的，拿以前的核心成功案例去跟主播说，你应该这么卖，后来发现两者的风格不同，不能照搬照抄。比如说，77英姐原来的过品速度比较慢，但9月7日活动那天，直播

中进来的基本都是新用户，她很慢的讲解节奏没办法在直播间提高爆款销售额，导致当天爆款基本还是老粉下单，新用户都是奔着福利来的，但福利款又支撑不起来销售额。

这主要是因为我们对整个直播间没有很好的了解，对投流和主播节奏之间的配合没有很清晰的认识，投放过于盲目了。

毕竟我们最初的定位就是一家做投流的公司，在主播这一端参与得不是太多。

以前的模式里，主播的直播跟我们的投流其实是分得很开的，没有深入地打通。也是通过77英姐9月7日那一场活动，我们对整个直播有了一定的了解，也加深了对自己不足的认识，后续我们做了很多工作。后来在2020年11月我们开始摸索出了方向。

2. 用甲方的视角帮客户做投流

凭借2020年9月和10月两场活动的经验，再加上我们10月份做了很多调研，与其他主播做了一些比较，在2020年11月的“116品质购物节”活动时，我们第三次给77英姐做了活动的操盘。这一次应该说是完全深入客户这一端去了。虽然我们的身份是乙方，但完全是在用甲方的视角帮客户做投流。

那场活动之后，我们服务商这一端做了调整，主播端也意识到自身的一些问题，做了一些改进。所以我们和客户的关系也渐入佳境了。

11月6日那场活动卖货效果并不算好，没有定GMV突破多少的目标，因为活动期间的竞争还是比较激烈的。我们更多的是观察直播间怎么优化，投流这一端应该怎么做。当然这一场主打的是帮77英姐激活老粉，销售额不是最核心的指标。

刚刚也提到，2020年9月、10月份做活动的时候，我们给77英姐拉了很多新客，但没有支撑销售额的提升。所以我们就给她策划，怎么去推动老粉来提升GMV。11月6日活动期间，我们策划了一个社群活动，通过这个活动让所有粉丝，尤其是老粉活跃起来，到12月已经是一个逐步盈利的状态了。2020年12月到2021年5月，77英姐能明显看到她在快手做投放的效果。

总结一下，我们主要的转变是，以前是以乙方的身份在做服务，只是做了投手的工作，后面我们相当于给客户做全方位的策划。

具体来说，我们给客户整理了很多关于直播间的建议，比如说货品上的调整，直播节奏怎么把控，排品怎么排，哪些品在前面上，主推款怎么排，等等。

如果大家看77英姐以前的直播回放，会发现其实她的过品节奏是特别特别慢的，甚至出现过一小时只卖两个品的情况。后来我们用了一个月的时间，帮她分析每一个品的情况，卖得不好的品时间控制在多少，卖得好的品怎么讲得更细一点。

大场的时候我们会重点优化，知道每个品的情况后，再根据这一场的预期GMV目标来排品。比如说，大场前面几小时主播的状态通常是比较好的，排到前面的几个品需要支撑起销售额，我们会在货品和排品上帮主播调整一下。

还有一些话术的优化，如果主播有时候讲得过细了，就会让她删减一下。有些以前讲解比较多的品，很多老粉已经知道了，大场的时候就可以适当删减，不要什么点都拿出来讲。在整个直播节奏上也帮她调整了一下，以前一天直播就过20～30个品，现在可以过40～50个品，节奏比以前加快了很多，毕竟要支撑销售额的话，品的数量也是一个关键点。

我们的投流也在同步优化。我们通过分析直播的分段数据，看投流操作有没有问题。比如，我们会预估主播的这个品能卖到多少，根据这个品的特性，看投流应该投多少，帮客户把钱花在刀刃上，而不是简单地让直播间一直持续进人。所以我们也做了很多直播节奏和投流节奏相互配合的动作。

3．提供更高层次的服务

除了对直播进行优化，我们还会对人、货、场都进行全面分析。比如主播是怎么从一两千万的粉丝一路走过来的？直播间的爆款是什么？甚至爆款的包装我们也会做。

以前主播的团队里是没有专门的人帮其做整体策划的。在2020年12月底到2021年1月，我们给主播做了一个全年的人设规划。我们把很多碎片化的内容做了一个整合，给其定了一个人设方向，也就是主播应该怎么包装。

还有，我们会分析77英姐的春之唤品牌跟其他品牌拉开差距的点是什么？为什么消费者要选择春之唤而不是其他品牌？这之后，我们就会对春之唤的技术团队、研发团队做深入的宣传。我们还会分析她的受众群体，比如她面对的是30岁以上的用户，这一类用户的困扰是什么？再考虑产品怎么跟用户产生联系。

再比如，现在77英姐的春之唤主推“美容院高奢定制品牌”的概念，既要解决美容院这个卖点怎么包装出来，还要考虑高端产品怎么让平民买得起的问题，所以我们就主打“源头工厂”的概念。

还有一些是跟品牌理念相关的，比如品牌为什么叫“春之唤”？名字是怎么来的？我们会打造一个背景故事，围绕“匠人”“匠心”“匠品”三大角度，帮主播把整个人设、企业、品牌全部立起来，品牌形象会更加立体化。

我们逐渐意识到，投流只是辅助，更核心的是主播的账号和内容，怎么让主播的账号更有内容，辅助主播把账号填充得更好。好的投流，可以让主播的卖货达到锦上添花的效果，通过推流把主播的产品介绍给更多人认识。

4. 核心的经验总结

（1）深入了解客户，因人制宜，输出货盘、排品、话术等综合建议，结合投流，效果明显。

（2）从客户效果最大化、长期生意向好的角度思考，与客户形成共识，而非单纯考虑转化、单场活动GMV。

（3）在直播、投流优化之外，也为主播立人设、打品牌。

二、服务腰部主播：夏微微从服装主播转型美妆达人

在广州天迹服务的主播中，夏微微是中腰部主播的代表。

夏微微本来是服装类主播。服装这个类目有很强的专业性，对直播时长也有要求，她觉得自己很难把控，而且只做服装不怎么赚钱。她想转型当美妆主播，又担心如果转型不成功，把服装本行又丢了，得不偿失，这是很多服装类主播向其他品类扩展时都会有的顾虑。

1. 在带货方向上的建议

2021年6月，广州天迹与夏微微合作。在带货方向上，我们建议她尝试转型美妆主播，或者是食品百货混合的半全品类主播，类似好物推荐官的角色。

在这个过程中，夏微微找到露伊薇丹。这个品牌的口碑不错，主播亲自测试产品效果也很好。通过露伊薇丹这个抓手，夏微微成功实现了向美妆主播的转型。

在和我们合作前，夏微微的粉丝数为150万，直播间同时在线人数有3000～4000人，活动峰值每场销售额在70万元左右；和我们合作半年后，粉丝数达到338万（截至2021年12月31日），直播间同时在线人数达到6000～7000人，美妆类活动峰值每场销售额达200万元以上。

夏微微实现了转型，其服装与美妆直播场次目前的比例约为2:8。她一个月一般还会有1～2场服装专场。转型不可能把原有的服装都丢了，还要照顾原有的粉丝，保留一定占比，兼顾服装和美妆两个类目。

2. 爆款测试阶段的建议

露伊薇丹这个品牌也有很多SKU和产品，第一次带露伊薇丹的护肤品时，主播不了解品牌适合的人群，也不清楚哪个是品牌的爆款，哪个可以卖得比较好，所以先要测试产品。

在产品测试阶段，我们根据对过往卖得好的护肤品品类的认知，建议主播上冻干粉、面膜、眼部精华，以及其他精华类产品。其他产品前期不上，等测试完爆品后才开始“种草”，以“与这个产品搭配使用效果更佳”的方式，让用户更多地搭配单品购买。

3. 通过大场活动测试粉丝人群

除了测产品，我们还要跟主播一起测人群。2021年6月我们开始帮夏微微拉新，8月涨了50多万粉丝的时候就开展了第一个大场活动，GMV突破了200万元。

为什么要在这个时候做一个大场？因为要对新增的50万粉丝进行测试。夏微微跟其他主播不一样，是服装主播转型美妆主播，更加注重新涨上来的粉丝。

我们通过这个专场，去看新涨上来的粉丝质量怎么样，购买力好不好，拍摄的服装类段子吸引的粉丝是不是也适合做服装，美妆类的段子吸引的粉丝是不是只适合做美妆，要不要调整投放策略。

通过8月份这个专场的测试，我们发现，夏微微新粉GMV不错，老粉贡献的GMV占比能在80%以上，在服装转美妆主播里面，这是比较高的。这也验证了，只要对整个账号、内容，还有粉丝群体做好把控，服装主播转型美妆也是很容易成功的。

在大场活动中，我们团队建议：利用好直播工具、优惠券以及重磅产品的发布。通过更多的福利以及更重磅的产品来召回粉丝，不仅可以提高粉丝的唤醒率，也可以拉升GMV。

4. 如何拓展新品类、打造新爆款

现在夏微微每个月会有很多场美妆专场，以带露伊薇丹的货为主，但露伊薇丹只有两三个爆款支撑主播的销售额，这其实是她需要突破的瓶颈。

这就需要不断地测试更多的品牌，做其他的美妆专场。如果能把两三个爆款扩展到五六个爆款，她的整体销售额也能拉升，所以要往产品的深度还有品类方面去拓展。

针对这样的情况，在上线新品前，我们团队会配合主播，通过短视频介绍产品的研发和生产过程、适合的人群、产品效果等一系列信息，提前“种草”产品；新品上线当天，我们会发优惠券引导新粉，以及提高老粉召回率和复购率。

三、服务品牌：从零起步打造妙飞店播

妙飞官方旗舰店是2021年9月开始跟我们合作的。

当时，品牌店播对我们来说是陌生的赛道。快手开始说大搞品牌的时候，大家其实以为是请达人给品牌做店播。后来大家慢慢发现，品牌店播和达人播是不一样的，有自己的特点。

第一，店播的品是有限的，都是同一个品牌的品。

第二，店播的直播间里，主播是不固定的，也不需要有人设。也就是说，主播是可以换来换去的，不同的主播有不同的话术，对同一款产品有不同的讲解方式都是可以的。

店播不需要我们打造人设，但需要我们了解这个品牌。在做一个品牌之前，我们要第一时间收集很多关于品牌、产品的资料，了解它的受众人群。

第三，其实品牌店播比达人播简单，因为大家对品牌有认知、有最基础的信任在。如果用户对这个品牌已经了解了，不需要我告诉他其质量怎么样，只要听说过这个品牌，就相当于有人背书了。快手讲信任电商，品牌自播天然就有信任的基础。

所以，为什么要在快手做店播呢？主要是因为不用过多地去要求主播的直播能力以及控场能力，也不需要打造人设，可以从0到1快速起号。而快手有自己独特的内容分发机制，使得粉丝黏性更大，私域的购买力、复购力都更强，而且在快手做品牌店播，可以获取公域流量的方式也更多。

1. 流量策略：做短视频与投流双管齐下

品牌店播的挑战在于，在没有粉丝积累、账号没有任何基础的情况下，怎么把产品卖得好，通过投流怎么把产品推销出去。

我们刚开始做品牌店播的时候，没有很多规划，投放挺盲目的，就是投一个直播间，先把人推进去，看主播能承接多少。后来我们发现投进来的是泛流量，达不成客户给我们定的考核目标。

我们发现，一个原因是店铺账号没有内容，信任的基础不稳固。这个信任的基础怎么做，我们认为，可能需要多走一步，这一步就是短视频。

现在我们全力在做短视频下单模式，也就是说，我们既可以接触到看短视频的客群，也可以接触到看直播的人。

以前我们直接推直播间的话，有看直播习惯的人才可能购买。但是通过短视频，用户会先看这个产品和这个段子吸不吸引人，再决定是否下单。这个过程中可以过滤掉一批对产品不感兴趣的用户，也会沉淀一批感兴趣的用户和他们的数据，然后我们再把人导到直播间。

前期，妙飞的整个直播间可能只有十几个人，后来通过短视频吸粉，提升到30个人、50个人，慢慢再到300个人。但是通过短视频来的流量更精准，直播间主播也承接得住。这种模式打通后，我们再把流量扩大一倍，到500个人、800个人，甚至1000个人的直播间，主播也能转化，我们是这样慢慢地去做拉升的。

在短视频的内容制作上，我们团队会给妙飞出账户内容定位，准备拍摄脚本，然后派懂快手内容的专业同事去协助品牌方拍摄。拍摄主要有以下几个方向：一是走温情化的剧情路线，通过剧情植入直接带货；二是实拍工厂车间，展示物流、仓储实力；三是围绕不同用户的需求和特点，花式“种草”产品。

2. 产品策略：单品店播路线，多次测试合适的套餐组合

针对妙飞品牌，我们定的是单品店播策略。我们在测试之后最终选择了奶酪棒这个产品。虽然店播的品比较单一，但我们给妙飞规划了套餐，比如99元3袋，共15支奶酪棒的套餐。

妙飞现在推的套餐是通过反复测试得出来的。通过测试，我们看哪一个套餐做得好，哪一个价格段的产品卖得好，再去做调整，看到底一个套餐是卖39元、59元还是69元，再来平衡ROI，然后得出最佳方案。而且最佳方案一旦定下来，不会随便动，相对比较成熟。

不做测试的话，比如，我们的客单价已经提到100多元，如果还在推39元的套餐，就不适合了。另外，整个快手里的用户群体是有分层的，低客单价的产品，辐射的用户比较多，高客单价的产品虽然辐射的用户少，但ROI可能反而会高些。

我们还总结了爆品打造公式，结合品牌、主播、产品的特性来打造爆品。

爆品打造公式：爆品=产品力+价格力+流量曝光+讲品技巧

3. 直播间策略：主播与粉丝互动、营销工具、投流多方面配合

在直播间，我们还会通过以下几种手段的配合，来促使粉丝停留和下单。

第一，通过主播与粉丝互动，营造成交氛围。主播在直播间以娱乐的形式，促进粉丝在直播间说话，让直播间公屏上的互动增多，增加粉丝互动和购买的热情，在互动到位的基础上，主播可以再加量上一波产品。

第二，运用营销工具，提升粉丝关注和GMV。可以利用店铺满减券、老铁拼团、限时秒杀等快手营销工具，增加粉丝的关注和停留时间，从而达到提高GMV的目的。

第三，根据直播间实时数据，配合投流手段。团队除了给品牌策划直播外，在直播期间，还会通过直播间实时数据的反馈，实时地对直播间人员和

工作做一些调整。通过投流和直播间的配合，在妙飞开播第20天，GMV就达到了新高度，单场突破84万元。

综合上面的手段，我们ROI从去年9月、10月份的1.2，到现在的2点多，翻了一倍。我们把妙飞的快手官方旗舰店从零粉慢慢做起来了，现在每天能卖一二十万元。

11 第十一章 如何用好快手电商服务体系

本章知识点

1. 快手电商服务商生态和区域运营负责人展望2022年的几个工作重点。
2. 2022 年，快手电商将对服务商和操盘手进行金字塔式认证。
3. 2022 年，快手服务商将聚焦 MCN、聚焦产业带、聚焦品牌。
4. 介绍两家有代表性服务商的案例，一家是可规模化复制类型的服务商，另一家是品牌服务商。

本章出现的案例

1. 易心优选详解操盘手模式的 11 个环节。（349 页）
2. 上海国象做快手品牌服务商的几点体会。（371 页）

第一节　快手电商服务商生态2022年展望

李丛杉　快手电商服务商生态和区域运营负责人

大搞服务商，是快手电商2021年的3个大动作之一。经过2021年下半年的成长，服务商生态初步有了一些规模。

到2021年底，已经有500家左右电商服务商入驻快手。我们曾在2021年7月承诺，要扶持和孵化200家年GMV过亿元的服务商，这个目标已经达成。

2021年7月至11月，服务商服务的商家GMV同比增长195%。下半年，受服务商服务的商家相比未受服务商服务的商家，GMV增速超过1.5倍。我们的生态基金也已经向两家服务商发出了投资意向书。

本文分为两部分。前面是对2021年工作的简单总结，我们主要做了3件事：推出电商服务商的“五力”模型，发布了快手电商服务商体系2.0，大力推广操盘手模式。后面，我会说一下我们在2022年的一些打算。

一、发布电商服务商“五力”模型

发布“五力”模型（见图11-1）是我们培育服务商生态的一个重要举措。

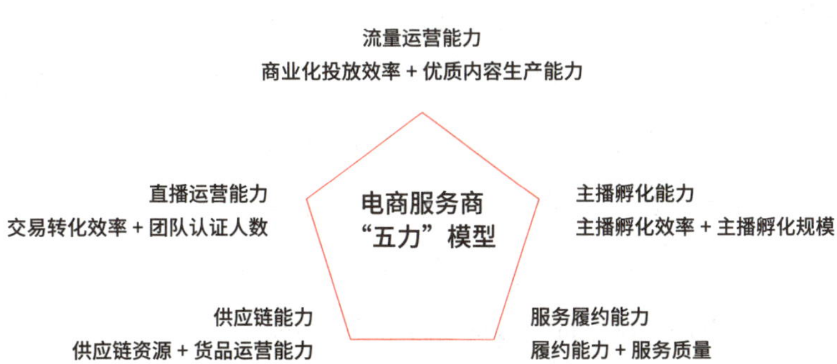

图 11-1　电商服务商“五力”模型

第一个是流量运营的能力。作为一个电商运营机构，快手当然要具备流量运营的能力，它包括内容运营和商业化运营。现在我们看到，比较好的服务商都有自己的专业内容运营团队， 也有专业投流团队，而且二者是可以相互协同、拼接在一起的。

第二个是直播运营的能力。直播有很强的实时性，怎么选品、排品、投流，是让老用户复购还是让新用户尝试购买，对这些方面的策划非常重要。这些方面的策划能否完全执行到位，也有赖于相关人员在直播现场的实时决策能力。

我们发现，一些特别优秀的直播运营人才，在一场6小时直播的前30分钟里，就能够根据互动数据、主播状态、销售情况，实时判断出这场直播大概能达到多少交易额。如果达不到，他们也知道怎么去改变策略。这种操盘手或者说直播运营专家，是市场上非常稀缺的人才。我们希望能够专业化地培养这样的人才。

第三个是主播孵化能力。这一点大家都不陌生，在快手上已经涌现出非常专业的MCN 机构，逐渐形成了快速寻找与孵化主播的方式和成熟的主播“赛马”机制。今后，越来越多的主播应该走向职业化和专业化，因为我们要为消费者提供专业化的服务。

最后还有两个作为基石的能力，也是能够直接决定服务商利润空间的能力。

第一个是供应链的能力。供应链可以做深，也可以做浅。一些服务商现在做得比较深，已经开始推广自己的新品牌，变成了基于新消费推广新品牌的公司。快手上不乏这样的服务商。

第二个是服务履约能力。每个服务商都应该关注这一点，比如售后、逆向的流程以及客服，这些直接影响了消费者的体验。

以“五力”模型为代表的全链条直播电商运营能力，是快手电商服务商的核心竞争力。服务商只有培养起自己的核心竞争力，才能够找到可持续的成长路径。

如果这5种能力全部具备，服务商也就拥有了增长飞轮（见表11-1），这是一套正向的，可以自循环、自更新的价值飞轮。作为服务的承载方，快手平台在这个过程中也会最大限度地支持大家完成这样一种价值飞轮的塑造。

表11-1 快手电商服务商代表及各自特色

突出能力	代表性机构	特点
直播运营能力	老铁文化	操盘手模式开拓者，擅长直播运营，帮助50多个主播突破瓶颈
	易心优选	操盘手模式规模化的标杆，具备完善的组织能力，从临沂起家并辐射全国，带动百货、食品、美妆行业主播专业化转型。 参见本章“易心优选详解操盘手模式的11个环节”
	好物优选	大主播机构化的标杆，依托大主播成熟供应链以及运营体系赋能中小主播，助力其成长
流量运营能力	广州天迹	通过专业化的投流加直播运营能力，助力20多个腰部主播GMV提升20%～30%
	虎嗅蔷薇	磁力金牛代理转型电商服务商的标杆，结合商业化投放以及直播运营，助力商家冷启动以及突破瓶颈
主播孵化能力	重庆快直播	通过持续的运营服务提升，月度孵化 30 个月 GMV 超过 50 万元的新商家，并沉淀一套有效的方法论，持续赋能小商家
供应链能力	郑州水波纹	供应链转型电商服务商，通过整合货品、履约、操盘的全链路服务，助力主播全方位的能力提升
服务履约能力	宁波集货宝	依托物流业务优势成功转型电商服务商，并建立了主播管理系统 ERP 数据支持、货品供给、广告投放的全链路，为商家提供优质服务

2021年，快手电商生态迅速涌现出各种类型的服务商（见表11-2），比如由MCN机构转型而来的服务商，以服务品牌为目标的品牌服务商。

表11-2 快手电商涌现出的新型服务商

新类型	代表性机构	特点
MCN 转型服务商	延安大陕北	旗下有60多个才艺主播，转型电商机构，1个月时间打造千万级大主播，并持续赋能中小才艺主播转型电商
	安徽天犇	国内TOP娱乐公会转型电商服务商，帮助众多娱乐主播成功转型带货，单月两场千万级操盘，拥有200多人的运营团队，不断实现人、货、场的深度结合与突破
品牌服务商	卡美啦	服务上千家线上电商品牌，是快手最早一批入驻的电商服务机构，致力于为网红KOL电商赋能，提供“优质供应链+电商全案运营”解决方案
	上海国象	服务10多个国内知名品牌，包括真维斯、百丽、韩都衣舍、全棉时代、骆驼、罗莱、海澜之家等，其中6个品牌单月GMV突破100万元。成功打造了真维斯半月突破100万元、百丽单场突破50万元的优秀案例

二、发布电商服务商体系2.0

经过半年的迭代，我们发布了快手电商服务商体系2.0。我们将服务商分为3个层级，分别是优质、核心和战略，每个层级都会划分成4种类型——MCN机构服务商、商家服务商、产业带服务商和品牌服务商（见表11-3）。

表11-3　服务商类型及职责

服务商类型	主要职责
MCN 机构服务商	服务内容型主播，提供签约孵化、内容营销、直播运营、流量投放服务
产业带服务商	服务产业带货主，提供选品组货、店铺代播、培训孵化、仓储物流服务
商家服务商	服务商家型主播，提供选品组货、培训孵化、直播运营、售后履约服务
品牌服务商	服务品牌方，提供品牌招商、品牌代播、全案营销、流量投放服务

2022年，我们会按照“严准入、强赛马”的原则，利用操盘手资格认证和“五力”模型为服务商打分，并进行金字塔式认证（见图11-2）。

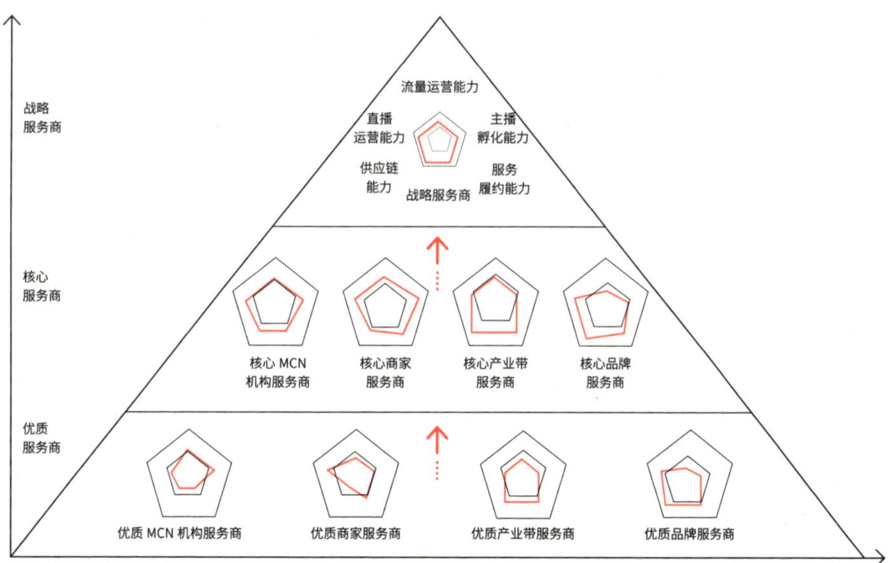

严准入：能力模型 + 认证人数　强赛马：高激励 + 精细化

图 11-2　对服务商进行金字塔式认证

三、推出操盘手模式

什么是操盘手？我们认为，“五力”模型真正落地在服务商组织中，具体代表就是操盘手，他是落地在服务商组织中的“导演”或“项目经理”，对直播电商有很好的认知，能够指出主播在做大促活动时存在的问题，能够对主播的GMV负责。

操盘手应该从账号诊断和主播分析入手，找到比较重要的突破点和增长点，设置主播自己的S级、A级、B级营销大场，并在这个过程中去评估怎样才能把主播的粉丝调动起来。从直播计划，到直播复盘，操盘手都有一套标准动作。

有两个案例让我印象特别深刻。

“小六家精品女装”的主播之前做过线下售货员。她在2021年8月注册了快手个人小店，8月到9月基本上就是自己开着直播，到批发市场去逛，有合适的货就带一带。

就这样经历了一个多月，她的直播间里粉丝仍然非常少。但她做主播的意愿特别强。2021年9月，快手电商经过全面策划，在第一阶段帮助她确定了自己的人设。她根据操盘手的建议组品、排品，操盘手还教会她直播间里各种各样的操作玩法，包括福利购、新人券、抽奖等。很多工具是她之前没有了解过的。

在获得这些基础能力后，第二阶段她直接上营销大场，而且开始精准拉新。经过一个A级大场、两个S级大场，小六家非常快速地用3个月时间实现了从0到400万元GMV的跨越。她的月收入也从3000元增加到了5万多元。

还有一位快手主播“范统YS品质”，在虎嗅蔷薇的操盘手赵云的帮助下，用了短短1个月的时间，实现了月GMV从400万元到1200万元的跃迁。他是怎么做到的呢？

这个主播在与操盘手合作前遭遇了一些瓶颈。这是一个在快手开播3年的老主播，身处服装集散地，拥有自己的服装批发档口和小工厂。2019年，由于线下生意下滑，他开始在快手上摸索做直播。到2021年7月，他在快手积累了125万粉丝，月GMV能达到300万～400万元。

操盘手赵云首先对主播进行账号诊断和问题识别，结果发现：第一，他没有足够的货物储备；第二，短视频没有策划，往往是随心拍。从数据来看，虽然他的粉丝数达到125万，但获取粉丝的手段不够精准，次均停留时长比同行业商家要低27%，购买率比同行业商家低47%。

从货盘角度来说，“范统YS品质”有什么样的增长点呢？第一，他对货盘没有规划，常年就卖4种产品。第二，货盘均价低，购买力不足。第三，他没有爆品意识。而这些点其实都可以去做增长，以实现快速发展。

于是，操盘手赵云为他规划了3个成长阶段，做了3场A级（入口级别，流量最小）大场活动和3场S级（流量最大）大场活动。前两个阶段，赵云通过明确人设、组排品、节奏把控、营销工具使用等，把他的粉丝转化成非常精准的粉丝，边涨粉边实现GMV的转化。可以看到“范统YS品质”在做第一场大场活动时，单场GMV已经比原来翻了3倍，达到152.3万元。最近一场S级大场活动，GMV达到501万元。

我们也发现，在目前直播运营活动的人才市场上，存在着从业人员短缺和混乱的情况。只要是参与过千万级别GMV大场活动的人员，哪怕只是上下链接的中控，出去求职时可能也会谎称自己是操盘手。因此，我们围绕操盘手认证体系和培训体系也迈出了非常重要的一步。我们把操盘手的标准化成长路径勾勒出来，经过初级、中级和高级这一套完整的认证体系，为整个行业输送人才。

四、2022年的工作重点

2022年，我们会有一个基础设施和3个聚焦。

所谓基础设施，就是使各种类型的服务商通过操盘手模式和操盘系统，提升自己的运营能力，也就是让“五力”模型真正落地。

3个聚焦则是我们要聚焦MCN、聚焦产业带、聚焦品牌。

聚焦MCN，不仅是让MCN机构和服务达人的机构补足自己的能力，原生的商家服务商也要往机构化方向发展，使主播的流量创造能力得到更好的发挥。

聚焦产业带，以临沂为例，根据临沂电商协会发布的数据，今天在临沂这个产业集散地，批发市场有136个之多，快手电商的从业人员达到30万人。在临沂的快手电商服务商也有20多个，易心优选等比较核心的服务商来自临沂这个产业带。临沂的主播数量、GMV也在快速增长。放眼全国，这样的产业带还有很多，有非常广阔的空间值得深耕。

在产业带，服务商能做什么？一个服务商告诉我，他来自河南某个产业带，看到当地很多中小主播在突破GMV瓶颈后，比如单场GMV从20万元、30万元涨到300万元后，却在艰难地做后端履约工作。他们必须播一天停一天，因为要自己去发货。但通过与服务商合作，或者是利用集约式服务，至少从云仓到物流的阶段，就可以帮助主播降低20%～30%的成本，而且能帮助他们提升直播频次。

因此，在产业带，无论是主播聚集地还是货品聚集地，一个个服务商能够通过连接中小主播的需求端和原产业带工厂的供给端，达到实时双向协同，这是产业协同的重要方向。

至于聚焦品牌，截至2021年10月底，入驻快手的品牌服务商已经有104家，大多数来源于百货行业，包括很多已经在电商行业经营和深耕的品牌服务商，未来还会有大发展。

第二节　案例：易心优选详解操盘手模式的11个环节

要点

- 快手电商进入专业化、精细化经营阶段，操盘手模式应运而生，目前用得比较多的是每个月会做1～2场大活动的腰肩部主播。
- 2021年11月到12月，快手电商做了近50场有操盘手参与的直播，平均单场GMV翻倍，而且之后14天的GMV也有70%左右的增长。
- 易心优选团队详细讲述了操盘手的整个模式，大致包括11个环节，主要内容涉及直播前做什么准备，直播中现场如何操盘，直播后如何复盘。

操盘手模式起步于快手之城——山东临沂。

临沂产生了最早的快手电商主播，目前这里活跃着数万个电商主播，其中近300个的粉丝在100万以上。

经过这几年的发展，一些主播正在朝现代企业化方向升级，也有一些主播还停留在夫妻档的经营模式，还有一些新主播面临激烈的竞争，不知道方向。在新的形势下，主播不能只靠个人经验和单打独斗，还需要进一步提升专业能力。为了赋能中小主播、孵化新主播，快手在临沂推出了操盘手模式。

如果主播只是在平播时卖自己的货，对涨粉、直播节奏不需要有太高的要求。但腰肩部主播往往每个月会做1～2场大活动，类似一场大型综艺节目或晚会，直播间的现场氛围、人员配备、货盘等就需要提前策划。此时，操盘手团队就能派上用场。

操盘手是直播经营效果的催化剂。他们主要是从直播前、直播中、直播后3个阶段帮助主播提升专业度。操盘手团队的全阶段操盘会有一个完整的SOP（标准化程序），这个SOP的背后是多次操盘沉淀下来的经验、多次优

本节作者为快手研究院研究员杨睿、研究助理杨佩洁。

化迭代的团队分工以及临场响应的能力。

快手官方倡导、第三方服务商主导的操盘手模式，目前开始陆续走向华北、华东、华南、西南等地。

数据显示，2021年11月到12月，快手电商做了近50场有操盘手参与的直播，平均单场GMV翻倍，而且之后14天的GMV也有70%左右的增长。此外，操盘手们具有非常强的流量获取能力，直播间除商业化投放效率提升外，自然流量获取能力平均也较原先提升8%。

目前，操盘手模式还只是针对腰肩部主播做大场活动，一旦时机成熟，下一步还将解决品牌店播和新主播冷启动等难题。

操盘手到底价值何在？他们的操盘能力强在哪里？

2021年10月下旬，快手研究院调研了易心优选直播基地，访谈了多位操盘手、投流手、运营人员、选品人员，他们输出了许多直播干货。

易心优选直播基地位于山东临沂，是快手电商战略服务商，也是最早打出操盘手案例的基地之一。易心优选旗下的操盘手团队通过操盘帮助了上百位主播，使他们的日播峰值从十几万元提升至几十万元，甚至几百万元。易心优选旗下的操盘手王磊、伍婕，最初从现场观摩石家庄资深操盘手姚福包的几场直播操盘入手，之后又根据自己的工作经验，慢慢摸索出一套完整的操盘方法（见表11-4）。

即使你暂时没有找操盘手的念头，也可以学习一下他们如何为主播操盘一场直播活动。

表11-4　易心优选总结的操盘手模式的11个环节

阶段	细分环节
直播前：初步沟通	基础数据诊断
	粉丝画像
	定主题和目标
	沟通投流费用
正式立项：操盘策略	货品策略
	投流策略
	内容策划
	营销策略
直播中：现场操盘	现场人员配备
	现场指挥
直播后：复盘	多维度复盘

〇以下为易心优选操盘手团队的讲述。

一、直播前操盘手会做哪些准备工作

第一，我们会与主播初步沟通，为他做账号诊断，定直播目标。

我们日常的工作有点像医生“坐诊”，主播来了之后，我们要坐下来一起对账号进行诊断，了解主播平时做直播时存在哪些不足，做大场活动时可以在哪些地方提升。有时我们也会“出诊”，直接去主播那里沟通。

我们一般会从基础数据和粉丝画像这两大板块对一个账号进行诊断。

首先我们在征得你（也就是主播）同意的情况下会进入你的小店后台，大致分析一下你的日均GMV、投流费用、ROI、粉丝复购率、直播时长、转化漏斗、GPM（千次观看成交金额）。这些都是基础数据，再往下就是更细的数据了。

看日均GMV，是为了估算你在大场活动时能够达到的GMV。如果一个主播的日均GMV能达到6000元，按照我们目前的操盘能力，在大场活动时能帮他做到10万元GMV，我们一般按照10倍来估算。

看投流费用，主要是看你过往的直播通常投多少钱，要结合ROI一起看。我们可以估算出你做专场大概要投多少钱，ROI大概能做到多少。

看粉丝复购率，是要看如果帮你做个专场，我是要投新客（也称新粉），还是投老客（也称老粉），这关系到我为你制定的流量策略。

还有直播时长和用户停留时间。我举个例子，有个主播来找我，她觉得自己的粉丝很喜欢跟她唠嗑。结果我们一查数据发现，用户平均停留时间只有32秒，可以说是来了就走。她其实就是没有什么承接能力的主播。

看转化漏斗，是去分析黄金漏斗，从点击、下订单转化到支付这几个层次的转化。如果用户观看了，但没点击下方小黄车，说明对商品不感兴趣。点击了但没下单，说明商品详情页没有吸引力。下单了但没支付，停在选择支付宝、微信还是银行卡的支付界面，那么要去“逼单”，刺激用户快点完成支付。

看GPM，是看你的粉丝承接情况和ROI。

用好数据，为主播科学“算命”

易心优选操盘手伍婕：跟主播沟通可好玩了，他们觉得找我做账号诊断就像“算命”一样。有个主播来找我，我看他的数据，问：“你是不是从来不下链接？”他说：“我从来不下链接。”我说：“你链接上的名称和细则，应该写的也不是特别清楚。”他说：“是啊，我就写了××，没有写规格。”

我会告诉他转化率比较低，可能是因为他在直播的过程中：第一，不下链接，链接比较多，用户在翻看（小黄车）的过程中可能就会跳失；第二，用户不知道规格就退出来了，再去问主播是什么规格，这一部分也是跳失。

我还问这个主播是不是不怎么上福利品。他说：“对，你怎么知道的？”我说：“因为你的观看时长只有30多秒，低于大盘水平。”这说明他平时不注重这些细节。

主播之所以觉得操盘手是在“算命”，背后实际上反映出他们非常缺乏数据方面的知识。就像快手主播小胖嫂说的，她以前从来不看数据，也不会看数据；不复盘，也不知道怎么复盘。很多主播甚至不知道生意通是什么。

第二，分析粉丝画像。做账号诊断还要看你的粉丝画像，包括男女比例、年龄、手机系统、地域、爱好等。这些和我要为你制定的营销策略相关。

比如，从粉丝主要来自哪个地区可以看出，他们是追求性价比，还是舒适，又或是追求品牌。

我举个例子，如果你的粉丝大多是山东临沂地区的，那我们设置一个“全场免单”活动会比较合适。如果是南方一些大城市，粉丝爱精打细算的，那设置一个“满减活动”更合适。粉丝画像可以提升你在直播时使用营销工具的精准度，帮助提升转化率。

性别和年龄也很重要。不同年龄和性别的人消费能力是不一样的，你的粉丝中年龄31～35岁的群体居多，还是年轻人居多，爱好是什么，我们要根据这些去制定营销策略。

粉丝画像除了跟货品、营销策略相关，也跟投流有关系。因为投流要建一个人群包，人群包是要根据粉丝画像来制定的。

我们平时会去研究不同年龄段人群的消费喜好，比如，在八大消费人群的基础上总结出快手的特点。在快手，三五线城镇的妈妈比较多，她们的年龄段在31～35岁，追求性价比，为全家的男女老少买单。上到大家电，下到百货，她们都可以消费。我们会重点关注这样的妈妈群体，以及小镇青年和小镇中老年。

第三，定主题和目标。进行了账号诊断之后，我们要和你沟通你的预期和人生故事，以确定这场活动的主题和目标。

我们要先沟通确定这场活动的主题。为什么？

在之前操盘过的直播中，我都会反复提醒主播不断强调活动的主题，比如主播今天就是强调“送福利，以后每个月都会送福利，要关注才能拿到福利”，点进来的人自然就会关注了。不用投“涨粉”，通过直投直播间就达到了这个效果。现在我们通过直投直播间，一场活动粉丝涨幅就能达到4万～6万。

我们在跟主播聊天的过程中，也会去挖掘他的人生故事，这样才能更好地制定主播的主题，例如，主播什么时候过生日、结婚、开业，另外，粉丝涨到100万、开店3周年等也是很好的主题。这与营销玩法、投流策略等息息相关。

有的时候我会告诉主播，这次直播一定要准备一个噱头。他们紧接着就会问我，什么叫噱头。其实很简单，就是你因为什么去搞这场活动。

还有一些细节的东西，比如，去主播那里沟通，我们可以看看场地是否适合做直播专场，场景能否拍短视频。

有些问题，主播凭自己的经验是想不到的。比如，他们平时用的网络带宽是200M（M指Mbit/s），可能日播时能凑合用。但做大场活动时，流量是以前的好几倍，直播间同时涌入5000～6000个人，网络很容易卡。在这种情况下，我们就会建议主播到基地来播。我们的直播间网络带宽都是500M的，而且只有主播和运营的手机可以连，其他人都不允许连。

确定好一场活动的目标，投流策略和货品策略才能更有针对性。

第四，沟通投流费用。还有很重要的一点，是和主播沟通投流费用。

首先要看你的日播数据，日播时GMV大概能达到多少万元，这是第一点，也是最基础的。然后还要考虑一点，假设你日播GMV为20万元，其中有多少是老粉贡献的，有多少是新粉贡献的。之后我们就要考虑这场活动，是要给你拉新还是推老粉。

还有最重要的一点是，你日常投放ROI是多少。如果你日常投放ROI能达到15、 10，一般老粉的转化率能达到10%的时候，磁力金牛新粉的转化率就能达到5%。拉新是难的，拉新是贵的，但是我们还是要不断拉新，只有不断拉新，使我们的流量池子变大，我们的客单价才能卖得越来越高。

二、正式立项：操盘策略，定SOP

1. 货品策略

一场大型直播，要根据活动主题和GMV目标来制定货品策略。为什么我们一定要先确定目标，再制定策略？因为不同的销售目标，对应的货盘可能是完全不一样的。

我举个例子，如果你是一个有500万粉丝的主播，想一场直播卖200万元，我们会着重于帮你激活老粉。货品的客单价要高，可以多一些新品、利润品，少一些福利品、引流品，因为老粉有黏性，对主播的货有基本认知。

如果你是做一场500万元的活动，我们就要考虑这500万元里有300万元可能是老粉贡献的，剩余200万元就一定得是新粉贡献的。考虑到要帮你拉新，中客单价（中间价格带）的货盘就要变多。因为对于新粉来说，他最初来你的直播间不会直接下一个99元、129元的东西，但他下一个49元、59元的单是没问题的。货盘是所有东西的第一步，货盘相当于剧本。

如果要冲1000万元，即使你全面触达了500万的老粉，也只能贡献600万～700万元的销售额，其余部分则要靠新粉补足。因此，中、低客单价的货品都要补齐，福利品、引流品也必不可少。

除此之外，主播所属垂类、日播习惯、投流方式也同样影响着货品策略的制定。但GMV目标基本上决定了货品的价格区间。

确定了客单价范围，下一步就是选品、组品。在这一环节，我们会关注主播的货盘是否足够大、足够全。我们拿到主播的货盘之后，会进一步拆分，包括每一类货品的占比，品类有多少，货品总数有多少，够不够活动GMV的达成，如果不够的话再给他补，够的话我们直接排。

一场直播活动，我们会要求主播至少准备30个品。因为根据我们的经验，一场直播下来，爆款与非爆款的比例大致遵循“二八定律”。也就是说，如果准备了30个品，其中可能有6个品会爆。但如果你只准备了10个品，就只能爆2个。货盘足够大，爆款才会多。

在准备货盘表的时候，我们不仅会紧盯品类和库存，还会细致考虑货品的名字、单价和落地页图片，以及直播时的排列顺序。有些主播求快，货品的名字是随便取的，图片也不清晰，我们在看数据时会发现，商品的点击率很高，但支付率却降了下来，这是因为商品详情页没有进行完善。

组品讲究数量，排品讲究节奏。一场直播，短则3小时，长则一整天。如果把直播过程类比为长跑，操盘手在其中发挥的作用，就是把时间切分为小节，让主播张弛有度地跑完全场。

我们来看一个主播的百货专场直播流程（见表11-5）。

在表11-5所示的直播流程示例中，我们可以看到，货盘是每40分钟过一轮的。围绕这个货盘，整场直播被划分为一个个模块，在每个模块里，讲解

表11-5　xx主播xxx百货专场直播流程

<table>
<tr><td colspan="7">每个部分的时间可以根据现场情况灵活调整，粉丝反响好的商品适当增加时间，测出爆品后，每个半点进行爆品返场</td></tr>
<tr><th>时间</th><th>时长（分钟）</th><th>进度内容</th><th>直播人员</th><th>直播内容</th><th>LED 屏显示内容</th><th>道具</th></tr>
<tr><td>8:30—8:35</td><td>5</td><td>1.打出主题
2.音乐起
3.开场打招呼
4.本场爆品、福利品预告</td><td>主播
助播</td><td>1.主播开场白，说明主题
2.预告福利
3.与粉丝互动，点小红心、分享、提人气、冲榜单
4.强调抽奖
参考话术：xxx</td><td>帮助、提示直播主题</td><td></td></tr>
<tr><td colspan="7">第一部分</td></tr>
<tr><td rowspan="4">8:35—9:15</td><td>5</td><td>商品A</td><td>主播
助播</td><td></td><td></td><td></td></tr>
<tr><td>3</td><td>商品B</td><td>主播
助播</td><td></td><td></td><td></td></tr>
<tr><td>4</td><td>商品C</td><td>主播
助播</td><td></td><td></td><td></td></tr>
<tr><td colspan="6">以此类推</td></tr>
<tr><td colspan="7">第二部分</td></tr>
<tr><td rowspan="4">9:15—9:55</td><td>5</td><td>商品A</td><td>主播
助播</td><td></td><td></td><td></td></tr>
<tr><td>3</td><td>商品B</td><td>主播
助播</td><td></td><td></td><td></td></tr>
<tr><td>4</td><td>商品C</td><td>主播
助播</td><td></td><td></td><td></td></tr>
<tr><td colspan="6">以此类推</td></tr>
</table>

商品的时间具体到分钟。这样一来，就可以搭配流量投放，计划每40分钟进一波新人，不仅实现了流量高效转化，还能同时测品。对于主播来说，直播就有了节奏，不再是漫无目的地往前冲。

货盘大，节奏快，顺序应该怎么排？首先要基本了解4种货品类型，即引流品、利润品、福利品和爆品。

引流品就是为直播间吸引流量的货品，这类货品基本属于低客单价，常常以成本价销售。

利润品是直播间盈利的关键，需要主播增加讲解频次，让用户充分了解，提高转化率。

福利品基本会破价售卖，可以搭配拼团、秒杀等玩法，提高直播间人气，带动卖货氛围。

爆品有提前在货盘中准备好的，也有在直播过程中测出来的。在直播时，主播要留意安排爆品的返场。

将货盘中的货品归置为以上几类，就可以配合投流节奏，安排过品顺序。一般来说，引流品适合在流量刚进入直播间的时候留住用户。利润品要轮番讲解，既要促单，也要能测出爆品。在流量效果不太好的时候，则适合搭配营销玩法，上福利品提人气。

2. 投流策略

货盘整理好了，我们就能开始制定投流策略。目前，中腰部主播的平均观看时长也就60～100秒。如何在这样短的时间内利用好进入直播间的流量？首先要明确方向：投流目的在于提高ROI、突破GMV，还是涨粉？由此确定要分别在公域和私域抓取多少流量，以及投流时选择粉条还是磁力金牛。

在制订具体的投流计划时，要了解主播的货盘，尤其是品类占比和过品时长。围绕着具体的货品，制定相关人群包，或者选择网红的粉丝包。例如，对于家纺类货品，我们很少投相关人群包，因为这类货品的复购率低，所以去投一些跨类目的大主播粉丝包，效果反而会比较好。服饰这一类非标商品，SKU多，所以投相关人群包可能转化更好。这些都要考虑到商品的性质，进行区分和细化。

直播前，投流师会针对货品，提交一份投流计划，并在后台预先搭建好人群包。但这并不意味着工作的结束，投流策略是需要随机调整的。在直播过程中，流量计划会跟着货品的节奏走，但是流量有一定不可控性，现场卖货情况和主播状态都会影响流量跑得好不好，跑得好的可以持续放量，加大投入，跑得不好要及时停止计划。

投流花了一大笔钱，转化效果却不好，是主播们经常遇到的痛点。操盘手并不能硬抢流量，但是可以通过制定精细化的流量投放策略，降低直播间的UV成本。

精细化的流量运营，要关注哪些数值？现在快手的竞价取决于eCPM（平台预期收益），即放出来的流量，可以收回多少价值。主要有两条线。一条是预估收益，这跟CTR（点击通过率）、ROI等各种指标相关，比如封面点击率、视频行为率、直播观看时长等。另一条是可持续消耗性，平台算法会预估能在你这个账号上收回多少钱，所以流量投放要有长线计划，一旦开始做投放，每天都要投一点，额度可以小，但要让系统知道你有可持续消耗的潜力。

许多主播都有切身体会，现在不仅情感、户外、娱乐主播开始卖货，连主持人、娱乐明星也纷纷加入直播电商，大家都在分这块蛋糕，未来流量只会越来越贵。因此，主播只有提升直播的专业度、精细化运营程度，才能从流量池中脱颖而出。

3. 内容策划

内容策划是全流程的，从直播当日倒推，时间短则3天，长则7天。内容策划主要是为了补齐主播的两大短板，即运营知识不足和对短视频不够重视。

短视频预热是内容策划的重要部分。很多电商主播不重视短视频，但在快手上卖货，一定要适应平台的内容生态才能卖得更好。我们要做内容段子，这种形式不仅能极大程度地激活主播的老粉，还能触达公域。

预热的方式分为3种。

第一种是场景化预热。比如，把货堆在一起，拍一个大场景，告诉粉丝我是有货的，这种视觉效果会很好。还可以借着新店开业，把货品放在货架上，做走播，也很有趣。

第二种是人设型直播，挖掘主播的人设和人生故事，找生日、周年庆、节假日做营销节点，感恩回馈粉丝。还有极端一些的，有的主播会把家里矛盾的梗用起来，说自己婚姻破裂了，今天就要把老公的货全部卖掉。不过这种不建议使用，容易被认为是炒作、虚假宣传。

第三种是单品“种草”，基本上会把爆品、利润品、引流品还有奖品都放上去，既宣传了活动，还能通过短视频提前测品。

我们会告诉主播，我来帮你拍，你当工具人就好了，照着脚本念（见表11-6）。有的主播不愿意念脚本，一拿到脚本就慌了，害怕自己记不住，我就说转化成你自己的语言就好了。

表11-6　易心优选操盘手王磊提供的短视频策划模板

序号	分类	简介文案	封面文案	封面 / 场景	出镜人物	视频内容	视频口播
1	人设内容	8月28号，我将举办xxx活动，一定不要错过	8月28号空前福利绝无仅有大活动	福利品多少单	主播	口播通知	哈喽，家人们，让大家久等了，感谢所有家人们的信任与支持，主播8月28号的带货直播，同样也是xxx感恩回馈，活动当天，我给大家准备了超多好物大放价，（福利品）全场多品类钜惠，不光咱家大物件给家人们破价，还有更多中秋礼盒等你解锁，家人们记得关注和预约直播，8月28号早上7点我们不见不散
2	福利品展示&直播通知	家人们8月28号上午7点xxx专场，xxx、xxx送；记得预约直播	xx、xx送不停	福利品展区	主播	口播通知 福利品展示	8月28号早上7点，xxxx专场，在直播的过程中，将会有很多很多白菜价的产品带给大家，那除此之外呢，我身后的这些xxx、xxxx包括xxx、xxx都会以0元购幸运星的形式带给快手上的所有老铁，大家记住8月28号早上7点，主页预约我的直播
3		在我这里没有粉丝，只有姐妹，8月28日xxx大促，各种九块九秒杀，xxx免费抽，预约直播	福利来了	福利品展区	主播	口播 福利品展示	8月28号早上7点，在我直播间，各种白菜好货免费送（给给给），我身后的xxx任性送，xx免费抽，各种九块九秒杀，当然还给大家准备了xx福利品（常规爆款），速家人，记得预约直播哦
4		福利有多大，你说了算，干就完了~	好物任性送	直播间福利品	主播	口播	来各位家人看一下，xx送、xx送、xx送、xx送、xx产品9.9秒、还有这些、这些、这些，统统给家人们发福利，8月28号早上7点，xxxx专场，记得预约直播哦
5		8月28日早上7点锁定我的直播间福利抢翻天，记得预约直播哦	来我直播间	直播间福利品	主播	口播	哈喽家人们好，我是阿速，8月28号我将会与大家开一场xxx专场，届时百十余种品类进行严格挑选，体现绝无仅有性价比，只为家人们挑选最优质的品，最棒的品，当天直播我还将送出xxx、xxx、xxx，等等福利品 8月28日早上7点锁定我的直播间不见不散！记得预约直播哦
6	倒计时短视频	我们准备好了，8月28号xxx活动，记得预约直播	准备好了	直播现场	主播工作人员	allin口号	我是阿速，8月28号锁定我的直播间，这些都是活动当天所有的工作人员，我们已经准备好了 8月28号早上7点锁定我的直播间，不见不散
7		8月28号，xx来了，海量补贴、优惠加倍、福利多多，赶快预约吧	28号豪礼相送	直播间	主播工作人员	直播预告	家人们，8月28号马上就要到了 有家人想看我给咱速家人准备的福利吗 走，去看看 （其他福利品介绍） （爆品介绍）

货盘确定下来之后，编导也会参与工作，确认直播主题，出一个直播脚本。

脚本是基于货品写出来的。我们会帮主播设置每一分钟都要做什么，并且写出来。在实战中我们发现，开场和结束这两个时间点的脚本，还有爆品的脚本很重要（见图11-3）。

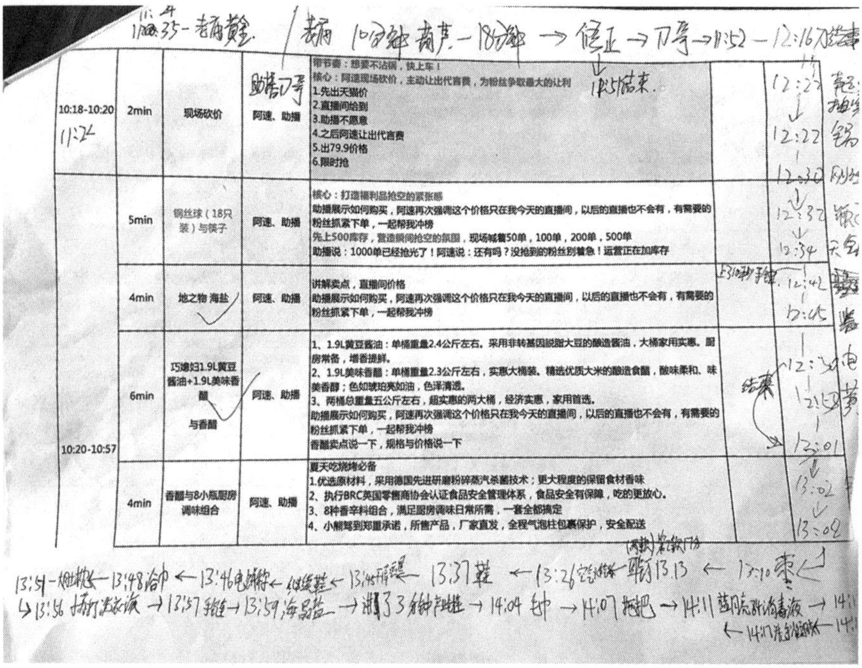

10:18-10:20	2min	现场砍价	阿速、助播	带节奏：想要不沾锅，快上车！ 核心：阿速现场砍价，主动让出代言费，为粉丝争取最大的让利 1.先出天猫价 2.直播间给到 3.助播不愿意 4.之后阿速让出代言费 5.出79.9价格 6.限时抢
10:20-10:57	5min	钢丝球（18只装）与筷子	阿速、助播	核心：打造福利品抢空的紧张感 助播展示如何购买，阿速再次强调这个价格只在我今天的直播间，以后的直播也不会有，有需要的粉丝抓紧下单，一起帮我冲榜 先上500库存，营造瞬间抢空的氛围，现场喊着50单，100单，200单，500单 助播说：1000单已经抢光了！阿速说：还有吗？没抢到的粉丝别着急！运营正在加库存
	4min	地之物 海盐	阿速、助播	讲解卖点，直播间价格 助播展示如何购买，阿速再次强调这个价格只在我今天的直播间，以后的直播也不会有，有需要的粉丝抓紧下单，一起帮我冲榜
	6min	巧媳妇1.9L黄豆酱油+1.9L美味香醋 与香醋	阿速、助播	1、1.9L黄豆酱油：单桶重量2.4公斤左右。采用非转基因脱脂大豆的酿造酱油，大桶家用实惠。厨房常备，增香提鲜。 2、1.9L美味香醋：单桶重量2.3公斤左右，实惠大桶装、精选优质大米的酿造食醋，酸味柔和、味美香醇；色如琥珀亮如油，色泽清透。 3、两桶总重量五公斤左右，超实惠的两大桶，经济实惠，家用首选。 助播展示如何购买，阿速再次强调这个价格只在我今天的直播间，以后的直播也不会有，有需要的粉丝抓紧下单，一起帮我冲榜 香醋卖点说一下，规格与价格说一下
	4min	香醋与8小瓶厨房调味组合	阿速、助播	夏天吃烧烤必备 1.优选原材料，采用德国先进研磨粉碎蒸汽杀菌技术；更大程度的保留食材香味 2、执行BRC英国零售商协会认证食品安全管理体系，食品安全有保障，吃的更放心。 3、8种香辛料组合，满足厨房调味日常所需，一套全部搞定 4、小熊驾到郑重承诺，所售产品，厂家直发，全程气泡柱包裹保护，安全配送

图 11-3　易心优选操盘手王磊提供的直播脚本

4. 营销策略

平台给商家提供的营销工具可分为两大类：一类是针对商品的玩法，另一类是优惠券。

“全场免单”的噱头力度最大，我们一般会在大场的时候让主播去做。

有全场抽5个人免单的，有每小时抽一个人免单的。我们试验过很多次每小时抽奖免单，它会让GMV跑得很好，但有的主播不愿意出钱。

“满减”也是为了促单，满300减100或减50，不设上限。为什么？也是为了冲GMV，买得越多减得越多，也是为了达成单量目标。

“送券”玩法很好，可以拉新，也可以维护老客。比如，新客减10元，吸引新客下单；只有老客才能领10元、50元的券，增强老客的黏性。优惠券的具体使用对象和价格都能主播自己设置。

营销工具表格请查阅本书第三章“粉丝力”。

三、大场活动当天：现场操盘

1. 现场人员配备

我们易心优选的操盘手团队可以总结为“1+4+3”模式（见表11-7）。

表11-7　易心优选操盘手团队人员配备和职责（“1+4+3”模式）

职位	责任
操盘手	又称“1号位”
助播	维护直播间秩序、氛围组（热场）
运营	商品上下架、营销玩法
编导	脚本策划、预热短视频策划、控评、脚本补充
组品	直播前货品拓展、排品、爆品返场
投流	投流策略与全程投流跟进
素材组	设计与摄像

“1”就是操盘手，也可以称为1号位。

“4”是操盘手团队里固定的4个角色，分别是助播、运营、编导和组品。

“3”是易心优选所有操盘手团队共用的部门，分别是投流组和素材组里的设计与摄像。不同团队有大场活动时，他们就会参与。

助播这个角色很重要，要有一定的粉丝辨识度。除了操盘手之外，助播也是可以控场的那个人。他在直播间往往很灵活，不用全程出镜，是一个能在镜头前后协调全场的人，随时可以代替主播。他知道直播间的整体节奏。

我们的团队一定会在现场配备一个助播，而且一定要全品类都懂。因为我们发现很多垂类主播，对于其他标品都不太懂，在大场活动时卖一款杯子也需要品牌方出助播，这样其实非常浪费时间。他们缺的就是一个全品类都懂的助播，既能帮他们讲标品，也能在他们体力不支时替换他们。

总结下来，助播要懂节奏、懂货、懂价格，还要能懂买家，戳到买家痛点。现在我们的操盘团队没有设置场控，你可以理解为助播就是场控。助播培养好了的话，是可以做操盘手的。

运营培养好了，也可以发展为操盘手。上下架是运营需要会的基础操作，基本上学半小时就会了。我们的运营还要知道怎么和主播合作，达成促单。

运营最重要的功能体现在营销方面，因为运营知道实际库存是什么样，知道实际单量跑得怎么样。其实他需要分担主播一部分的工作。运营会在现场说“还剩50单了”，然后配合主播做一个爆单的搭配。运营还会通过一些策划的脚本和主播打配合，比如说价格填错了。

运营另一个很大的辅助作用，就是他要十分清楚什么时候要开讲解，什么时候要上架，反应时间尽量不要超过10秒，他需要注意力非常集中，完全跟着主播的节奏走。

运营还要懂营销玩法，或者叫营销策略。比如说刚刚讲的玩法，我是要做全场免单，还是要做满减，还是要送券。

编导要做的事情就很具体了，直播前他会去做账号分析，例如主播的快手发迹史，有没有过生日，开业几周年，这些都是为了给主播做噱头。分析完之后，我们会确定一个活动主题，再由编导出预热短视频脚本和直播脚本。

组品负责在拿到主播的货盘后做拆分，有多少个SKU，多少库存，够不够达成预期GMV。如果不够的话，我们需要补品，够的话我们会直接排品。

投流负责设计投流策略，并全程跟进投流。投手要卡住放量的时间点，将货品排为40分钟一轮，每一轮货品过完之后开始放量，让新的流量进入。投流师还需要盯住设定好的计划，看其跑得怎么样：跑得好的投放计划可以多放量，跑得不好的计划甚至可以先暂停。

素材组有两个人。设计负责给主播设计海报、素材，摄像负责拍直播中的直播切片、花絮等。

操盘手模式是两支团队的合作

易心优选操盘手伍婕：操盘手在跟场时，是两支团队的合作。淼涵家纺的一场直播任务是冲150万元的销量，从早上8点持续到晚上12点。主播夫妇二人分别当主播和助播，有一名场控负责调节气氛，还有两名助手帮忙换床品道具。

我们操盘手这边有两名投流师，紧跟全程投放计划。还有一名负责商品上下架和营销玩法的运营，一名编导根据直播情况实时修改脚本，以及1号位统筹全场。除操盘手以外的其他角色，还会在自己任务之外担当屏控，在直播间的公屏上打出各种营造氛围的留言。

那天有一个主播说，他们是A团队，我们是B团队，两方相加等于C团队。无论是A团队还是B团队，链路都太长了。主播去培养这么专业的一支团队，或者让我们去孵化一个优质的主播，都太耗费时间了。最快速的方法就是不断去优化C团队，这才是具有长久生命力的事。

2. 现场指挥：调节奏、调状态

在直播现场，我们要像导演一样把控全场节奏，这要求我们的理性思考和内心感受力得同时在线。

理性思考指的是我们要时刻关注直播实时数据，看GMV的增长情况和下单转化率，并快速给出应对策略。有时我们会把策略写在纸上，递到主播面前提示他。由于我们基本上每40分钟就会过一轮品，并且每一轮都会有具体的GMV目标，所以要实时盯紧这个时间段主播是否完成了既定任务。

此外，我们还要去感受主播的状态：他会不会体力不支、内心不坚定？有没有和助播打好配合，把场子“热”起来？

一场直播，特别是长时段的大型直播，主播就像运动员那样要独自面对赛场，需要专心比赛，无法看到自己表现得怎么样，该如何发挥得更好。我们操盘手就可以扮演教练这个角色，根据不同主播在不同直播场次的具体表现，不断调整主播在赛场上的状态。

具体而言，我们会重点关注投放情况、后台数据、主播状态，如遇突发情况，还要及时做出调整。

如何结合数据现场调节奏、调话术

操盘手看到黄金漏斗转化率有点低，只有38%，说明粉丝点击购物车支付时在犹豫，于是在白纸上写“逼单”两个字，举到主播面前示意。

每场直播都是有主题的，例如宠粉、生日会、周年庆。以这些为噱头，会给人这里有福利、这场很便宜的心理感觉，可以大大增加下单量。大部分主播没有噱头意识，操盘手也会写上“提醒活动主题”的字样，不断提醒主播多说。

主播临时不想冲刺目标了，如何帮他调整心理状态

易心优选操盘手伍婕：我可以分享一个侯哥家纺的案例。当时他定的目标是200万元GMV，我看他日销能达到35万～40万元，就觉得他可以冲刺300万元。当时我们在冲巅峰赛的榜，他只用了4.5小时就卖到100万元了。

他说他有点累，想让侯嫂替他播。我就给他打气，说不能让嫂子上，嫂子一播下单就会慢。你自己上，下单就非常快，所以你得持续往上走，不管是气势还是状态都不能"泄"。他几乎每隔20分钟就要下来，累了就出去抽根烟。

主播有的时候会犯懒，我就鼓励他说："你的数据跑得很快，一小时能达到30万元，这非常优质了。"鼓励完了，他又有劲儿了，慢慢就冲刺到200万元。这时他说行了，太累了，不播了。但其实他如果坚持到巅峰赛结束，是可以"跑"到300万元的。

我告诉他，不能中途放弃，巅峰赛已经打了一个月了，如果现在放弃了，一个月的努力就白费了。我反问他："你不想上榜吗？咱们再冲一把。"他果然最终冲到260万元，预算也花完了。

这时他又开始退缩了。我说现在才晚上9点，流量还很好。建议他可以再充一万元的粉条，因为老粉质量高，上一个品还能卖出5000～10000单。他又有劲儿了，从270万元到290万元，最终实实在在卖了305万元。

操盘手就是这样，一方面要不断给主播调品，调整运营的节奏；另一方面在主播有心理问题的时候，一定要去鼓励他。

我后来复盘时跟侯哥说，这其实就是一种磨炼，300万元你坚持下来了，以后再有500万元的场次你还能坚持下来，再冲刺1000万元肯定还是会遇到困难，但你还是能坚持下来。直播到了最后的阶段，总会让我很感动，真的会像马拉

松赛跑的最后阶段，一群人围在那里，所有的人都在为了一个目标去冲刺、去努力。

四、播后复盘

大部分主播不懂复盘，也不做复盘。一位母婴垂类的主播曾说，她之前自己播的时候，如果卖得好就觉得不需要复盘，如果卖得不好就指责下属的过错。她来我们基地做过一次活动之后，才认识到复盘的重要性，并把这样一套工作方式运用在自己平时的直播中。

怎么做复盘？直播时遇到的每一个问题，都可以写在以下表格里（见表11-8）。

表11-8 复盘的具体内容

类别	数据	目标及执行情况	问题	解决方案
直播间流量	实际直播时长		主播状态	
	场观		投流情况	
	人均停留时长		货品的讲解程度	
卖货效益	GMV		拆分细度	
	平均客单价		选品和备品	
	ROI		促单策略	
	下单转化率		逼单话术	
投流效益	粉条/磁力金牛		人群包精准度	
	涨粉成本		流量承接能力	

在复盘时，我们首先会关注投流情况。主播给的流量投放预算已经消耗

了多少？跑得怎么样？是否还要加量？这些问题，我们会通过数据看板上的GMV、新增粉丝数和下单转化率进行初步的判断。

摸清了大致情况，还要做进一步的分时复盘。比如一个主播前3小时ROI是上升的，第4个小时如果有下降趋势，后面就要收量，不再多投了。这个主播下次来的时候，我们也会根据这个情况做方案调整，在前3小时把流量消耗多一些，因为转化效果更好。

盘完了投流，下一步就是直播话术。每个主播都有自己的直播习惯，操盘手要在非常短的时间内与主播磨合，沟通出一套合适的话术方案。特别是有的主播不喜欢玩套路，唯一的逼单话术就是让粉丝尽快去抢，不然就要卖光了，但长期这样不仅费嗓子，效果也不好。我们会教主播看下单转化率，向他解释数值背后的粉丝行为，为什么粉丝不下单、不支付，让主播接受一些新的话术。

盘出合适的逼单话术，还可以调控节奏，这样能帮助主播保持状态。主播的精力是有限的，通常前3小时发挥得最好，话术很密，到了后面状态就跟不上了。在复盘时，我们也要帮助主播整理出适合的话术，在之后的直播中，就可以平衡精力占比，持续发力。

最后一步是盘货品。一场直播结束后，会暴露出货盘的很多问题，如货盘结构不好，主播对货品了解不足，或者GMV拆得不够合理等。比如，在一场图书类主播的大促活动中，产品价格有几元的，有20元左右的，然后就是90多元的，没有中间50元左右的价格过渡。虽然价格区间拉得足够宽，但没有形成梯度，跳跃性太大。如果每个价格区间都有不同的爆品，GMV目标也能比较轻松地完成。

每一次复盘都是为了下一次直播做准备。所有来我们基地做过活动的主播，都会收到一份复盘的建议，包括本场直播的亮点是什么，问题有哪些，应该如何解决，都会做出细致的整理。主播回去自己开播时，也可以按照这份复盘建议做调整。

易心优选复盘清单（见图11-4）

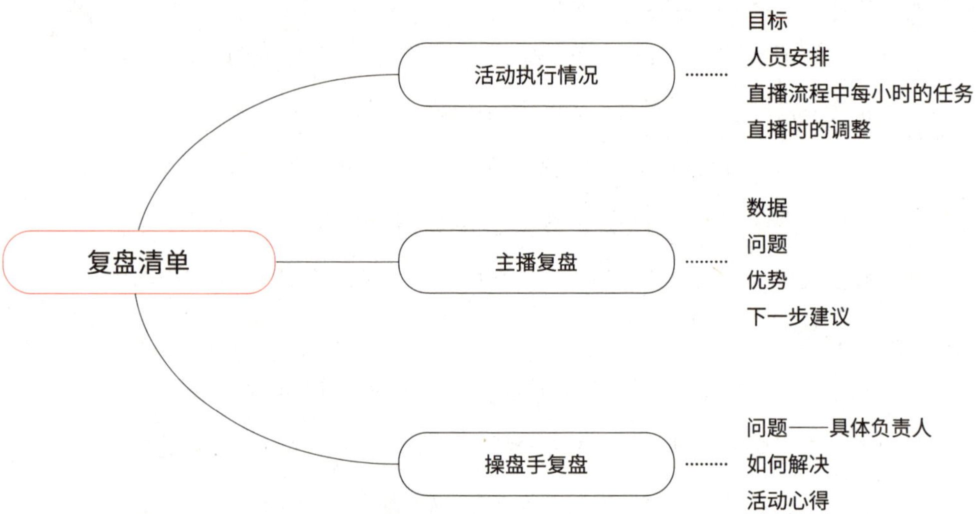

图 11-4 易心优选复盘清单

第三节　案例：上海国象做快手品牌服务商的体会

要点

- 服务品牌曾踩过的4个“坑”。
- 品牌服务商需额外具备的3个能力。
- 案例分享：2021年5月31日，服务海澜之家的品牌自播活动，单日GMV突破100万元。

2021年，说到快手电商大动作，一定会提到“大搞品牌”这个关键词。伴随着这个战略，品牌服务商也正式成为快手服务商生态中最为重要的角色之一。顾名思义，品牌服务商主要服务品牌方，提供品牌招商、品牌代播、全案营销、流量投放等服务。

很多人在观望，或是亲自下场。谁会成为快手平台的“宝尊”或“丽人丽妆”？

提到宝尊、丽人丽妆，电商人不会陌生，它们都是伴随着传统电商平台的发展，一路成长起来的品牌服务商。以宝尊为例，2015年其已在美国纳斯达克（NASDAQ）上市，2020年9月在香港完成二次上市。2021年“双十一”期间，宝尊成绩斐然，服务的品牌店铺销售额超过1000万元的，就有109家。其中，26家店铺的销售额破亿，这包含了两家销售额超过10亿元和一家销售额超过50亿元的店铺。

人们很自然地会通过测算品牌服务商的市场，来预估直播平台上品牌服务商的机会大小。

艾媒咨询数据显示，中国品牌电商服务市场保持较快增长速度，在

本节作者为快手研究院研究员杨睿。

2019年已突破2000亿元，2021年有望达到2950.9亿元。面对不断成熟的电商市场和新兴电商业态，品牌方对电商服务的需求仍将持续增长，整体市场规模也有望继续扩大。

上海国象是快手品牌服务商，从2020年4月开始先后服务过10多个国内知名品牌，包括真维斯、百丽、韩都衣舍、全棉时代、骆驼、罗莱、海澜之家等，其中有6个品牌单月GMV突破100万元，还成功打造了真维斯半月GMV突破100万元、百丽女鞋单场GMV突破50万元的标杆案例。

上海国象创始人彭琛豪，在带领团队成为品牌服务商之前早已是创业老兵。他代理过微信广告业务，做过二类电商，运营过童装账号，对快手平台很熟悉。他打过一些胜仗，也失败过，有不少经验愿意与大家分享。

2021年12月30日，在海口举办的快手电商高级操盘手认证大赛中，他以第一名的成绩获得高级操盘手资格认证。“拿下这个证书，是对之前直播行业探索的一次总结，将来一定能更好地做好品牌服务。”彭琛豪说。

由于合作过多个品牌，彭琛豪清楚地知道品牌在做自播时踩过哪些坑。他列举了四大思维误区。

（1）不要贪图低价涨粉，否则账号前期积累的粉丝反而会成为“包袱”。

（2）在快手不要只看T0 ROI，还要看T7 ROI，甚至T30 ROI。

（3）品牌要培养自己的直播竞争力，不能全部依赖服务商。

（4）老板要有认知，要了解业务该怎么做。

〇以下为彭琛豪的讲述。

2018年开始，我们就靠短视频投放做二类电商，卖男装。到2019年底，累计卖了30万件男装。但后来受疫情影响，货源出现问题，这块业务就暂停了。

等到2020年疫情有所缓解，我们就开始探索直播。从短视频切到直播，我很快就意识到了主播的重要性。除了产品、流量，电商这个行业出现了第三变量，也就是主播。一定要找到合适的主播。

于是我跑到了湖州织里，寻找合作伙伴。当时我想切入母婴赛道，也是因为吃过二类电商的亏，想找退换货率比较低的品类。童装可以算是大服饰行业里退货率最低的品类之一。

织里是中国的童装产业带，那里聚集了很多淘宝主播。睿妈能在淘宝童装类目排前几名，但面临业绩下滑的困境，自己也很迷茫。我就跟她一起合作，正好碰到快手来招募新人，我们就正式入局快手，注册了“小芈童装工厂老板娘”这个账号。

2021年1月至2月，这个账号一下子就火了，我们在很短的时间就涨了100万粉丝。当时这个账号观看量和转化率都不错，但唯一的问题是缺货。因为过年再加上疫情，很多工人无法返工。到后来我们一直缺货，就琢磨着还能做什么服务。

2021年4月，快手母婴行业想要找一些KP（Kuaishou Partner，快手服务商）去服务品牌。我们之前有运营童装账号的经验，就决定试一试。我们接的第一个活儿就是全棉时代。

全棉时代卖的是棉柔巾、卸妆巾一类的产品。我们和品牌方聊过之后，发现他们特别想找服务商合作，因为自己不知道在快手怎么玩。那时，全棉时代一天只能卖几千元钱，而且时有波动，没有章法。

我记得当时良品铺子做了一场自播，用了一个人设号。所以我们也为全棉时代的品牌账号设计了一个人设，叫作“全棉大当家”。2021年5月15日，在我们正式接手10天之后，全棉时代做了一场Big Day活动，一下子卖了20万元。

这是我们作为品牌服务商的起点，在这之后我们还陆续有了与骆驼、海澜之家、韩都衣舍的合作，还有后面的真维斯、百丽。

一、服务品牌曾踩过的4个“坑”

回顾这段时间和各类品牌的合作，我们会发现品牌方在前期自己运营账号时普遍存在一些问题。

第一，在品牌服务商接手之前，有些品牌账号已经有十几万粉丝了，但我们发现很多是图便宜涨上来的粉丝。因为一些代理商在帮品牌投流时，不看直播效果，只要涨粉成本满足品牌方的要求即可。

品牌产品的定价往往较高，这就要求账号在涨粉时，投放的人群包要更加精准。如果粉丝不精准，即使“唤醒”老粉也没有意义，最后会导致将来直播卖货时没有转化效果。

所以品牌方不要一味想着低价涨粉，而是要精准涨粉；也不要想着当天回本，要看每个月用户的复购率；不要将投流涨粉与转化割裂。作为品牌服务商，我们也要像自己做生意那样，把投放和转化结合在一起看，不断做测试。

第二，品牌方陷入的另一个思维误区，是只看T0，不看T7、T30。很多品牌现在是多平台、多渠道在经营，但不同平台的收益逻辑是不一样的。有的老板做惯了淘宝、天猫，只看当日投产比。他们按照这种思路，今天在快手上投钱了，发现不赚钱，立马就调转方向，开始控制费用，久而久之就把账号弄“凉”了。

现在是快手平台品牌自播的红利期，有很多品牌方都想在快手上尝试，但是一些品牌方的认知是有误区的，总是对标其他平台，导致错过了红利期。作为服务商，我们还有很多认知辅导的工作要做。

第三，品牌方千万不能想着找了品牌服务商就万事大吉，可以做甩手掌柜了。我们会发现，一旦服务商撤走了自己的团队，有些有直播团队的品牌方可以接得住，能继续往下做。但有些品牌方在服务商团队撤走之后，账号很快就停顿了。所以，品牌方如果是直播零基础的话，至少要跟着学习半年，才能够自己“造血”。

我的建议是从刚开始的时候，品牌方就应该有人跟我们一起做。服务商只是一种辅助，品牌方要能自力更生，不能完全依靠服务商。

第四，也是特别重要的一点，很多品牌方，我们在刚接触时觉得客户很不错，但经过进一步合作之后发现，老板的认知是第一位的。老板要亲自了解业务，要把直播看成一次转型的机遇，这样才能上下一心。

二、品牌服务商需额外具备的3个能力

快手电商提出了服务商五大能力模型，我非常认同。但我认为品牌服务商还需要3个补充的能力，因为我们服务的对象是品牌。

第一个能力，是要学会如何找到合适的品牌。有很多品牌，在其他平台的表现可能非常好，但并不适合快手。

我自己得出两条经验。一是品牌得自带门店基因，并且门店是即使在三四线城市也能看得到的。比如，男装品牌海澜之家在线下有非常多的实体店，老百姓对这个品牌是有认知的，他在线下逛街时能看到，在直播间看到了，又在做优惠活动，自然愿意买。

二是一些退货率低的品类，整体运营起来会相对简单，用户定向也会比较简单。比如，男装的退换货率是比较低的。而且对新线市场来说，很多家庭是女性在做消费决策，男女老少的衣服都是她来管，掌握着经济大权。因此，我们就可以投放这类人群。

第二个能力，是硬件条件要足够好，尤其是在服务一些头部品牌时。硬件包括办公场所、公司人员、直播场地等。越知名的品牌，对服务商的考察就越严格，细到直播间的装修风格、主播的长相甚至腿型、图片的高级感、短视频的质量，都会被纳入考察范围。品牌的定位不同，要求自然也不同。

第三个能力，品牌服务商的资金实力也很重要，要投得起钱。现在我跟一些头部品牌合作，采用的是纯佣金模式。也就是说，账号的投流费用、主播费用都是先由服务商垫付，在退完货之后，按照实际销售额结算15%～25%给品牌服务商。比如，我们在服务百丽女鞋时，第一个月的投流费用就有70万～80万元，加上人员、场地费用，第一个月我就投入了100万元。

但前期我投入的钱，后期会收回来的，因为我会等着粉丝来复购。因此，做品牌服务商一定要有耐力和实力。

最后补充一句，品牌服务商去找品牌合作，最好能够与品牌创始人直接对话，因为老板的认知永远是第一位的。

三、服务商能为品牌做什么

要说服务商能够为品牌做什么，我们可以讲一个案例。

2021年5月31日，国民男装品牌海澜之家在快手的单日自播GMV突破了100万元，成为快手首家日播GMV破百万的服务品牌客户。6月，海澜之家的自播GMV突破1000万元。

5月31日的那场大活动，是快手平台派出的运营人员，加上我们品牌服务商，一起为品牌赋能。

我们当时做了这么几件事。

第一件事就是重视投流，把粉条和磁力金牛结合在一起。粉条主要用来激活老用户，是一个非常好的工具，但用得好也不容易，而且现在出了很多新的功能。磁力金牛则是要做好人群定位。我们会出一个全套的流量运营方案。

另一件事就是赋能品牌方的主播团队。当天，我们自己的主播阿贝非常给力。上午是品牌方自己的主播在播。下午阿贝一上场，一个人3小时就卖了47万元。阿贝原本是童装主播睿妈的副播，已经做了两三年直播，很有经验。她对直播的节奏、提升转化，都很有自己的想法。

对品牌方来说，想要在自播这件事上有控制权，肯定要培养自己的主播。我们对阿贝这种外聘主播的角色定位，就是激发品牌方主播团队的鲇鱼效应，并且做培训。

品牌方自己的主播都比较年轻，学习能力强，只是缺少经验。其中有几个主播还是不错的，有一个女生学东西特别快，看到阿贝播的方法，自己慢慢就起来了。我们派一个像鲇鱼一样的主播教他们，通过品牌自有主播和外来主播结合，一下子就能提升整个主播组合的能量。

另外，我们也要对品牌方的货盘做调整。其实海澜之家自己调整得不错，产品分层都是品牌方自己做的。当时我们选了50个品，在播的过程中，哪个品卖得好，就重新把这个品拿过来卖。我们当天的运气也很好，主播一下子打爆了这款产品，一款新疆棉的T恤，单价58元，大概卖了3000件。

对一些品牌方来说，他们其实害怕培养出一个特别厉害的主播，因为主播可能随时会离开，而且会把资源带走。在这方面，培养品牌专业主播会好一点，一方面可以调整直播节奏，另一方面可以调整货盘。

我认为最好的方法是新主播去播老品，老主播去播新品，这样主播对货才有感觉。老主播会讲、会描述，用户才会购买，然后新主播再跟着学。

一个品牌自播的团队，加上服务商，可能需要1个总负责人、5个主播、3个场控、2个投流，还有3个客服人员。这是做好品牌自播的基本标配。品牌方人力不够的情况下，可以借助服务商的人力，但服务商的精力是有限的。我们这个体量的服务商，100个员工，有10个签约主播，还有一些随叫随到的主播资源，大概也就能同时服务15个品牌。

四、快手的私域价值与延迟收益

不同平台的流量分发机制是不一样的。有的直播平台，好的转化能够撬动大量自然流量，相当于免费流量当场就会给你。因此品牌方会去看T0

ROI。要让T0 ROI高，就要采用爆款模式。只要做到高转化率，受到系统的认可，品牌方就会被平台分发很多自然流量。

但爆款模式也会给品牌方带来很大压力。有些品牌方跟我们说这种模式让他们“天天睡不好觉”。有个品牌，某一天一个单品卖了一万多件，就是100多万元的GMV。品牌方以为转化率高的产品可以持续卖，于是大量补货，结果却卖不动了。这对整个补单体系造成了很大的困扰。

对快手这个平台来说，免费流量是在后面慢慢给你的，因为已经转化过的用户还会不断复购，这是源源不断的免费流量。所以无论是对品牌还是达人来说，只要能够维护好这些老用户，不管是花钱还是通过优秀的作品直接触达他们，都能在老用户那里实现多次曝光。

我现在理解快手，就跟当初做微信公众号一样，要先让用户关注我的内容。通过文章也好，短视频也好，粉丝量上来之后，有可能是当场产生转化，也有可能是在多少天之后才能产生销售。

至于爆款逻辑，在快手也是行得通的。但就维护老粉来说，还是要把上新这件事做好，不能让老粉在直播间“买无可买”。

为什么达人的复购率能达到65%？因为达人可以跨品类带货，今天卖的东西和明天卖的东西不一样，所以他们的复购率一定是高的。如果反复卖一样东西，是不会有那么高的复购率的。

很多品牌方觉得，粉丝群没有太大的作用，因为品牌的SKU相对少，产品单一，粉丝买了一次之后下次不一定来了，品牌的复购率天然没有达人高。

我们服务了一些品牌之后发现，品牌的复购率即使没有大主播那么高，也会体现出很高的老粉价值。假设500万粉丝，粉丝购买率可能只有5%，也就是25万人会买。这25万粉丝每个月产生20%的复购率，也就是说5万人还会再买。假设每个粉丝每个月花100元，12个月就是6000万元。也就是说，粉丝关注之后还会产生6000万元的营收。

快手的粉丝价值是高于其他平台的，原因就在于其私域经营的属性。私域就是老粉的沉淀和激活。

品牌方一定要关注老粉复购这部分你的免费流量，用作品、用日播去反复沉淀老粉。

当然，我们在看T30的过程中，品牌方还是要去运作，去激活老粉 。那怎么激活老粉呢?

首先，很多老粉养成了这样的习惯，打开快手先去关注页看一看。关注页上的置顶是要花钱买的。如果我花钱买了，并且今天一直在播，老粉就能看到，被激活的概率更大。粉丝连续被激活十几次后，很有可能产生购买行为。这个动作对品牌来说其实大有机会。一个是让用户关注我，一个是激活用户，如果我连续18小时、24小时播，大概率用户打开快手就能看到。

品牌要做的事情，就是让用户不断看到它。很多用户可能压根儿没买过这个品牌的产品，只是听说过。当他第一次买了之后，有了产品体验，觉得产品真不错，自然就变成忠诚用户了。所以T30这个概念，其实就是让品牌知道有一个延迟收益在那里。

12

第十二章 如何用好平台工具

本章知识点

1. 快手小店是构成快手生意闭环的核心工具，每一位主播都会用到里面的 4 类主要工具。
2. 快分销是撮合主播和货主的 SaaS 工具，不同等级的商品会有不同的权益，“精选好物”将得到更多推荐。
3. 生意通让数据“说话”，商家可以利用它诊断自己的生意，实时调整营销策略。
4. 磁力金牛是一站式电商营销工具，每一个希望获取流量、增长粉丝的主播都要利用它。
5. 磁力聚星是高效撮合品牌方与达人合作的平台，让达人为品牌高效发声。
6. 磁力方舟集合了快手全域数据，全面还原用户在快手的真实旅程，品牌方可以精准识别 6R 人群，从而确定营销目标。

第一节　快手小店：构成快手生意闭环的核心工具

一、快手小店是什么——人与货的连接场

快手小店是快手生态中人与货的连接场，是在快手上做生意的大后方，是构成快手生意闭环的核心工具。2021年第三季度，快手小店对电商GMV贡献率从2020年同期的71.4%提升至90%。

传统零售中强调的“人、货、场”三要素，在快手生态的生意中同样适用。“人”是快手上的亿万用户；“货”是能满足他们多元且旺盛消费需求的商品或服务；快手小店则提供了“场”，将前两者连接在一起，完成交易。快手上的达人与商家，通过快手小店，能够将优质的商品带给亿万老铁们，将自身流量转化为实际收益。

快手小店的核心是为快手上的优质用户提供商品售卖的线上场地。为了辅助商家完成交易，小店里嵌入了一系列的功能，通过商品管理、订单管理、客服管理、物流管理、售后管理等五大模块及细分功能点（见图12-1），商家能在快手上轻松实现交易全流程管理。

本节作者为快手研究院高级研究员李召、研究员陈凯君。

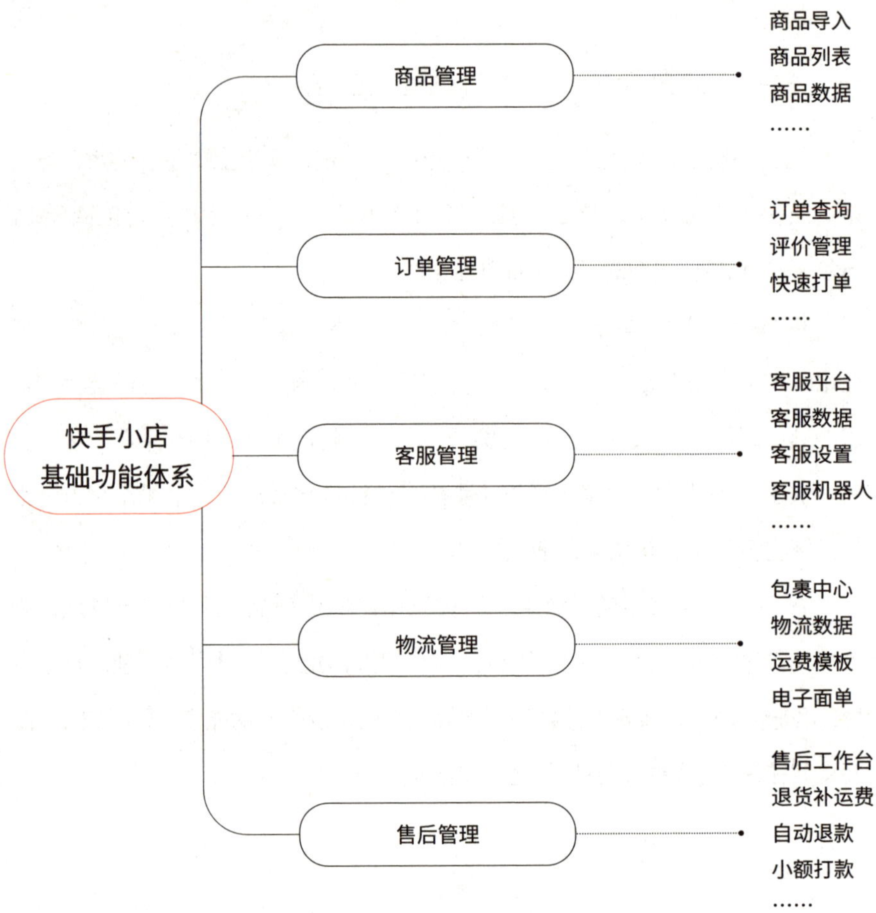

图 12-1　快手小店基础功能体系

在没有快手小店时，不少主播已经开始在快手上做生意，当时主要通过导流到外部平台的方式接单。但这样的方式痛点非常明显，商家的承接能力非常受限。由于人工处理的速度有限，商家要通过不断增加客服来接单，成本上去了，但可承接的单量还是很快见顶，影响商家扩大生意规模。快手小店的推出，让商家在快手上做买卖有了“场地”，有了“大后方”，做买卖更容易了。

〇以下是两位主播对使用快手小店前后做生意情况变化的讲述。

主播MiMi

最早我们用微信接订单，一个月增加10个客服，因为客服成本高，我们接不过来单，卡到40万粉丝的时候，大家都不敢涨粉了。如果没有快手小店，现在可能要上千个客服来处理这些订单，人工成本太高。

最开始我还比较抗拒，不想用快手小店，因为用微信接单，不退不换，用快手小店还要收费。到2019年5月，有个相熟的主播说快手小店很好用，我这才咬着牙换的。没想到一开通快手小店，我们的销量翻了四五倍。

开通了快手小店之后，主播方便了，不需要员工帮抢货、帮收钱；顾客也方便了，买东西不需要加微信，点进去就可以购买，以前加不上微信就抢不到东西。

主播陶子家

我们算是比较早开通快手小店的，一开始它的功能非常简单，一个月下来就没什么太大问题了。后来快手小店逐渐链接了一些快递系统、仓库系统和管理之类的功能，越来越完善，到现在我们一直用快手小店。

最早我们用微信一天最多接5000单，接单员就有60多个人，有的人拿着两个号、两个手机，而且几十人都得在直播间。我手机上现在还有以前微信接单的视频，几十个人围成一圈，非常壮观。后来我们改用快手小店，接单人员用处不大了，就全部转到其他各个岗位了。

以前每个人接单得手动点单，需要时间，会遇到有些客户买不上的情况。没有快手小店的时候，我们直播时间比较长，一天播两三场，员工当场接单了，后面还得整理资料，处理时间很长，但是接到快手小店后，流量承接的端口更快了，数据都在小店后台，一下就可以接几万单。我记得第一天用快手小店的时候，我们一晚上接了两万单。

二、快手小店怎么用得好——4类工具简介

作为在快手上做生意的基础设施，为了帮助商家更好地“做买卖”，快手小店还整合了不少工具，覆盖选品、流量与营销、内容、服务提升的方方面面（见图12-2）。下面将结合前文介绍的主播（团队）的五大能力，看看怎么通过用好小店上的工具，提升五大能力。

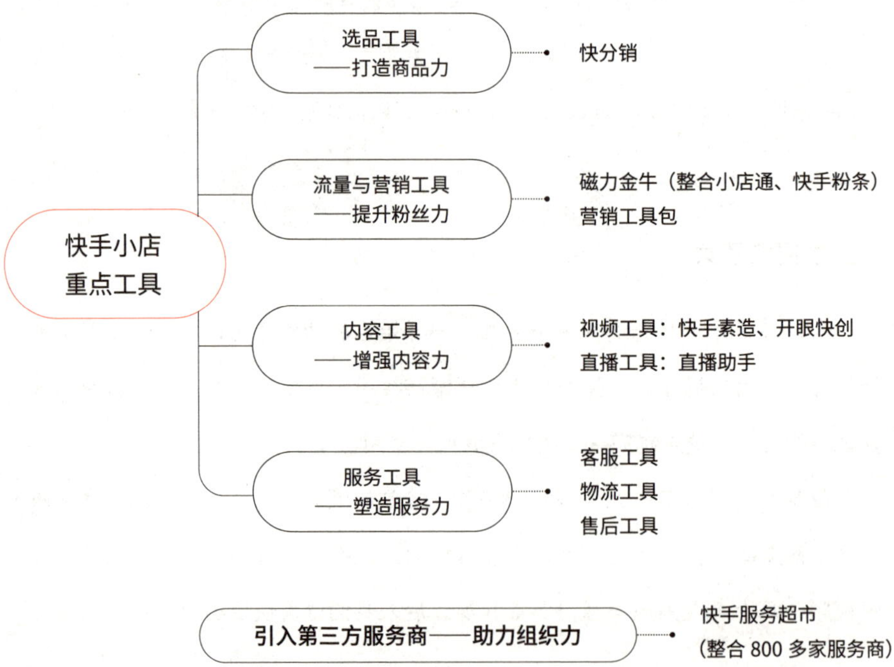

图 12-2　快手小店重点工具

1. 选品工具：快分销

快分销是一个SaaS工具型产品，为主播、商家、团长提供一个撮合选品的平台，高效助力人货匹配。商家除了卖自有或合作品牌的货，还可以通过官方商品池（也称货品池），为自己的小店引入商品，轻松提升商品丰富度，为用户提供更多选择。具体内容将在后文介绍。

2. 流量与营销工具：磁力金牛、营销工具包

磁力金牛是快手为了更好地服务电商客户而打造的全新的一体化营销平台。平台整合了快手金牛、小店通、粉条的投放链路，实现了公域和私域流量的融合。同时，平台支持直播推广、短视频推广两类主流营销目标，支持极速版和专业版两大投放模式，支持涨粉、带货等多种投放目标，能有效帮助商家实现生意的长效可持续增长。商家在小店后台可以通过接口直接使用磁力金牛的服务。具体内容将在后文介绍。

小店后台的“营销中心”内自带了营销工具包，里面集成了优惠券中心、券包中心、秒杀管理等工具，还预设了服务提升下单转化、拉新促活、提升客单价等目标的营销策略模板，商家们可以在后台直接选用。

3. 内容工具：开眼快创、直播助手

开眼快创是针对商业创意推出的一款工具型产品，主要通过包括灵感、教程、优秀案例、创意制作工具等解决方案，为商业生态伙伴解决创意难题。

直播助手是快手小店为商家主播团队创设的直播管理后台。该工具能提供直播前、直播时、直播后主播团队所需要的所有数据、操作能力、反馈，让直播管理更强大高效。

直播助手的主要优势如下。

第一，监测实时直播数据。商家直播团队可以在后台监测实时直播数

据，实时调整直播策略，更好地提升直播效果。

第二，提升小黄车管理效率。商家直播团队可以在PC端管理小黄车，支持添加、置顶、移除、讲解、批量管理商品。

第三，方便团队管理。商家直播团队可以在PC端实现分角色同步协作。

4. 综合服务（组织）工具：快手服务超市

为了更好地服务商家，快手小店在快手服务超市接入了800多家第三方服务商，覆盖了营销管理、店铺管理、客服工具、装修市场、店铺服务、视频摄影等电商生意的方方面面（见表12-1）。商家可以在服务超市里灵活选购所需的服务，借助服务方的支持，提升全链路的效率。

表12-1　第三方服务商服务覆盖范围

营销管理	店铺管理	客服工具	装修市场	店铺服务	视频摄影
吸粉引流 分销管理 广告投放	商品管理 电商 ERP 售后管理 打单发货 客户管理 订单管理	智能客服 客服绩效	设计工具 店铺装修 海报设计	客服外包 软件定制 代投放服务 代运营服务 内容运营 企业服务	达人直播 产品拍摄 后期剪辑 短视频拍摄 视频工具 创意脚本

入驻方式与进阶学习

快手小店是在快手上做生意的大后方，无论主播、货主还是服务商，都能通过小店链接所需要的人和货。而不同角色的入驻方式也有所区别。

快手小店后台还有学习基地入口，在移动端和PC端均可进入。学习基地提供经营课程、功能课程、规则课程等供商家们学习，帮助商家不断“打怪升级”，做更好、更大的生意。

第二节　快分销：撮合主播和货主，推荐精选好物

一、快手分销生态的升级和作用

快分销是快手电商推出的一个 SaaS（Software-as-a-Service，软件即服务，即通过网络提供软件服务）工具，为主播、商家、招商团长提供一个撮合平台。快分销的前身是2020年9月推出的好物联盟，2021年11月30日，好物联盟正式升级为快分销。

快分销对好物联盟主要有两方面的改变和升级。

第一，降低优质品牌和商家的准入门槛，在商品供给侧“开闸放水”，为商品池引入更多优质货源，提供给主播。这是着眼于快分销作为一个标准化的SaaS工具的基础功能，也就是撮合主播和货主的工具，这就相当于主播去市场进了货卖给别人，如果主播卖的货出了问题，不仅货主有责任，主播也要承担相应的责任。

第二，推出商品精细化分层机制，并从中精挑出一些商品，作为平台认可的“精选好物”。这个选优的过程也是汰劣的过程。“精选好物”池不是谁都可以进的，有很多门槛。平台会用一个五维模型评估，包括品牌力、价格力、分销力、销售力和服务能力。评估后的商品会被分为不同等级，不同等级会有不同的权益，比如流量的加持、专属的标识；另外官方补贴、平台推荐商品时，等级更高的商品会得到更多推荐，推荐的达人等级也更高。

快分销主要有几个方面的作用。

第一，快分销让平台对货源把握得更准，知道货是从哪儿来的。如果主

本节作者为快手研究院高级研究员李召、研究员陈凯君。

播线下找经销商，平台不知道货源，但如果主播在线上找货，经销商什么资质，平台拿捏得更准。

第二，快分销让平台拥有更多的商品信息，这对于分发更有利。因为在分销库中的是常挂品，常挂品除了商品本身的信息之外还有历史销售数据，平台知道过去卖给什么人，才知道以后怎么推。如果每次都是新商家，记录信息就不全，平台也不知道后续卖给谁；新商家没有销量，每次都要重新搞，效率就不高了。

第三，快分销在交税方面也给主播带来很多便利。通过分销主播拿的是佣金收入，而不是货价差，货价差交增值税是13个点，佣金收入是6个点。无论哪种模式，主播全部都要交税，但货价差最大的问题在于很多货主没有进项发票，主播就会很麻烦。

第四，快分销让主播方实现了人店分离，也就是把推广者和货主的角色拆分开，主播的仓储和人力成本因而大大降低。 快分销工具上线前，主播带货的工作很复杂，从选品、布置直播间，到客服、物流，各环节都要管。现在主播通过分销模式从选品、发货、售后这些环节中解放出来，更好地聚焦于怎么生产好的内容，怎么带货。

二、快分销商品分层体系和相应的权益

怎么用好快手生态上的分销？下面介绍快分销的商品分层体系。

快分销的商品分层体系（见图12-3）以一个五维的矩阵评估模型为基础，模型里包括品牌力、价格力、分销力、销售力和服务能力。在五维矩阵模型下，具体有11个参数。通过这5个维度、下属共计11个参数的加权评估，货品会被分为6个等级。刚进入快分销货品池，没有太多动销的新品，一般就是L0等级。而最高的L5等级的货品，会被定义为“精选好物”，并

获得四大升级权益加持，包括全域流量推荐加权（流量加持）、专属标识推荐、官方补贴、达人优选（见表12-2）。

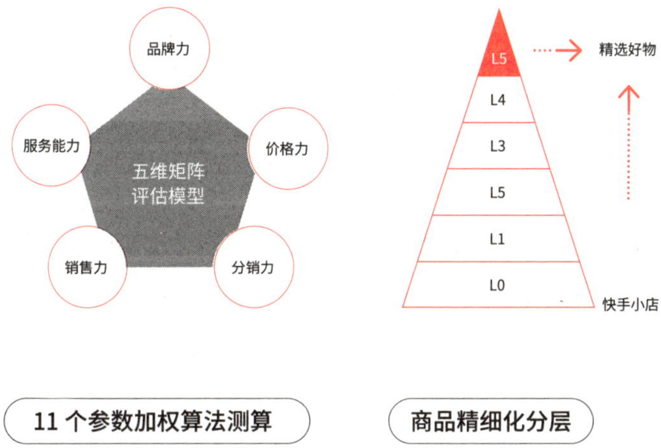

图 12-3　快分销商品分层体系

第一是流量加持，包括公域和私域流量的加持，而这些流量的加持都是免费的。其中，在公域的板块，首先，“精选好物”在快分销的选品中心会得到优先展示；其次，在快手货架电商的各种场景里，比如说买家首页、App中的搜索页面，以及官方的大促主会场页面中，都会将“精选好物”作为首推。

表 12-2　“精选好物”的4项权益加持

权益匹配	详细解释
流量加持	选品中心、买家首页、搜索场景、官方大促页面等场景优先推荐
专属标识	增加专有标识，官方背书让消费者信赖商品品质
官方补贴	在活动专属频道、活动主会场、直播等不同场景对好物进行补贴
达人优选	在选品中心给大主播优先推荐“精选好物”

第二是专属标识。在选品中心的各个场景里，如推荐的信息流、商品的决策页等，“精选好物”都会有专属的字样，凸显出好物的地位，让商家和达人可以优先看到这些好物。

第三是官方补贴。平台有很多补贴的场景。除大促外，平台未来会持续去做货架场景的商品补贴，包括针对活动专属频道、活动主会场、直播的补贴，而得到更多补贴资源的一定是“精选好物”的商品。

第四是达人优选。达人优选的权益也是体现在选品中心里的。平台给达人推荐商品，尤其是给越高等级的主播推荐时，就越倾向推荐“精选好物”。同时不少主播在缺货时，会找到官方的行业运营人员来推荐商品，运营人员推荐的商品也一定会优先从“精选好物”里选。

如果商家能不断提升自身商品的五大能力，从而提升商品等级，向“精选好物”进发，所享受到的权益加持对生意增长是非常有益的。

三、商家如何入驻快分销

快分销是快手电商属下的分销功能，没有入驻过快手电商的商家，可根据快手电商的入驻方式，先行开通小店。

入驻过快手电商，但未开通快分销权限的商家，可通过移动端或PC端进入快手小店后台，单击“快分销”模块按钮，申请开通权限。其中，商户发起商品分销计划前，需同时满足商户准入和商品准入标准。

1. 商户准入标准

（1）商户已入驻小店并完成开店流程，且店铺状态为正常营业。

（2）店铺类型为企业店铺/个体工商户（注意：个人店铺暂不准入，需进行店铺升级；仅部分类目开放个体工商户入驻，具体请见开通页面的各类目入驻具体要求）。

（3）购物体验星级≥4星。

（4）自申请之日起算，商户店铺在近180天内不存在因店铺商品存在质量问题被处罚的记录。

（5）不存在因违规被一次性扣商户违规分≥40 分的情形。

（6）商户主营类目近30天的品质退款率不高于该类目的平均品质退款率的两倍。

2. 商品准入标准

基本指标："正常上架"状态的商品，商品品质退款率需在商品所在主营类目品质退款率均值的两倍以内。

下面是各类型企业店铺的定义（见表12-3）。

表12-3 各类型企业店铺定义

<table>
<tr><th rowspan="2">店铺类型</th><th colspan="4">品牌企业店铺</th><th rowspan="2">普通企业店铺</th></tr>
<tr><th>旗舰店</th><th>专卖店</th><th>专营店</th><th>卖场旗舰店</th></tr>
<tr><td rowspan="3">店铺定义</td><td>指以自有品牌或由商标权人提供独占授权的品牌入驻快手开设的店铺，有以下几种情形：</td><td>指商家持非自有品牌授权文件（非独占）在快手平台开设的店铺，有以下几种情形：</td><td>专营店指同一经营大类下经营两个及以上品牌的店铺，有以下几种情形：</td><td>卖场旗舰店指商家以服务类型商标（35类商标）开设且经营至少两个品牌的店铺，要求：</td><td rowspan="3">无品牌授权但有商品完整供应链凭证的企业</td></tr>
<tr><td>1.经营一个/多个自有品牌的旗舰店（多个品牌商标权利人且为同一实际控制人）；</td><td>1.持一个非自有品牌授权文件的专卖店，但未获得品牌商标权利人独占授权；</td><td>1.相同一级类目下经营两个及以上非自有品牌入驻快手平台的商家专营店；</td><td>1.店铺主体必须是卖场品牌（服务类型商标）的权利人或持有权利人开具的独占性授权书的企业；</td></tr>
<tr><td>2.持有一个非自有但为独占授权的品牌的旗舰店</td><td>2.持有多个非自有授权的品牌（多个品牌的商标权利人应为同一实际控制人），但未获得品牌商标权人独占授权</td><td>2.相同一级类目下既经营非自有品牌商品又经营自有品牌商品入驻快手平台的商家</td><td>2.店铺内经营的品牌须提供以商标权人为源头的完整授权</td></tr>
</table>

第三节　生意通：用数据诊断你的生意

不少商家都面临着这样的困境：直播带货收益较低，却不知道自己问题出在哪里；知道自身存在问题，却不知从哪儿着手，实现具体问题具体分析。

“用数据说话，数据会说话。”在移动互联网时代，数据作为提升销售业绩的必要依靠，必须得到每一个商家的重点关注。本节为大家介绍的快手生意通，就是一个能够帮助商家从数据分析的角度发现问题，从而优化选品、运营策略的有效工具。

总体来讲，生意通对商家的帮助可以归纳为“直播中实时调整”与“直播后的复盘总结”两大方面。当然，生意通的功能十分强大，可以提供的数据支持不仅局限在直播前后，同时也覆盖了流量、商品、客服及售后的方方面面。

生意通数据板块的设计清晰、全面，对用户特别友好。商家可以结合自身需求，了解各数据指标的情况，保持表现较好的指标，改进表现一般的指标，从而实现销售额的持续提升和店铺评价的持续优化。

本节将快手生意通数据划分为首页板块、直播数据和其他板块3个部分，我们将重点介绍商家特别关注的直播数据查看，展示各指标的含义及为商家带来的价值。

本节作者为快手研究院研究助理皮雨辰。

一、生意通首页将核心指标“一网打尽”

通常商家最关注的就是商品数据和交易数据，打开快手生意通首页，就能看到这些核心指标，帮助商家快速了解自己店铺的销售战绩，十分快速便捷。具体的数据指标包含GMV、成交订单量、商品访客数、花费、当日累计ROI、涨粉成本、商品浏览量、下单相关数据等。同时，该板块也展示了商家店铺信息，包括对整个店铺的商品质量、服务态度、物流服务的评价打分。

二、最受商家欢迎的直播数据板块

我们在对多个主播进行走访调研后发现，快手生意通的直播数据板块最受商家欢迎，使用最为频繁（见图12-4）。因为直播数据板块包含了相当丰富的数据，商家在直播中可以得到实时数据反馈，直播后可以利用数据进行复盘。

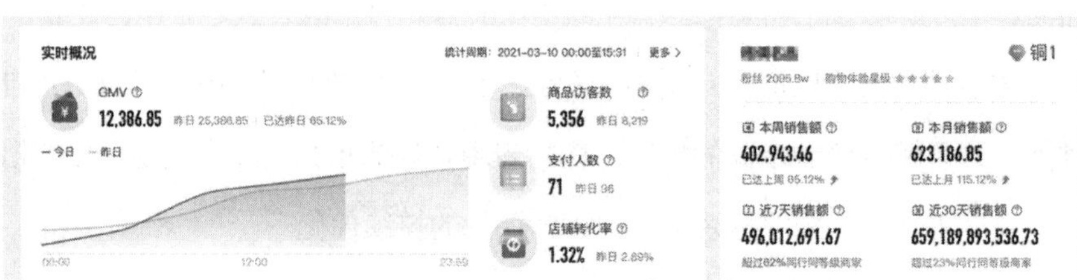

图 12-4　直播数据板块

生意通上的数据，可以直观传达商家在直播过程中的问题和症结所在。发现问题就解决了问题的一半。

直播数据板块的指标既支持数据的实时查看，也支持历史数据的总结复盘。

1. 实时直播数据汇总

在单击生意通的 “直播”选项后，就可以直接进入直播数据列表部分。生意通为商家清楚地列示了观看、互动、访问和转化的相关数据，包括实时在线观众数、观看人数、观看次数、平均观看时长、打赏数、上架商品数、新增粉丝数、点赞数、商品点击人数、小黄车点击数、累计销售额、商品成交人数、直播期间推广花费以及购买转化率。

商家可以通过单击“刷新”选项进行数据更新，从而实时监控直播情况并进行及时优化调整（见图12-5）。

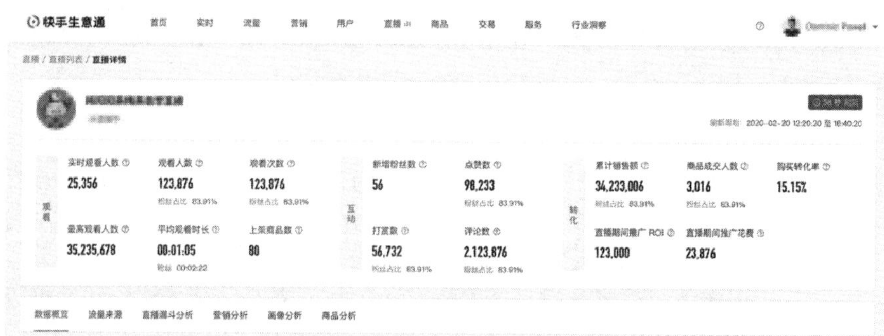

图 12-5　单击“刷新”选项更新数据

2. 实时直播大屏：让你边看边调整

实时直播大屏（见图12-6）在主播直播过程中的作用尤其大。在大屏页面，我们可以看到以下几个板块的内容，这些数据都具有各自独特且重要的意义。

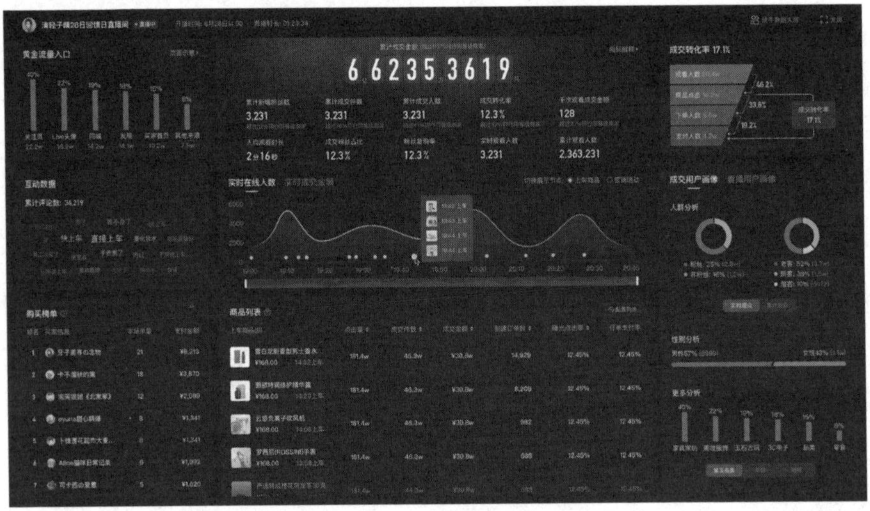

图 12-6　实时直播大屏

首先是人群分析模块。该模块可以清晰展现实时在线观看人数以及观看人数构成、购买人群构成。如果某一群体观看人数占比较少，比如粉丝数较少，则一定程度上反映了商家私域维护有所欠缺，需要后续关注粉丝社群等私域运营；如若粉丝占比过大但新客较少，则可能需要进一步购买流量，加强推广。

其次是直播过程板块。商家可以关注分时段累积观看人数增速、下单量增速和销售量增速指标。比如，直播观看人数如果增速较缓，商家就可以考虑增加投放或者通过“幸运星”等工具鼓励直播间用户进行直播分享。

此外是流量转化板块。转化主要包含“观看-点击”“点击-下单”两项转化率指标，商家通过分析各个时点的转化率，及时调整主播话术引导用户点击商品链接，或者通过“限时购买”等营销手法促进达成最终转化。

简单零星的数据包含着巨大的学问。“观看-点击”转化率可以作为评价主播表现、直播间节奏的理想指标——数值越大，说明越容易吸引直播观众点击商品链接；“点击-下单”转化率可以用来展现直播观众购买商品的意愿强弱；“下单-支付”转化率是整个流程最后也是最为关键的一步，转化率高则表明商品价格或者优惠活动真正“拿捏住”了用户心理，获得了用户认可。

最后是商品销售板块。该板块可以清楚地列示出各个商品的销售数量以及销售额，如果数据显示商品点击量较少，那么商家可以结合互动时间或者直播结束前让商品返场，以便突出商品优势；如果最终销量较低，也可以通过折扣做最后的促销。

3. 其他实时直播数据

该部分的数据在实时直播大屏上其实都有所包含和体现，但是在各个子板块中可以更加清楚地展示，方便商家进行更加具有针对性的分析。

数据概览部分包含销售额、观看人数、新增粉丝数、支付订单量、商品点击次数、点赞数以及评论数等核心数据指标，可以选择增量数据或全量数据，并以曲线图形式清楚展示变化趋势。

流量来源部分左侧为“全部流量=自然流量+付费流量”的饼状图，表现自然流量和付费流量的占比情况；右侧趋势图（见图12-7）展示的是自然流量和付费流量的实时数据趋势变化。该部分数据可以帮助商家把控直播间流量来源，从而决定是否需要投流以及购买多少流量等。

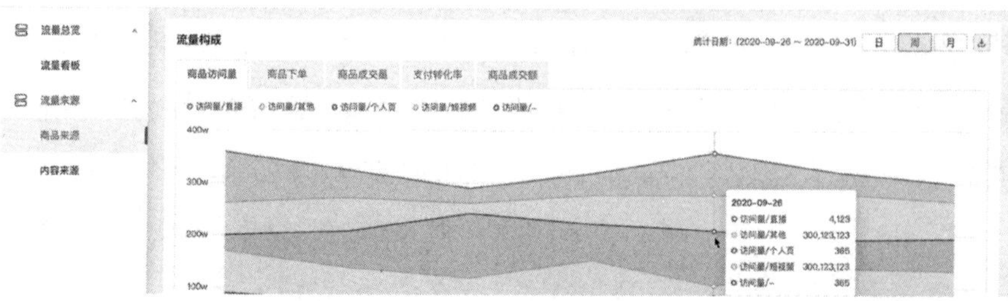

图 12-7　流量来源部分

直播漏斗分析（见图12-8）这一部分包含了“人数漏斗”和“漏斗指标趋势”两个部分的内容。绝对数指标包括累计观看（人数）、累计商品点击、累计下单人数和累计支付人数，并可以通过右侧趋势图观察其变化趋势。更为重要的，该部分展现了3项转化率指标：“观看-点击”转化率、“点击-下单”转化率以及“下单-支付”转化率，并据此计算直播过程中的总体转化率。快手生意通在该部分同样支持区分用户类型，可以通过右上方筛选器选择“全部”“新粉”“老粉”和“非粉”。

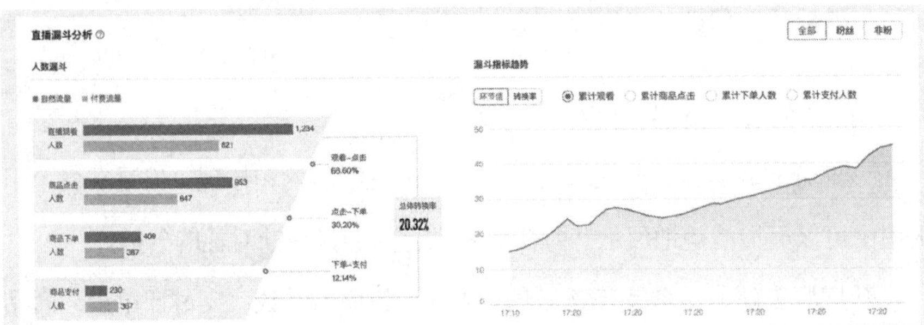

图 12-8　直播漏斗分析部分

画像分析部分展示了实时在线观众数以及粉丝占比数据，可以区分粉条及非粉条粉丝比例，并且从性别分布、人群分布、年龄分布和地域分布4个维度进行深度分析。商家通过本部分数据可以清楚了解直播间观众的特点和类型，从而调整选品策略和制定直播方案。

商品分析部分（见图12-9）可以展示直播间销售的各个商品的详细信息，其中包括上架时间、价格、商品销售额、支付订单数、待支付订单数以及退款金额。从上述数据中，商家可以了解到本次直播各商品的销售情况以及用户的消费偏好，并且掌握商品的销售进度，从而及时调整直播策略和内容。

图 12-9　商品分析部分

当然，直播结束并不是真正的结束，直播复盘是实现回顾、反思与提升的必要环节，生意通的数据分析同样是不可或缺的帮手。销量排行数据可以清楚展现用户对于各个商品的态度：是否对所售商品感兴趣、是否有足够的购买意愿，以及是否实现了最终的转化，等等。这些信息的获取都将会成为商家优化排品组合、设置激励手段的重要依据。

三、其他板块

1. 流量数据

在直播电商的时代，流量的重要作用不言而喻。那么商家应当如何掌握店铺直播间的流量情况，从而决定后续投流策略呢？快手生意通的流量板块提供了有效的解决路径。商家可以通过流量数据快速查看各渠道效果，找到最好的投放路径，从而制定投放策略。

流量转化漏斗（见图12-10）可以清晰展现商家比较关心的转化比例情况，包括“曝光-访问”“访问-点击”“点击-下单”以及“下单-支付”4

个转化率数值。右侧饼图方便商家进行流量来源分析，可以清楚了解自然流量和付费流量各渠道的来源比例。

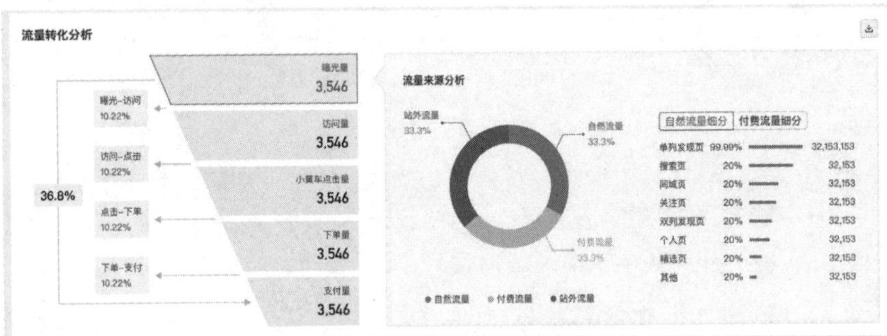

图 12-10　流量转化分析部分

商家如果想要了解流量具体来自哪里，就可以通过流量来源板块（见图 12-11）获取详细的信息。这里可以进一步划分“商品流量来源”和“直播/作品（即内容）流量来源”两个部分进行分析，指标选择又细分为“订单确认页曝光次数”和“订单确认页曝光人数”两种类型。

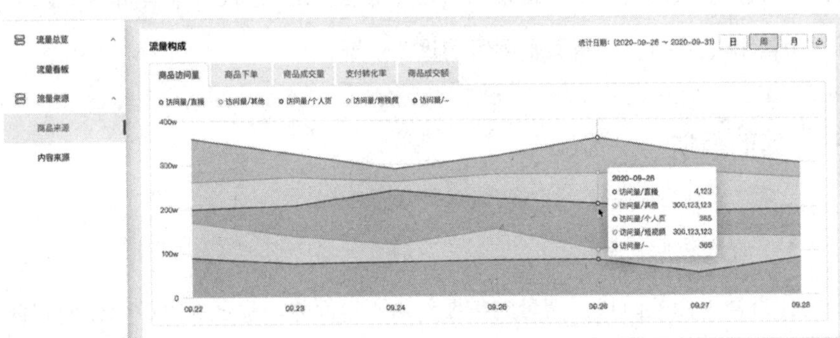

图 12-11　流量来源板块

流量来源数据通过分布柱状图的形式进行展示，方便商家充分了解各渠道流量的分布占比。通过这些数据信息，商家可以发现自身的主要流量来源，从而相对应地调整商品或者内容，聚焦在获取流量最高效的方式上。

2. 营销板块

在各种规模的营销推广活动中，商家想要追求的都是ROI的最大化，让自己的每一元钱都能实现效用最大化。快手生意通的营销板块就是用来告诉商家如何让每一分钱都花在刀刃上的。

营销板块又可以进一步细分为“营销总览”“快手粉条”“小店通”“用户画像”这4个子模块，让商家了解经营过程中广告投放的实施以及历史效果，了解快手粉条、小店通的消耗与产出，从而使商家进行后续投放的优化调整。

3. 商品及交易板块

直播带货要实现高营收，爆款商品的打造是必不可少的。该板块中是商品及交易数据的详细列示，可帮助商家进行优质选品和组品，实现商品脱销的最终目标。

只有掌握了商品的售卖数据，才能更好地售卖商品。商家掌握了商品的核心数据，就可以区分哪些商品是畅销品，哪些商品是滞销品，这样在之后大促活动或者日常的带货中，都可以结合商品售卖情况安排适当的选品组合，并且调整商品价格和话术策略等。

在交易数据板块（见图12-12），漏斗分析图是很好的问题分析依据，可以帮助商家了解本店铺的经营效率，其中主要包括商品浏览量、商品访客数、累计下单人数、累计下单订单数、累计成交人数、下单率、支付率、店铺转化率等12项数据指标。

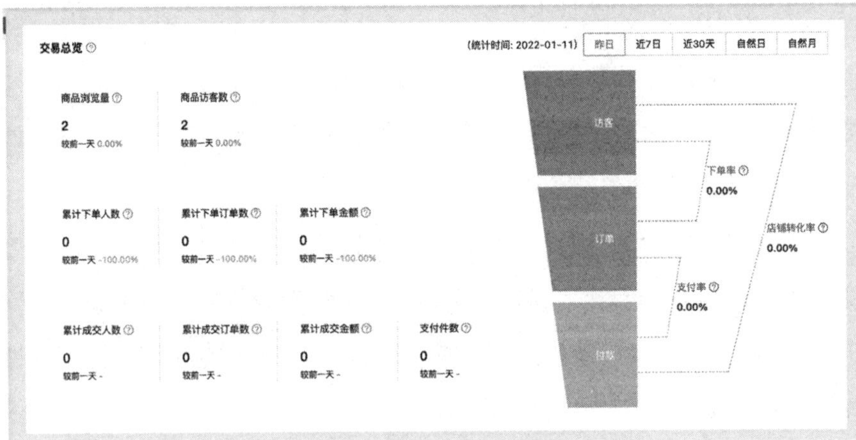

图 12-12　交易数据板块

据此，商家可以快速发现与用户的交易活动中哪些环节可能存在问题。比如下单率较低，意味着有较多用户浏览商品但是并未成功创建订单，这可能是在商品定价、售卖策略、广告投放上存在问题。

在当下这个充满竞争，且商品越来越同质化的社会，商家比拼的不单单是质量和价格，更有服务和售后。

做好客服和售后，数据的支持同样尤为重要，快手生意通可以成为各商家一个有效的帮手。

4. 客服数据

通过了解客服数据和历史统计数据，可以掌握店铺的“5分钟回复率”“平均人工响应时长”以及“咨询人数”等服务情况，然后针对本店情况做出调整优化，提升小店星级评估。

生意通在客户数据统计页面的功能是非常强大的，用户可以通过筛选器选择自己感兴趣的数据指标，观察其时间趋势变化；可以自行选择数据统计范围，了解不同时间段内的客服响应情况；可以通过单击“导出数据”选项，了解各指标的具体数值；可以通过“较前一天”的数据变化展现店铺服务是否提升以及提升水平。

5. 售后数据

负面的客户体验对于客户忠诚度有着巨大的消极影响，因此售后服务就显得极其关键。商家想要保持粉丝黏性、好评率以及复购率，就必须重视店铺售后服务环节。售后数据同样在生意通中有着清晰的展现。

售后板块可以划分为“售后总览”“售后考核指标”以及“售后评价”3个部分的内容，可使商家了解退款数量情况、商家原因退款数据、售后总体评价等，及时排查售后风险，提升店铺服务水平。

同时纠纷介入单量与纠纷介入率直接反应售后应对能力。

在售后总览部分，主要包括选定日期的退款金额、退款订单数、退款率、仅退款单量、退货退款单量以及纠纷介入单量等相关数据。每个指标下方同时标注了较前一天的数值升降情况，可以直观展示售后服务、售后应对能力水平的变化。

售后考核指标展示的是近30日的数据情况，主要包含选定日期的商家原因退款金额、订单数、退款率，以及纠纷退款数据等相关数据。

售后评价同样展示的是近30日的数据情况，商家可以通过这个板块了解选定日期的售后评价总数量和售后满意度的数据。

第四节 磁力金牛：打通公私域的电商营销工具

一、一个账号，一笔预算，一个投放计划

磁力金牛的出现，是快手电商营销工具经过多轮迭代，厚积薄发的结果。

2019年，快手电商开始蓬勃发展，那时的营销工具很多。因此，商家在快手上做生意经常要开多个账号，预算难以统一，投放计划也要专门做区分。

例如，快手粉条是面向所有内容创作者的，不是纯粹的电商营销工具，对内容制作能力有比较高的要求。相比之下，小店通对素材的限制少、样式丰富，可以通过公域流量获取粉丝，吸引粉丝访问商品，完成订单支付，但竞争较为激烈，且无法真正打通私域。

面对平台上这些五花八门的工具，商家经常不知如何做选择。快手磁力引擎推出的电商营销平台磁力金牛（见图12-13），就致力于解决这一痛点。“一个账号，一笔预算，一个投放计划”，一站式的服务，满足商家在不同成长阶段的多种需求。

对内，磁力金牛突破了不同营销工具之间的壁垒，整合商品销售、广告投放等不同维度的数据，做到了电商营销的“中台化”；对外，磁力金牛通过一站式服务，降低了商家的使用门槛，大大提高了投放效率。

本节作者为快手研究院研究助理杨佩洁。

图 12-13　磁力金牛呈现形式一览

二、磁力金牛能做什么

磁力金牛的具体功能主要集中在两个方面，即流量投放与深层营销。这里可以作一个简单的介绍。

流量是大部分商家都很关心的问题。一来，很多商家不懂流量。投公域还是投私域？投GMV、ROI还是投涨粉？这背后的逻辑很复杂。二来，流量投放很“烧钱”，如果没有很好的转化效果，经常让商家的心态“崩溃”，会影响商家长期做生意的热情。

磁力金牛打通了公域和私域，让商家可以通过公域获取粉丝，通过私域变现，两者搭配提高流量的触达，也提高沉淀和转化率。“一站式”就是把这些功能汇集到一条线上，并拆解为不同的模块，让商家根据自己的营销目的，定制流量投放计划。

关于磁力金牛的具体使用过程，我们可以进入磁力金牛后台看一看。商家在搭建广告计划时，会看到以下界面（见图12-14），通过其中几个模块，能够明了“一站式”投放为什么高效。

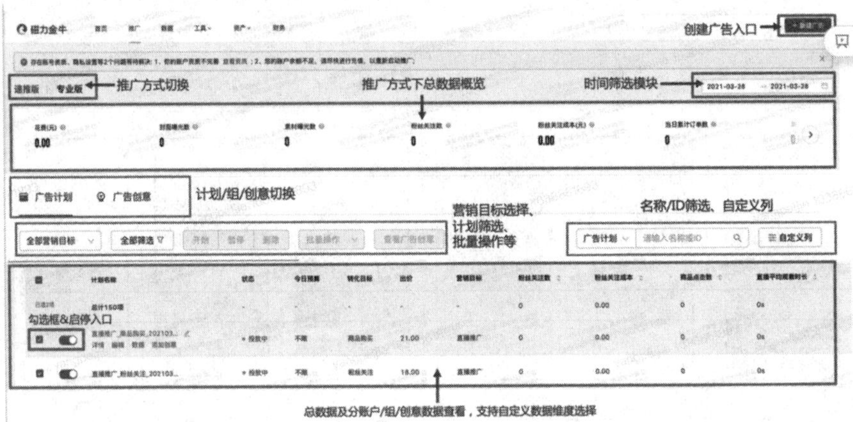

图 12-14 磁力金牛后台

首先可以关注“速推版”和“专业版”这两种推广方式。在营销目的方面，两者都可以选择优化粉丝关注、商品点击、商品购买、直播间ROI等投放目标，但具体操作的难易程度存在差别，不同的商家可以根据自身情况做出选择。

“速推版”适合中小商家自助使用，选定好投放目标后可以一键下单，由算法系统来实现高效投放，减少商家的操作程序。“专业版”适合代理商和有专业投流团队的商家使用，因为它在人群包、营销目标方面的颗粒度会更细，同时也能完成更精确的转化。

先确定优化目标，从GMV、ROI、涨粉数、点击率等投放结果出发，去倒推选择什么样的投放计划，就解决了商家不懂流量投放、营销工具太多、操作复杂的问题。这个背后，是我们的产品和算法在做支撑。为了实现这个目标，应该如何在公私域进行配比？怎样才能更精准？

一笔钱花了出去，效果如何？这个也可以通过磁力金牛查看具体的情况。商家在总数据概览模块可自定义数据，包括花费、曝光数、粉丝关注数、涨粉成本、累计订单等多项指标，涵盖了基础信息、展示情况、互动情况、转化情况等4个维度。

清晰了解数据之后，应该如何进行优化？这就涉及磁力金牛的第二个功能，即深层营销。

如果说搭建一个广告计划，可以完成的营销目标是让某个商品卖得更好，某场直播做得更好，那么磁力金牛对商家的赋能还不止于此。磁力金牛的“一站式”投放，覆盖了投放前、投放中和投放后全流程（见图12-15）。

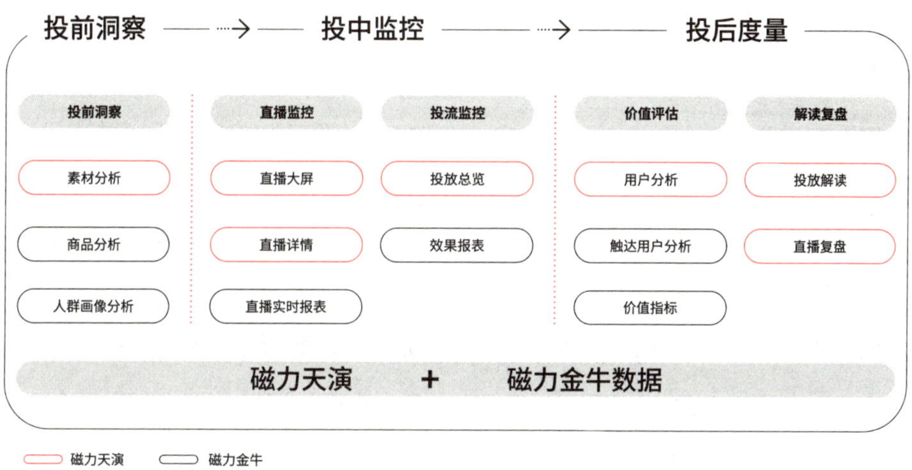

图 12-15　磁力金牛“一站式”投放覆盖投放全流程

在投放前，商家可以用磁力金牛的数据进行商品分析和人群画像分析，建立更精准的流量投放人群包。例如：家纺类主播的商品复购率低，所以更适合跨类目的大主播粉丝包；服饰这一类非标商品SKU多，所以能投相关人群包。

执行具体的投放计划时，通过效果报表和直播实时报表，可以查看分钟级别的实时数据，有利于广告主和代理商实时调整：效果好的计划持续放量，效果不好的随时暂停，这样可更灵活地调整和优化账户投放计划。

投放结束后，这些数据也可以沉淀下来，方便复盘。通过评估各种指标，一是可以考察转化漏斗的哪一个环节有待优化，二是可以为下次投放提供数据参考。

三、3个优秀案例

自2021年5月上线以来，磁力金牛已经让许多商家尝到了甜头，下面我们列举3个优秀的案例。

南极人

南极人从2021年5月开始布局快手自播，一开始日均GMV仅1600元。6月，在磁力金牛赋能下，南极人于6月17日和28日举办了两场品牌活动日的自播，GMV分别突破了20万元和80万元。7月，南极人GMV环比6月增长60%，与5月相比增长了9275%。目前，南极人已经成为快手快速成长的代表品牌之一。

合作期间，磁力金牛团队对南极人之前的直播数据进行了分析，并结合品牌特色，通过短视频预热、直播投流、商品秒杀等组合策略，为南极人打造了完整的销售方案。磁力金牛团队通过大批发布预热视频，在大促活动前，就为南极人积攒了15万粉丝。

在投放流量时，除了每日对直播间进行精准流量的投放，磁力金牛团队还会根据主推爆品的上架时间，及时加大放量，实现了最高单日GMV破10万元的成绩。

参爷

高效获取流量一直是电商领域的共性难题。直播行业竞争加剧，参爷深感压力，“快手上的电商精英很多，我自己就像一个农村孩子突然陷入华尔街的竞争圈”。

为解决流量焦虑问题，不断探索发展上限，参爷选择了磁力金牛。通过平台精准定位带货痛点、系统化应用解决方案，参爷的流量和产投比实现了新的跨越，“我的产投比在4左右，明显感受到流量增长更快，用户口碑转化更高效了”。

在参爷看来，快手磁力金牛对私域流量的定向优化，全面激活了粉丝圈层，帮助自己有的放矢地扩大了口碑效应。“快手官方的一系列动作，圈出了黏性特别强的用户，这批用户就像身边的七大姑八大姨一样，和我们之间有一定的感情基础和信任基础，认可我们的人品和商品，愿意帮我们去宣传、种草。”

在投流工具的加持之下，参爷在2021年春节期间，3天吸引了百万用户关注，并于开播一周年之际突破1000万粉丝大关。其单场直播GMV最高达4000万元，远超其在传统电商平台的年GMV。

韩熙贞

我们来看磁力金牛为韩熙贞各阶段增长提供的运营策略。

首先，在韩熙贞的启动期和成长期，为了稳定人气，运营策略为浅层+深层的转化目标结合人群包类型做精准搭配，保持直播间的稳定人气。

到了成熟期，运营策略转向提升ROI，重心放在直播推广-订单支付、ROI出价等深度转化目标，加上精准的人群包做转化，提升了ROI水平。

到了爆发期，运营策略是制造爆点，例如超级品牌日爆点。韩熙贞在超级品牌日前两周集中涨粉，在超级品牌日活动期间进行变现，同时活动期间针对店铺的客户、粉丝人群做针对定投。

第五节 磁力聚星：让达人为品牌高效发声

一、磁力聚星是什么

磁力聚星是高效撮合品牌与达人合作的平台。

达人在磁力聚星平台可以接任务，比如在规定时间内，按要求拍摄短视频或发起直播，赚取对应的推广收益。这些任务主要是品牌客户发起的，品牌可以利用达人的创作能力在快手获得更多曝光。

目前，磁力聚星已有超过20万达人入驻，覆盖美妆、美食、游戏、科技、科普、喜剧等40多个垂类，每天有超过1000位达人有收入。

品牌方找达人做营销常常会遇到一些痛点：品牌方不熟悉平台上有哪些符合自身品牌调性的达人；找大量达人进行规模化营销需要耗费大量时间和精力；达人制作的内容千篇一律，让人感觉品牌推广的“风很大”。

对于这些痛点，磁力聚星给出了解决方案。

1. 适配度：为品牌选择合适的达人

海量创作者让快手这个平台充满活力，也给品牌合作带来多样化的选择。但摆在品牌方面前的一个难题是，如何筛选出合适的达人，才能实现精准营销？

磁力聚星根据达人的创意能力、服务能力、转化能力、定制能力和成长能力，对不同的达人进行分层，通过“科学筛选三步法”为品牌锁定合适的达人。

第一步，设定目标，明确品牌调性及营销目标。

本节作者为快手研究院研究助理皮蕙菡。

第二步，初筛。根据品牌调性及营销目标，筛选创作者的整体活力度，主要关注的指标有播放量、涨粉趋势、粉丝活跃度、作品互动率、完播率、创作者粉丝画像等。

第三步，复筛。根据内容维度再次筛选整体匹配度，关注创作者人设是否贴合品牌调性，创作者人设与视频创意能否和产品亮点结合。

海量的达人池+达人筛选，可以让品牌匹配合适的达人（见图12-16），精准连接消费者。

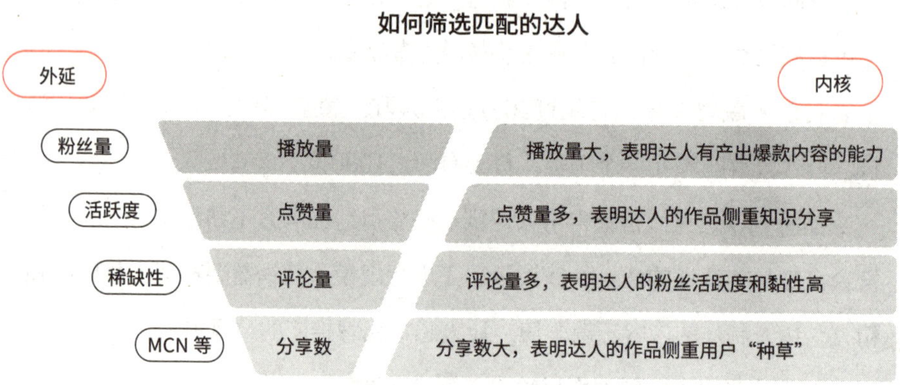

图 12-16　筛选匹配达人的方法

2. 规模化：定制达人组合策略

依据传统观点，达人被分为头部达人、中腰部达人和尾部达人，但成本和传播力难以两全。头部达人传播力强但成本高；尾部达人成本低，但传播力有待提升。磁力聚星会根据品牌不同阶段的营销需求定制达人组合策略，实现成本和传播力的平衡。

磁力聚星会根据达人类型和量级，结合金字塔模型和漏斗模型，进行定制化组合（具体内容见下文DR钻戒案例）。

金字塔模型是用明星和头部达人打造声量，帮助品牌迅速破圈积累影响力，并用大量的中腰尾部达人带出产品效果，促成口碑发酵。漏斗模型则是在大量中腰部达人中筛选出转化率更高、更匹配品牌的达人，进行多次复投，反复触达，帮助品牌高效转化。

基于金字塔模型和漏斗模型，磁力聚星的达人组合策略使品牌方在控制成本的前提下，实现了更好的营销效果。

3. 激励机制和多样化的创作空间

短视频营销的同质化问题困扰着品牌方和消费者，消费者看到"换汤不换药"的品牌广告，购买欲反而降低了，这与品牌方的营销初衷背道而驰。基于此，磁力聚星提供了多种付费模式、多样化的创作空间、正面反馈的投流，让达人创作更有趣的内容，帮助品牌方实现营销目的。

在付费模式上，除了传统的按展示次数付费外，磁力聚星还提供了更精细化的方式——按点击付费和按销售付费，从展示、点击到付费每一个环节都是跨越，让达人的收入离消费者购买更近一步，会激发达人的创作动力。

在创作空间上，磁力聚星提供了多样化的玩法：任务+合拍、任务+魔法表情、任务+音乐、任务+舞蹈，玩法的创新组合让品牌宣传效果加码。

在投流模式上（见图12-17），磁力聚星根据数据复盘，筛选出转化效果更好的达人进行多次复投，通过流量加持更进一步激励达人展现创意，实现达人涨粉和品牌推广的双赢效果。

图 12-17　投流技巧

二、怎么与磁力聚星达人合作

磁力聚星上有各种各样的达人，大家可以根据自己的营销目标选择。我们可以根据品牌的营销目标，将达人划分为内容型、“种草”型和带货型3类。

内容型达人可以帮助品牌做大曝光，通过制作与品牌相匹配的短视频内容（达人创作商业短视频作品的技巧见图12-18）并曝光，品牌信息能够直接传递给受众，并且通过可以量化的观看指标来衡量效果。这类达人，我们比较看重他们的流量价值，品牌方可以着重选择有娱乐和个性标签的达人。

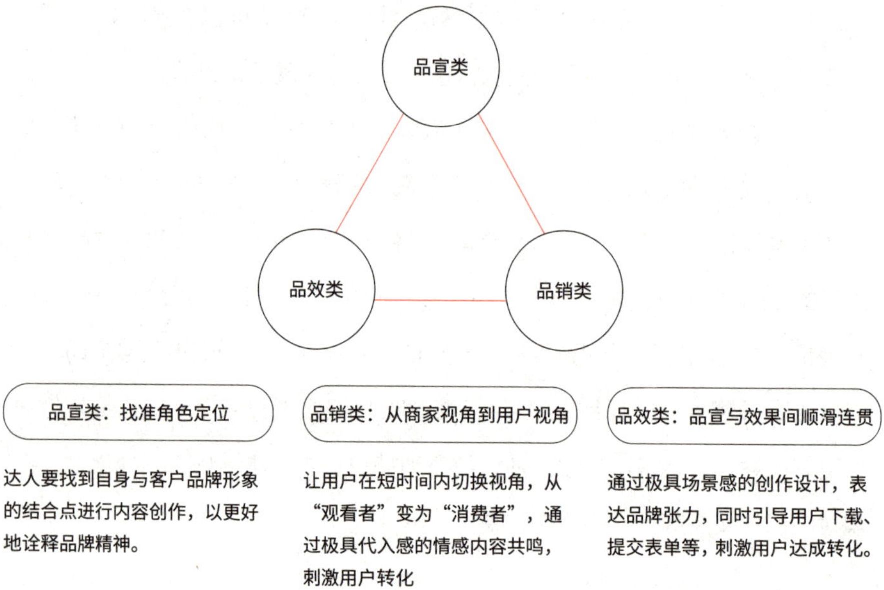

图 12-18　达人创作商业短视频作品的技巧

“种草”型达人可以帮助品牌塑造口碑。粉丝如果对达人的创意内容持续认可，从而认可其推广的品牌，会逐步形成口碑，甚至引爆相关话题。这类达人的人设比较重要，专家+测评类达人通常比较合适。

还有一种带货型达人，可以帮助品牌实现效果转化。粉丝对达人的信任，会影响他们的消费决策，形成带动效应，让销售效果得到提升。品牌方如果看重这样的效果转化，可以选择头部达人合作，带性价比高的产品。

三、优秀案例

DR钻戒如何通过磁力聚星打出组合拳

2021年，高端珠宝品牌DR求婚钻戒，携手快手磁力聚星，走出了全新的短视频内容营销之路：2021年上半年，DR商业短视频播放总量达到11亿次，优质作品率超过55%。

快手磁力聚星通过把握创作者组合、内容玩法、流量激励3个关键点，帮助珠宝行业品牌挖掘新的营销价值点。

1. 创作者组合类型：以短剧/喜剧类为主，辅以美食情感等泛垂类

品牌方DR钻戒想向快手用户输出的品牌主张是“一生一世一双人”，进一步争夺潜在消费者的品牌心智。为了达成这个营销目标，磁力聚星为DR量身定制了一个达人矩阵投放组合。

人们在什么样的场景下会送钻戒给心爱之人？很可能是求婚、纪念日这样的重要人生节点。因此，磁力聚星推荐DR钻戒关注快手上那些短视频内容或人设有“美好”“热爱”“真情”等标签的创作者。

另外，短剧/喜剧垂类的创作者，他们的短视频内容主要是剧情故事，能够生动地演绎求婚、纪念日这样的场景，从而取得更好的“种草”效果。2021年一年，DR钻戒在短剧/喜剧垂类的合作创作者占全部合作者的63%。

此外，“唯有美食与爱不可辜负”，美食与情感垂类的创作者，往往可以将作品与产品进行比较好的创意结合。比如，美食垂类创作者松松和二毛、寻真味佬美、哦得北北、甜甜的胖熙等，与DR合作的视频播放量均突破1000万次。

2. 创作者组合量级：纺锤型创作者矩阵投放是关键

钻戒是客单价比较高的单品，相比日化美妆等产品，复购率更低。因此，比起下单转化，品牌的核心诉求更倾向于打造影响力，传播品牌理念，占领用户心智。

基于此，磁力聚星为DR量身定制了纺锤型创作者矩阵投放组合（见图12-19）：将投放的量级集中在粉丝数为100万～500万的头部创作者上。他们在自己的圈层内拥有较大的影响力，也是整个创作者生态的中流砥柱。品牌持续锁定头部创作者进行投放，可最大程度地吸引用户注意力。同时，品牌应向上承接1000万以上粉丝量级的超头部创作者，向下接引中腰尾部创作者。前者依靠其较高知名度和关注度，可以在短期内迅速制造声量，加强品牌曝光；后者则善于创作更质朴的内容素材，帮助品牌制造营销氛围感。

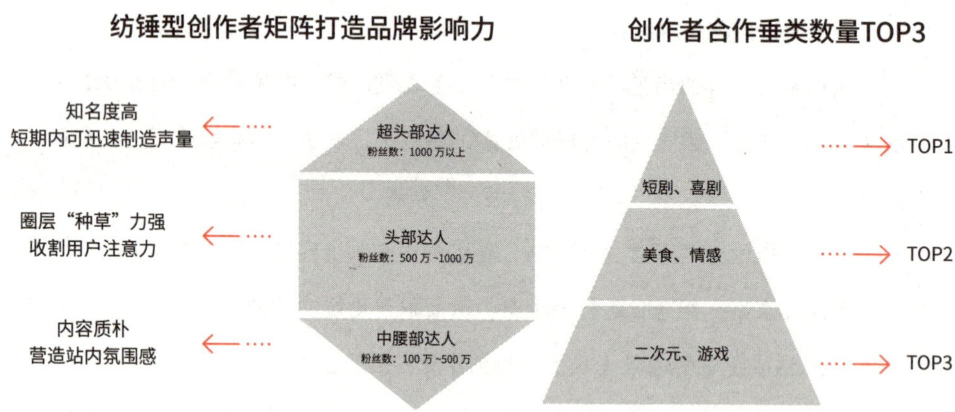

图 12-19 纺锤型创作者矩阵以及创作者合作垂类数量 TOP3

3. 话题活动：UGC内容的三大亮点

内容是品牌与用户沟通、互动的强大载体。近年来，品牌方针对节点、热点，和创作者们一起打造超级话题活动，这一做法逐渐成为珠宝品牌扩大内容传播影响力的首选。

2021年5月20日，DR钻戒携手灿二哥、晨晨有点汪、林仙女呀、天天、潘彩蛋等快手创作者，联动DR钻戒所有线下门店，共同打造“#你敢送她DR吗”话题活动，播放量超过1亿次，并成功征集到了569条原创投稿视频。在这次话题活动中，快手创作者们通过“哄女友”“求婚”“表白”等场景的打造，创作了一系列有记忆点和传播点的短剧视频，让品牌信息在剧情中实现高效曝光。

这种创作者话题活动，与品牌方自己制作的内容相比，有什么亮点呢?

（1）超级互动：通过创作者话题活动，可以让用户与品牌方之间“玩起来”。过去，品牌方想与用户互动，只能通过作品下方的评论区，而带指定话题原创发布这一模式，则将用户与品牌方间的沟通“进化”到了更高级的层次，品牌方与用户间的捆绑也更加紧密。

（2）超级聚合：在常规投放模式下，创作者的视频作品分散在全站，品牌意识在用户心中树立的效用可能因此而打折。而话题活动通过带统一话题，将商业作品聚合起来，呈现效果更好，也更有利于潜在用户的转化。

（3）超级沉淀：对于以用户渗透为营销目的的品牌来说，长期联动创作者经营内容，使其沉淀为品牌资产是关键。通过话题活动，可以使优质的创作者作品批量沉淀在品牌官方快手号内，进一步帮助品牌在快手上建立属于自己的营销阵地。

4. 流量激励：星海计划加速品牌与用户连接

自去年磁力聚星进行全面升级后，创作者的商业作品在保留私域关注页分发的基础上，还可同时在公域发现页、同城页分发。2022年2月，磁力聚星运营团队制定优质商业作品规则和标准，加大对代理商、重点客户、达人等多个生态主体的培训，教授优质商业作品创作方法。优质商业作品数量的提升，进一步扩大了聚星作品在公域的分发量，实现了商业内容与消费体验的正循环。2021年4月起，磁力聚星推出“星海计划”，以千亿实际流量激励商业作品创作。2022年，磁力聚星推出“星海计划2022”，继续对优质商业作品、重点优质达人进行激励和扶持。

截至2022年2月，磁力聚星商业作品质量得到大幅改善，品牌类客户DR钻戒、效果类客户转转App等重点客户和达人商业作品优质率占比超过50%。

第六节　磁力方舟：还原用户在快手的真实旅程

做了那么多营销，我到底积累了多少私域人群？这些人群现在处于什么阶段？我应该怎么利用这些人群实现生意增长？

我应该如何在快手布局内容生态？如何洞察并提升品牌的声量和用户心智？

如何精准定位品牌行业格局并找到营销破局点？

度量一直是营销界不变的话题，我应该如何全面、真实地衡量营销的价值？

你是否也有与上述同样的烦恼？为了解决这些问题，快手于2021年12月推出了磁力方舟[1]这款数据产品，其集合了快手的全域数据，通过产品化能力为客户提供营销策略指导。

磁力方舟的洞察能力可以帮助品牌理解快手和快手用户，全面还原用户在快手的真实旅程，衡量品牌与用户的关系，识别出品牌在快手上的6R人群，从而确定营销目标，形成营销方案。

一、用科学模型、全域数据度量品牌与用户的关系

洞察是营销的起点，也是营销的基础。但在快手新市井商业中，我们发现快手用户由于拥有丰富、多元的选择，他们的前一个行为和后一个行为可能是连续的，也可能是跳跃的。用传统的用户线性模型和漏斗转化模型，

【1】本节中提及的磁力方舟相关功能与产品截图已更新至2022年1月中旬，后续产品迭代请查看产品手册；感谢磁力方舟团队。

本节作者为快手研究院研究员杨睿。

不足以描述快手的商业生态。

于是，快手提出了度量品牌和用户关系距离的6R模型。

我们把用户与品牌的关系分成了Reach（触达）、Remembering（记住）、Relevancy（兴趣）、Resonance（询问）、Reaction（购买）和Repurchasing（复购）6个R。从R1触达到R6复购，品牌与用户的关系由远到近，由浅到深。

6R模型（见图12-20）可以帮品牌快速定位在快手平台明确的经营目标，并基于每类目标提供丰富全面的能力，给予品牌支撑。

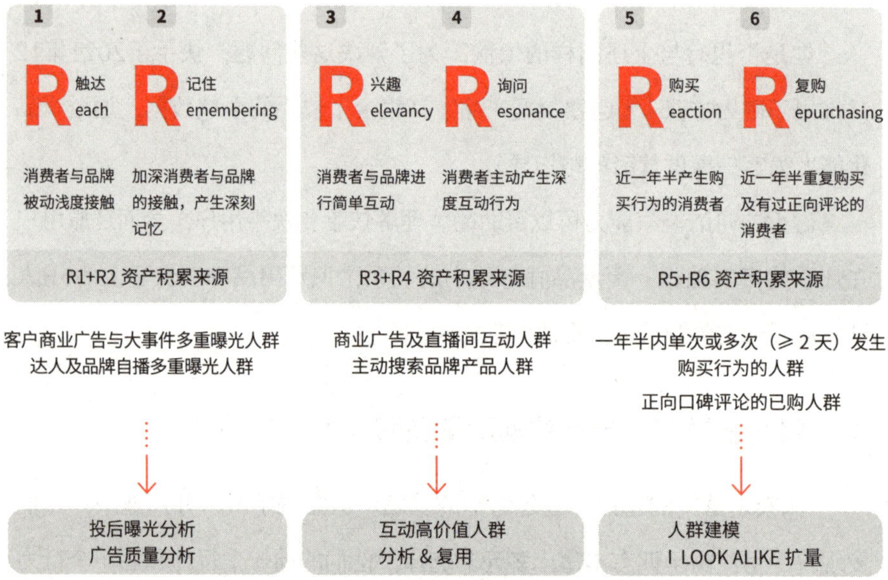

图 12-20　快手 6R 人群模型精准定义用户价值

二、快速上手磁力方舟

登录磁力方舟平台，我们能看到几个一级模块，例如人群资产、内容分析。它们分别有什么作用呢？

我们以人群资产模块中的“6R人群资产”为例（见图12-21）。这个页面展示的是品牌的6R人群资产表现，包括各阶段的人数、趋势变化和触点分布。

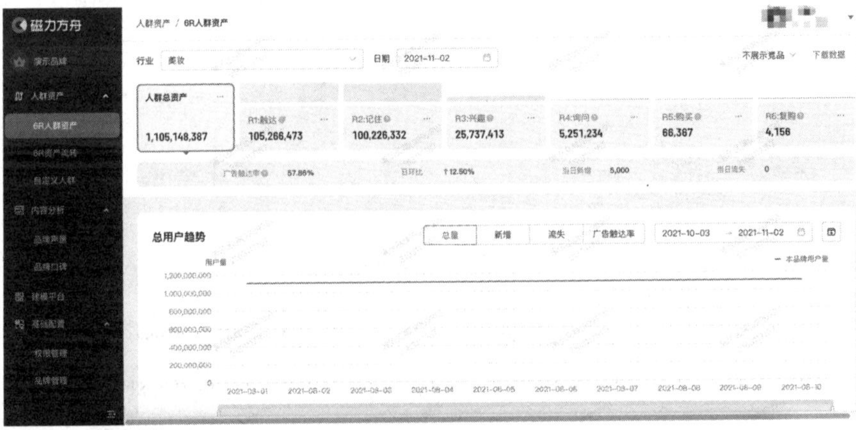

图 12-21　磁力方舟平台界面

品牌方在“6R资产流转”中可以了解某段时间内资产的流转情况，包括拉新、关系递进、关系疏远和流失，进而优化人群经营策略。

通过6R人群资产模型（见图12-22），品牌方可以衡量用户与品牌关系的远近。品牌方在此模型中可以了解到人群资产的沉淀情况（包括量级和结构），通过与行业竞品对比发现自身优劣势并进行针对性投放，同时可通过查看特定时间的资产表现衡量营销效果。

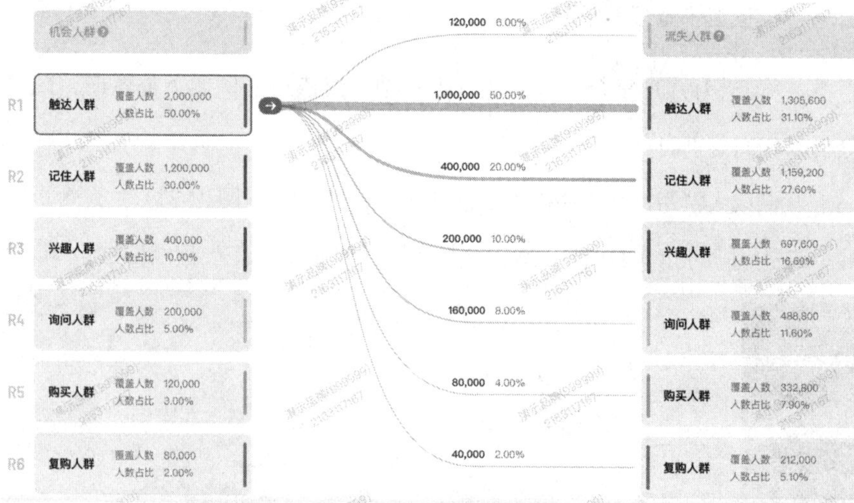

图 12-22　6R 人群资产模型

我们再来介绍内容分析模块，其下设品牌声量和品牌口碑两个二级模块（见图12-23）。品牌声量可以让品牌方知道自己在快手的内容影响力与传播情况，比如近期声量是否有提升，以及在各触点的内容经营情况，从而进行品牌传播诊断、品牌舆情监测，指导内容经营策略。

品牌口碑可以让品牌知道，快手平台上与品牌相关的内容都在阐述什么观点，用户对品牌的评价集中在什么方面，从而精准定位品牌调性，挖掘用户心智，指导内容创作和经营方向。

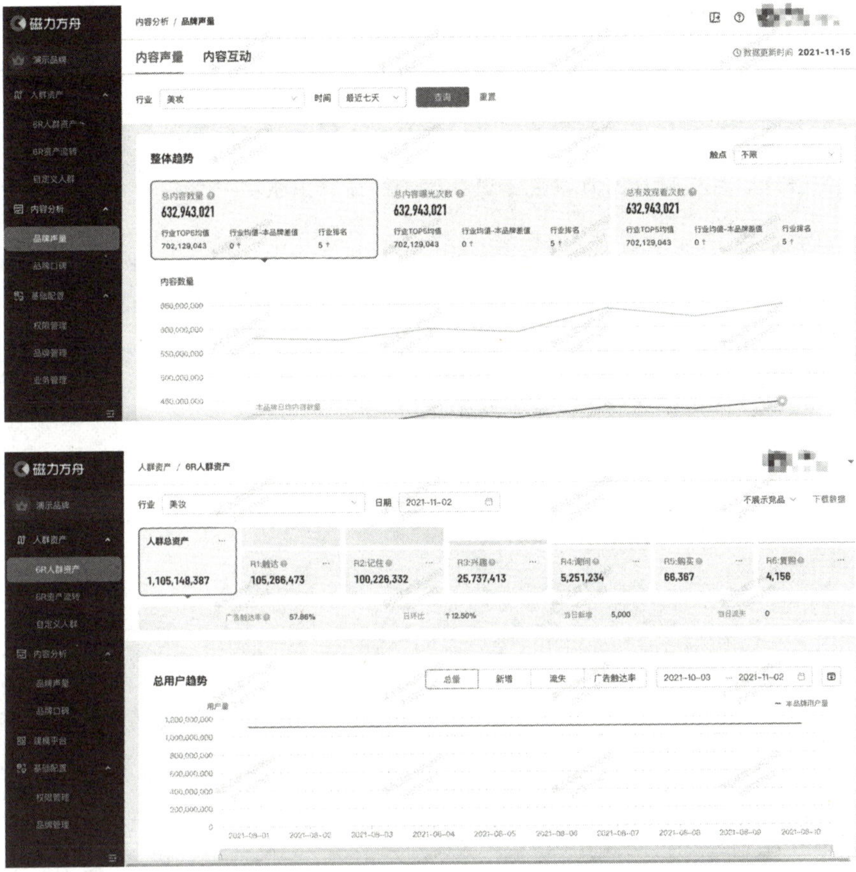

图 12-23　内容分析模块

注：本节的截图均代表测试账户数据，不代表真实数据。更多功能介绍请参阅《磁力方舟产品手册》。

花西子案例

花西子在快手经营的过程中，磁力方舟为其提供了非常好的支持。

首先，快手以全域数据为花西子做了很多内容侧和用户侧的洞察，测算出这个品牌在快手平台上的状态。再结合快手一系列的产品和建模能力洞察人群需求，做好竞争分析，然后做好花西子整个经营策略的制定。

在投放过程当中，品牌方能够针对目标人群选择合适的商品和达人，用最符合这些目标用户的方式去传递花西子的品牌主张，并且在这个过程中快速调整策略。

在投放之后，磁力方舟还可以对营销效果进行追踪和复盘，使得花西子在实现GMV高速增长之外，还能够精准度量出其在快手的用户资产沉淀情况，以便品牌能持续迭代、长期经营。